CW01638751

mágica
Ruta 40

AUSPICIA

ARGENTINA
Secretaría de Turismo

HENRY
LIBROS - TEXTOS
TE: 4559073 - 4547975
ALSINA 27 BAHIA BLANCA

mágica
Ruta 40

© 2003 Ediciones del Eclipse
Primera edición
© 2004 Ediciones del Eclipse
Primera edición. Primera reimpresión
Julián Alvarez 843, (C1414DRQ) Ciudad Autónoma de Buenos Aires
República Argentina
Tel.: (0054-11) 4771-3583
info@deleclipse.com
www.deleclipse.com

Queda hecho el depósito que marca la Ley Nº 11.723
Impreso en Argentina

388.82	Kirbus, Federico B.
KIR	Mágica Ruta 40. - 1ª ed. – Buenos Aires: Ediciones Del Eclipse, 2003.
	112 p.; 28x20 cm. – (Turismo)
	ISBN 987-9011-54-6
	I. Título. - 1. Turismo

Fecha de catalogación: 29-09-03

Todos los derechos reservados. Prohibida la reproducción por cualquier medio, presente o futuro, en el todo o en cualquiera de sus partes, sin las autorizaciones del autor y del editor de la obra, expresadas por escrito.

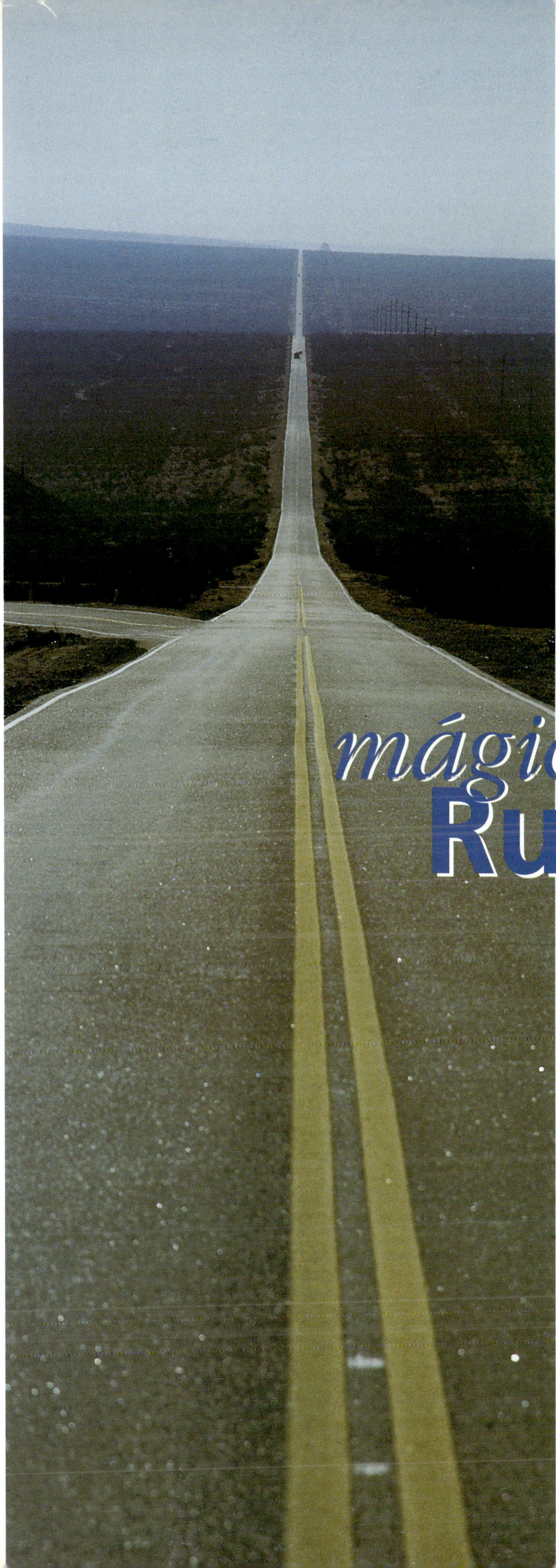

mágica Ruta 40

Federico B. Kirbus

Colaboraciones / Collaborations
Germán Sopeña
Jorge Schulte
Santiago G. de la Vega
Antonio Legarreta
Abel de la Nava

Coproducción fotográfica
Photographic co production
Marlú Kirbus

Versión inglesa / English version by
Simon Gadsdon

Correctora / Proof-reader
Laura Linzuain

Diseño gráfico / layout
Ariel del Mastro

Sumario

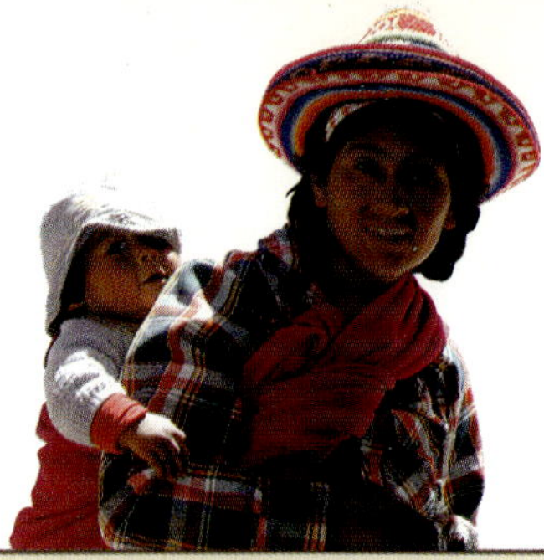

Summary

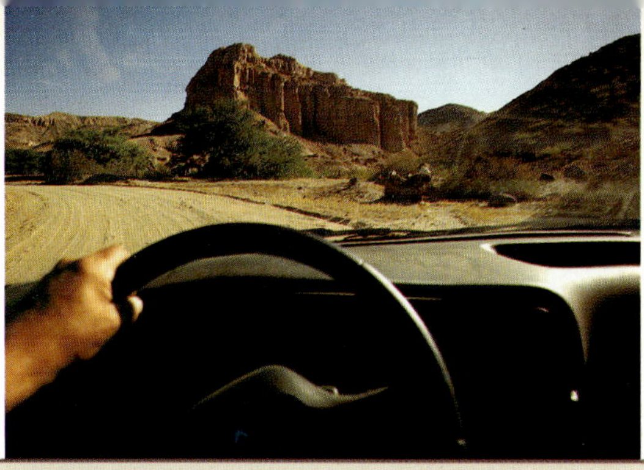

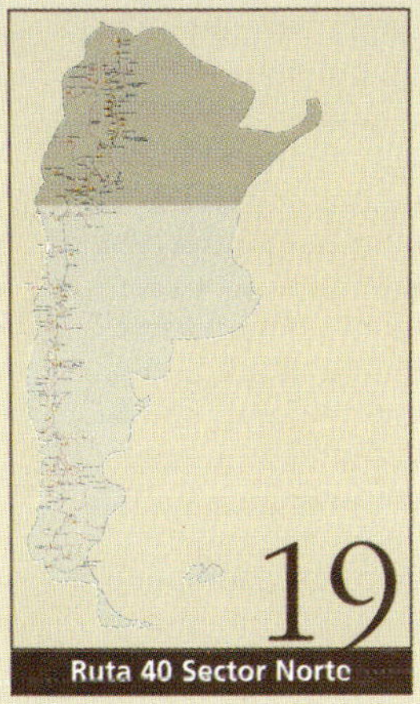
19
Ruta 40 Sector Norte

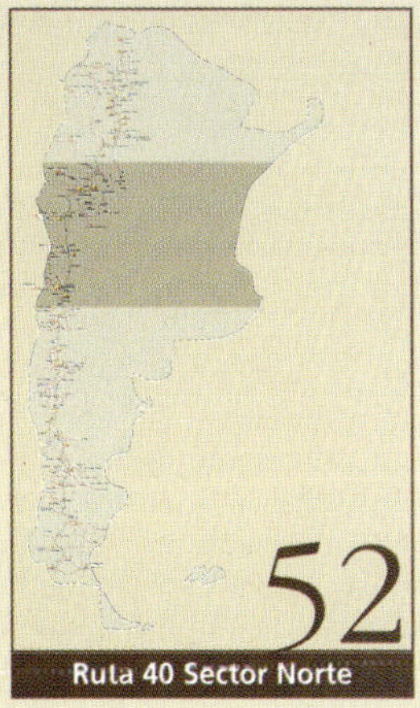
52
Ruta 40 Sector Norte

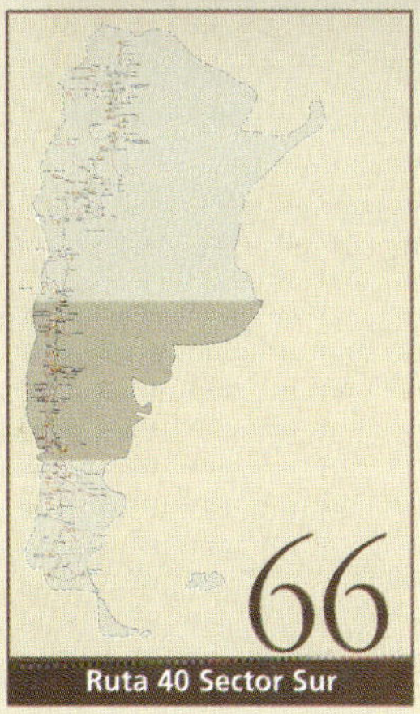
66
Ruta 40 Sector Sur

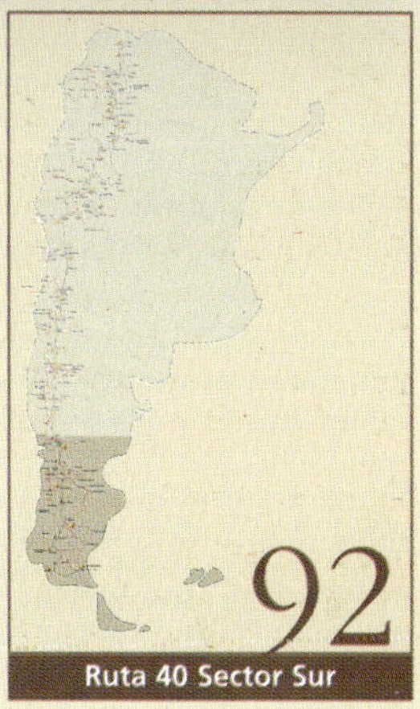
92
Ruta 40 Sector Sur

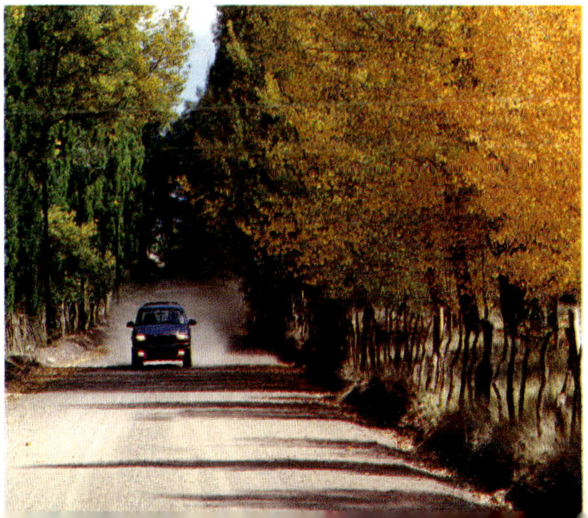

Una ruta de película

Los 4.667 Kilómetros de la Ruta 40

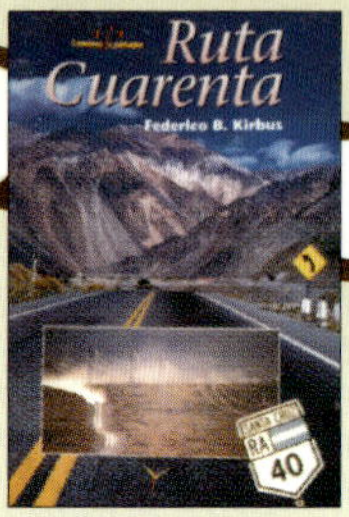

Carátula de la primera edición, impresa en 1996, de RUTA CUARENTA.

—Hola

—Aló, ¿avec monsieur Kirbus?

—Oui, sí. ¿Quién es?

La llamada de alguien que hablara en francés no me tomó demasiado por sorpresa, porque como "Centro nacional e internacional de información turística" —un eufemismo, pero no tanto— recibo a diario en mi casa consultas de toda clase... y de todas partes.

—Me llamo Dulon, Jean Dulon. Soy francés y estoy aquí, en Buenos Aires, para rodar una película sobre la Ruta 40.

¡Ajá!, pensé.

—Pero, ¿quién te dio mi número de teléfono?

—Me presenté en la Secretaría de Turismo con una carta de recomendación del embajador argentino en París. El señor secretario me recibió y su asistente privada me facilitó su número,–continuó explicándome mi interlocutor.

Era hacia el final de la gestión de Francisco "Paco" Mayorga, a quien yo conocía desde que se inició en competencias de automóviles (allá por los años sesenta), y cuando yo cubría las carreras para *El Gráfico* como cronista de automovilismo.

—Si querés saber algo más, vení a mi casa. Aquí tengo toda la documentación sobre la Ruta 40 —lo invité.

Esa misma noche —corría mayo de 1999— Jean y dos de sus colaboradores —camarógrafo, sonidista— estaban sentados en mi living en el Bajo Belgrano tomando mate (no me explico cómo, siendo recién llegados al país, pudo haberles gustado tanto que desde el primer día se hicieron habitués).

Desde luego era grande mi curiosidad por enterarme cómo a un francés se le pudo haber ocurrido rodar un documental sobre nada menos que la Ruta 40. Mejor dicho, dos películas: una para la Renault y otra para la TV francesa. Nos contó a Marlú y a mí sucintamente su historia.

Jean, oriundo de Niza pero afincado en París, es dibujante cartógrafo y trabaja para la revista *VSD* (por *"Venerdi, Samedi, Dimanche"*). Conocedor del mundo a través de su profesión, un par de años antes había preparado —según me iba relatando— un coqueto folleto sobre Australia usando ilustraciones recortadas de magazines y diccionarios.

Con este prospecto fue a ver a la secretaria de un alto directivo de la Renault —una íntima amiga suya— y le dijo:

—Chère, escúchame bien: aquí te doy este ejemplar único. La mañana en que observes que tu jefe llega a la oficina de buen humor y talante, se lo alcanzas y nada más, ahí termina tu tarea y servicio de amistad para conmigo —le explicó.

Dicho y hecho: la secretaria entregó el folleto en momento oportuno a su jefe, éste lo vio, la idea le gustó, y así nació la "Operación Canguro". Ésta fue una expedición al Sexto Continente realizada con un par de coches Renault que fueron filmados desde Alice Springs hasta Ayers Rock, desde Perth hasta Sydney, y donde no faltaron en las escenas ni los simpáticos koalas ni tampoco los saltarines canguros.

—A raíz de esta película —me dijo Jean— *Renault le dio luego a su nuevo modelo semi utilitario el nombre Kangoo (pronúnciese kan-gú). Por lo visto, algo parecido hiciste con la Ruta 40...* —Lo interrumpí:

—Pero, ¿cómo supiste de la existencia de esta carretera? —le planteé a Dulon mi mayor incógnita.

—En París, a través de un libro ilustrado sobre la Argentina. Allí leí que en el extremo austral de Sudamérica existe un camino que corre a lo largo de los Andes a través de 4.667 kilómetros, de norte a sur, de las nubes y los hielos eternos hasta Tierra del Fuego, que para nosotros, los europeos, es como decir casi la Antártida (1). La idea —prosiguió mi huésped— *me fascinó de inmediato. Más aún cuando, como cartógrafo de profesión que soy, proyecté la extensión del camino sobre el mapa del Viejo Continente y vi que alcanzaba desde Lisboa hasta los montes Urales en el umbral de Siberia. Así que me preparé otro folleto policromo, procedí igual que en el caso de Australia, y heme aquí, en Buenos Aires. Mañana llega de Francia un Kangoo pintarrajeado con motivos multicolores que se me ocurrieron, y Renault Argentina, por indicación de la casa central, pone a nuestra disposición una Trafic como unidad de apoyo* —rematό.

—¿Y qué van a hacer, concretamente? —fue mi consulta.

—Somos cuatro: camarógrafo, sonidista, un fotógrafo documentador y yo. Queremos recorrer la Ruta 40 de un extremo a otro y filmar sus paisajes y culturas, sus gentes, los Parques Nacionales y todas sus demás maravillas naturales. Desde Ushuaia hasta Bolivia —me explicó.

—La Ruta Nacional 40 no nace en Ushuaia, sino algo más al norte, en Río Gallegos, en el continente —le aclaré.

—Sí, ya sé, pero para los franceses el nombre Ushuaia encierra algo mágico. Es sinónimo de "fin del mundo", como lo era la Última Thule para los antiguos —continuaba mi interlocutor—. *Tanto es así que en nuestra TV existió durante años un programa con situaciones extremas que se llamaba precisamente así: Ushuaia. Bueno, y el motivo por el cual estamos aquí es que necesitamos que alguien nos explique en detalle todo lo interesante que hay para ver y para filmar a lo largo de esta carretera. Con este pedido nos presentamos al secretario de Turismo, y él nos remitió aquí para obtener mayor información* —concluyó Jean.

Yo ya me había imaginado cómo venía la mano. Extendí mi brazo y saqué, de entre mapas y papeles apilados sobre el escritorio, un ejemplar —uno de los últimos que aún me quedaban— de mi libro Ruta Cuarenta publicado un año antes.

—Aquí tienes el guión completo —le dije mientras le alcanzaba el volumen.

—Mais, c'est parfait! C'est magnifique! —exclamó, sorprendido, mi huésped.

—Con esto ya está la mitad de nuestro trabajo hecho. Sólo tenemos que recorrer el camino y filmar lo que dice aquí en el libro. Extraordinaire!

Así terminó mi encuentro con el hasta ahora único cineasta —¡justo un extranjero! Pero, ¿por qué no?— que haya perpetuado en celuloide este argumento singular que es la Ruta 40, la Carretera de las 30 Latitudes, como por ahí también la llamé en algún artículo.

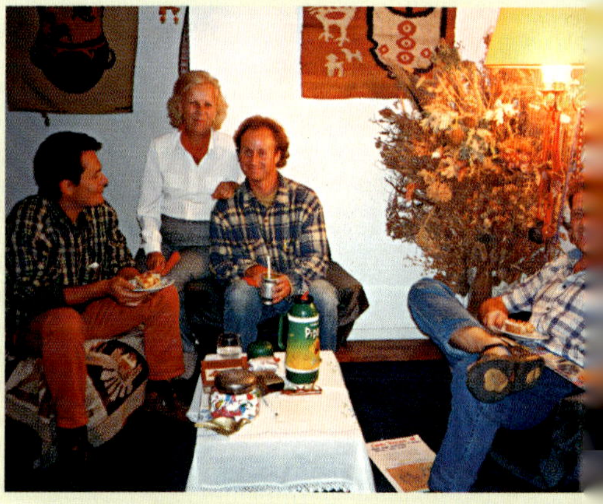

El equipo francés de filmación en casa del autor: Marlú sentada junto a uno de los camarógrafos (cebando mate), y a la derecha Jean Dulon, el realizador.

(1) Cuando mi interlocutor mencionó como distancia "4.667 kilómetros" advertí, de inmediato –sin decir yo palabra alguna– que su fuente debía ser necesariamente un libro de mi autoría, o de otro autor que a su vez había tomado datos míos, ya que el número indicado es un "invento" personal mío: un buen día me senté y sumé todos los parciales –que son muchos– de los tramos Norte y Sur de la Ruta 40. Cualquier persona, si repitiera la misma operación, llegaría muy probablemente a otro resultado, de modo que los antedichos 4.667 kilómetros son como mi ADN o mi impresión digital, cuando se trata de discernir el origen de la referencia.

Un comienzo polvoriento

A dusty beginning

Para mí la epopeya de la Ruta 40 había comenzado varias décadas atrás, al promediar los años cincuenta, cuando como periodista cubría paso a paso los Grandes Premios del Automóvil Club Argentino (ACA) para máquinas TC y coches estándar.

Al principio para nosotros, cronistas y fotógrafos, la sigla RN 40 era una de las tantas nomenclaturas con las que invariablemente nos enfrentábamos al seguir el intrincado recorrido de esas competencias de largo aliento. A veces los Grandes Premios enfilaban hacia el sur, por la RN 3; en otras circunstancias, al norte, por la RN 9, que llega hasta La Quiaca. Pero también recorrían la RN 7 a Mendoza o bien ascendían o descendían por el piedemonte de los Andes, justamente por la RN 40.

Por entonces hacía ya unos veinte años que la Dirección Nacional de Vialidad (DNV) le había asignado los números del 1 al 50 a las carreteras troncales, que, salvo excepciones, salían casi todas, cual un gran abanico, desde la cabecera: Buenos Aires.

A una de estas vías, formada por la unión de varios caminos preexistentes, le tocó a su turno recibir el número 40. Como en conjunto esta carretera resultaba muy larga, la DNV decidió subdividirla en dos: un tramo Norte y un sector Sur, con un mojón cero común en la ciudad de Mendoza, ubicado en la intersección de la avenida San Martín con la calle Garibaldi. El cruce es conocido por los mendocinos como "Kilómetro Cero", aunque hoy día este hito se halla en las afueras de la urbe, allí donde se cruzan y tocan los accesos Norte, Sur y Este.

De aquellos tiempos datan mis primeros recuerdos de la Ruta 40. Recuerdos no siempre gratos (como cuando nos quedamos varados en los terribles arenales de Huaco, al norte de San Juan), pero tampoco exentos de momentos inolvidables (después de resistir por horas la canícula tropical y tragar polvo a granel llegábamos a pueblos perdidos como Villa Unión o Chilecito, donde calmábamos la sed con un trago profundo de dulce torrontés blanco).

A medida que transcurría el tiempo mirábamos con más detenimiento en el mapa dónde nacía y dónde moría, de dónde venía y hacia dónde iba esta Ruta 40. Uno de los puntos que tocaba era Mendoza; otro, San Juan. Pero más allá, el itinerario parecía perderse en territorios cuasi ignotos: el hinterland de provincias de por sí tan apartadas como lo son —y lo eran aún más entonces— Neuquén y Santa Cruz, La Rioja, Catamarca, Salta y Jujuy, entre otras.

¡Una carretera extraordinaria por la variedad de territorios que atraviesa, por su extensión e incluso por el perfil altimétrico que la caracteriza! (aunque en ese entonces, década de los cincuenta, aún no estaba terminado el paso por el Abra del Acay, que con sus 4.900 metros *plus* es ahora el punto culminante de todo el recorrido).

Tragando tierra —literalmente hablando— fuimos así descubriendo "la Cuarenta" paso a paso, en lecciones intensas y duras. Sólo con el andar del tiempo nacieron la idea y el deseo de recorrer en forma íntegra esta monumental obra vial, reconstruir su historia y conocer su presente.

Así fue como me convertí en interesado, en aficionado y finalmente en apasionado de —y casi adicto a— la Ruta 40. Este sentimiento, expresado a través de muchos artículos en diarios y revistas, culminó por fin con la publicación de un libro, hoy agotadísimo, titulado precisamente "Ruta Cuarenta". Un capítulo de esta obra, profusamente ilustrada en colores, fue aportado por un inapreciable amigo y colega: el desgraciadamente desaparecido Germán Sopeña, quien de alguna manera también se había convertido en un gran entusiasta de este camino, aunque circunscripto más bien al sector Patagonia, su otro amor.

Con tanto recorrer y reconocer los casi 5.000 kilómetros —"mil leguas", diría un criollo de ley— terminé haciéndome baqueano y en cierto modo experto de los distintos aspectos técnico-viales de la carretera. De la carretera y sus aledaños. Porque muchas de las curiosidades, singularidades, bellezas y atracciones no están exactamente sobre el camino mismo, sino que se hallan a cierta distancia y a ellas da acceso "la Cuarenta". Ahí está su verdadero encanto y su importancia intrínseca.

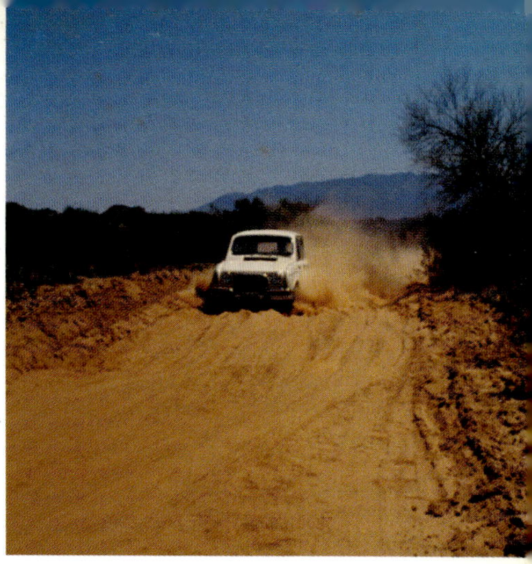

Un tramo de la histórica Ruta 40 cerca de la Cueva del Chacho, Los Colorados, en los Llanos de La Rioja; las polvaredas eran antes una constante ineludible.

Before, long streches of Ruta 40 were rubble, sand and loose earth.

The author remembers his first contact and experiences with Ruta 40. It was in the fifties and Ruta 40 was nothing more than a succession of dusty tracks, stony in parts with sandy banks. Before becoming coveted for travel, Ruta 40 was a road that was feared because of its terrible condition and was to be avoided at any costs. But with time this extraordinary highway has become what it is today: a top tourist attraction.

Del "maldito camino" a la carretera longitudinal de los Andes

SERRUCHO Y RIPIO. RIPIO Y SERRUCHO. ASÍ POR DECENAS, A VECES POR CIENTOS DE KILÓMETROS CONTINUADOS. UN CAMINO POR LA ESTEPA; CASI A TRAVÉS DE LA NADA. Y VIENTO. UN VIENTO QUE SOPLA PREFERENTEMENTE DESDE EL ESTE DE LA CORDILLERA. TAN FUERTE QUE HACE VOLAR NO SÓLO ARENA SINO, A MENUDO, PIEDRAS CHICAS. CUANDO RUGE DE FRENTE, EL CONSUMO DE COMBUSTIBLE DE UN AUTOMOTOR FÁCILMENTE PUEDE DUPLICARSE. Y LOS SURTIDORES, POR CIERTO, NO ABUNDAN EN ESTAS LATITUDES.

Este es el sector sur de la célebre Ruta Nacional (RN) 40. Una carretera que nunca existió previamente para comunicar poblaciones. Que simplemente se trazó a campo traviesa. Primero, por tramos inconexos, para luego unir estos sectores y así abrir las puertas a un país virgen.

Los puntos que se iban conectando no eran ciudades preexistentes, eran cascos de estancias separadas entre sí por días de viaje a caballo y almacenes de ramos generales que surtían a los pobladores con lo que necesitaban. Pioneros todos.

Después del caballo vino el carro, tirado a menudo por bueyes, que permitía trasportar personas, enseres y mercadería. La huella se convertía así en carrocarril, por donde tal vez podía aventurarse un tractor tirando una chata cargada con fardos de lana, pero aún ningún automóvil. Sólo con el tiempo las trochas se fueron trasformando en incipientes caminos donde alguien podía atreverse con un vehículo automotor. En aquella época los automóviles tenían la ventaja de ser altos, con un enorme despeje, pero también estaban equipados con neumáticos débiles que se pinchaban y cortaban a cada rato sobre las piedras filosas.

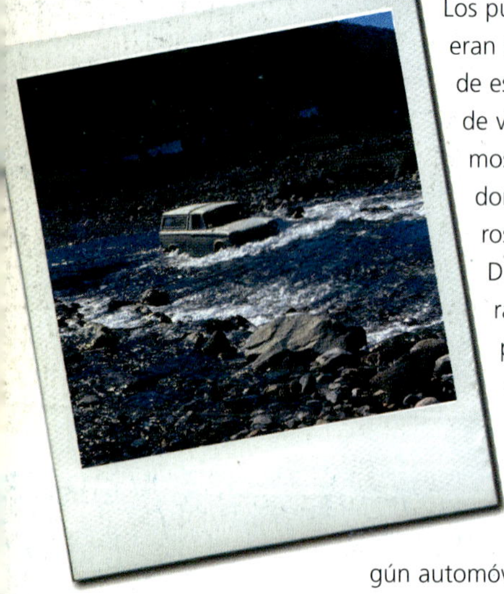

Breve vadeo de un arroyo en Río Negro, década del sesenta. Viajar en aquel entonces por el Sur exigía informarse antes de salir sobre el estado de los caminos.

In the past one had to ford many rivers along Ruta 40.

No era ningún placer viajar en esos tiempos. Malditos caminos. Se circulaba por extrema necesidad. En inglés el vocablo (vigente todavía) recuerda las penurias que significaba andar: *travel* proviene precisamente del vocablo francés *travail* que significa trabajo.

La RN 40 —que tomó su denominación oficial a partir de 1935— fue cobrando cuerpo poco a poco. Eso sí, la idea era clara desde un principio: sería una carretera que correría por el piedemonte oriental de la extensa cadena de montañas llamada Cordillera de los Andes. Del extremo Norte hasta casi el confín austral del territorio.

Los tramos existentes se fueron rectificando para obtener —es un modo de decir— una traza más rectilínea, siempre con sentido general norte-sur. Aunque al comienzo existían trazados paralelos que llevaban, por ejemplo, uno la numeración RN 40 y el otro, la denominación "Variante Ruta 40".

Hasta los años sesenta a nadie en sus cabales se le hubiera ocurrido recorrer, siquiera por un breve trecho, la Ruta 40 por mero placer. En todo caso se procuraba esquivar esta tortura convertida en ruta, mezcla de grava, polvaredas, vientos cortantes, y asesina de cubiertas, demoledora de radiadores y trituradora de metales.

De los cruces de ríos y arroyos, ni hablar. Cuando las aguas venían crecidas, no quedaba otra opción que esperar antes de vadear. Horas. Días. Hasta que a alguien se le ocurrió levantar un hotel en las inmediaciones de los vados. Desde luego, "hotel" era mucho decir: cuatro paredes y un techo para pernoctar, medianamente protegido del viento y las lluvias. Algunos de estos hospedajes aún sobreviven como testimonio de aquella época en que no existían los puentes por los que ahora uno pasa sin detenerse.

Recién hace poco más de un cuarto de siglo que la Ruta 40 adquirió su fisonomía actual y el público comenzó a descubrirla para experimentar con el automóvil algo distinto: una vivencia con sabor a aventura moderna. Es precisamente lo que hoy caracteriza esta vía longitudinal que, transplantada a otro continente, permitiría unir, por ejemplo, Lisboa, en el sudoeste de Europa, con los montes Urales, mucho más allá de Moscú. Atravesando todo el Viejo Continente en

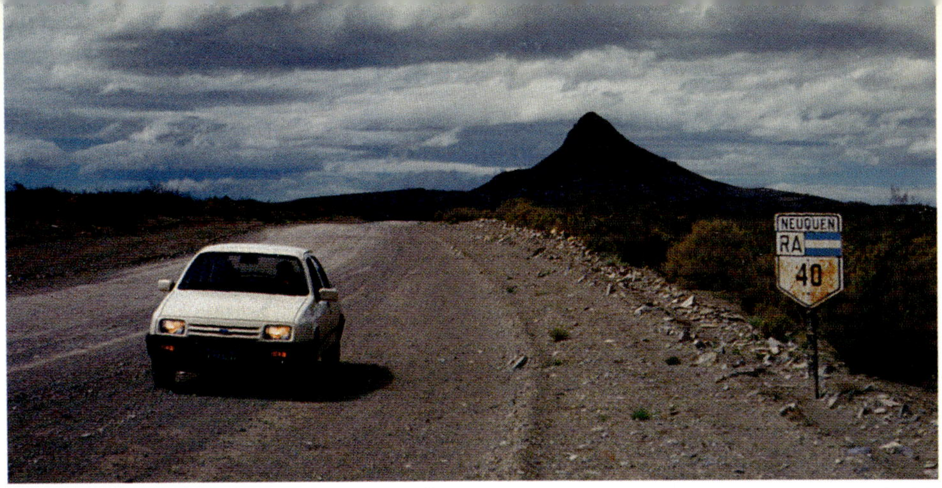

En el Sur, extensos tramos de la Ruta 40 pasan por paisajes volcánicos fantasmagóricos.
In the south, extensive tracts of Ruta 40 pass by landscapes of extinct volcanoes.

Cruce obligado del río Neuquén por balsa, en Paso Huitrín, en la década del sesenta y hoy; este tramo de la vieja Ruta 40 (con otra numeración, ahora Ruta Provincial 9) aún se transita.

Nearly 40 years seperate theses two images of the crossing of the Neuquén river by raft.

diagonal, ¡sin encontrarse casi nunca con un ser humano! ¿Qué tal?

En rigor de verdad, y como hemos señalado, la actual Ruta Nacional 40 es el resultado de la unión de diversos caminos longitudinales preexistentes. Vialidad Nacional, al asignar las numeraciones en 1935, aplicó el código a diversos trazados que corrían por el rellano oriental de los Andes. Al comienzo, incluso, varias partes del recorrido eran muy diferentes al actual; por ejemplo, aún no existía el "Camino Calchaquí" y la carretera terminaba por entonces en el paso Huaytiquina. Poco a poco se fue definiendo el trazado hasta adquirir su fisonomía actual, quedando en los últimos años en discusión si entre San Juan y Mendoza no sería más conveniente llevar la Ruta 40 por el valle de Calingasta, Barreal y Uspallata, donde el paisaje es más pintoresco y responde mejor a la característica general de la gran arteria. Un modo de hacer que esta carretera sea más turística aún.

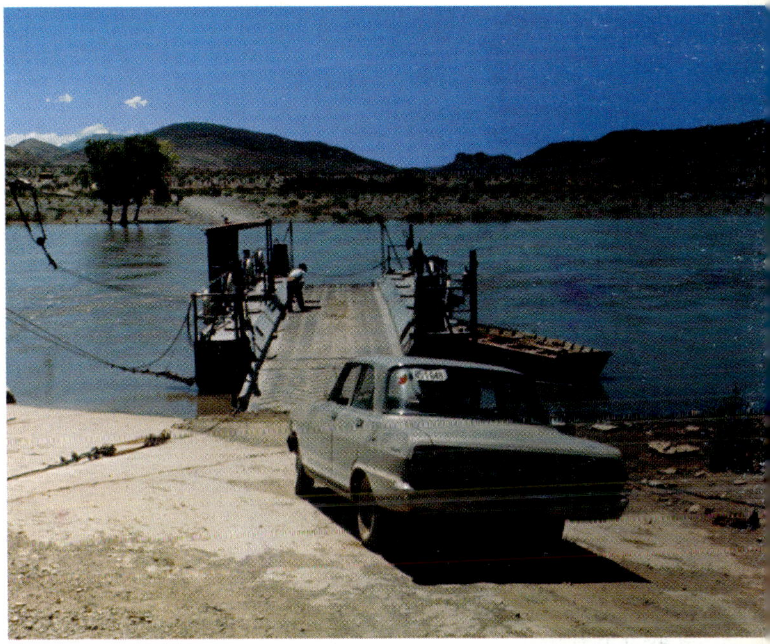

From the "damned track" to the longitudinal road of the Andes

Ruta 40 was never really planned, not as the highway construction is today anyway. Born from paths where one travelled on foot or horseback. Then with the arrival of carts then cars the zigzagging paths became lanes, the first longitudal roads of the Cordillera de los Andes at the oriental mountain foot started in this way. It wasn't until 1935, when the Dirección Nacional de Vialidad (National Highways Department) decided to number the trunk roads, that this succession of unconnected roads was assigned the number 40, a figure that with time would result in little less than magic.

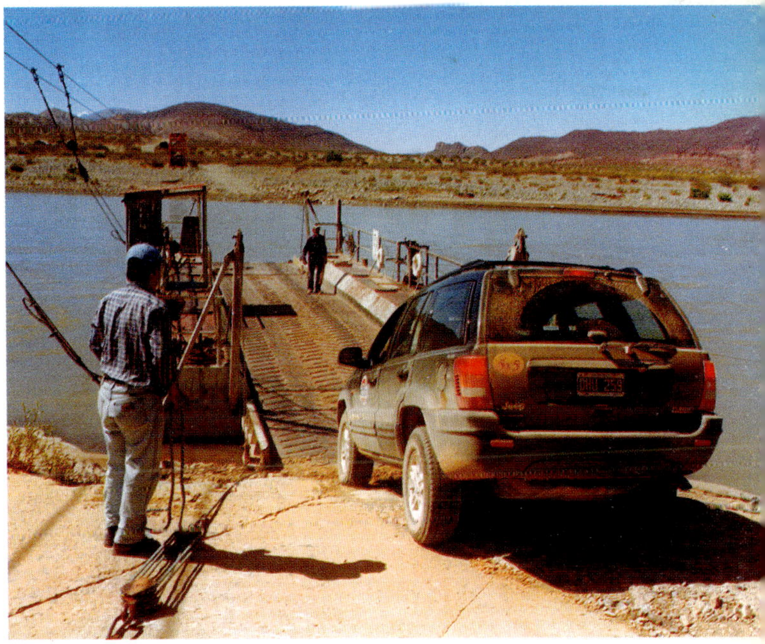

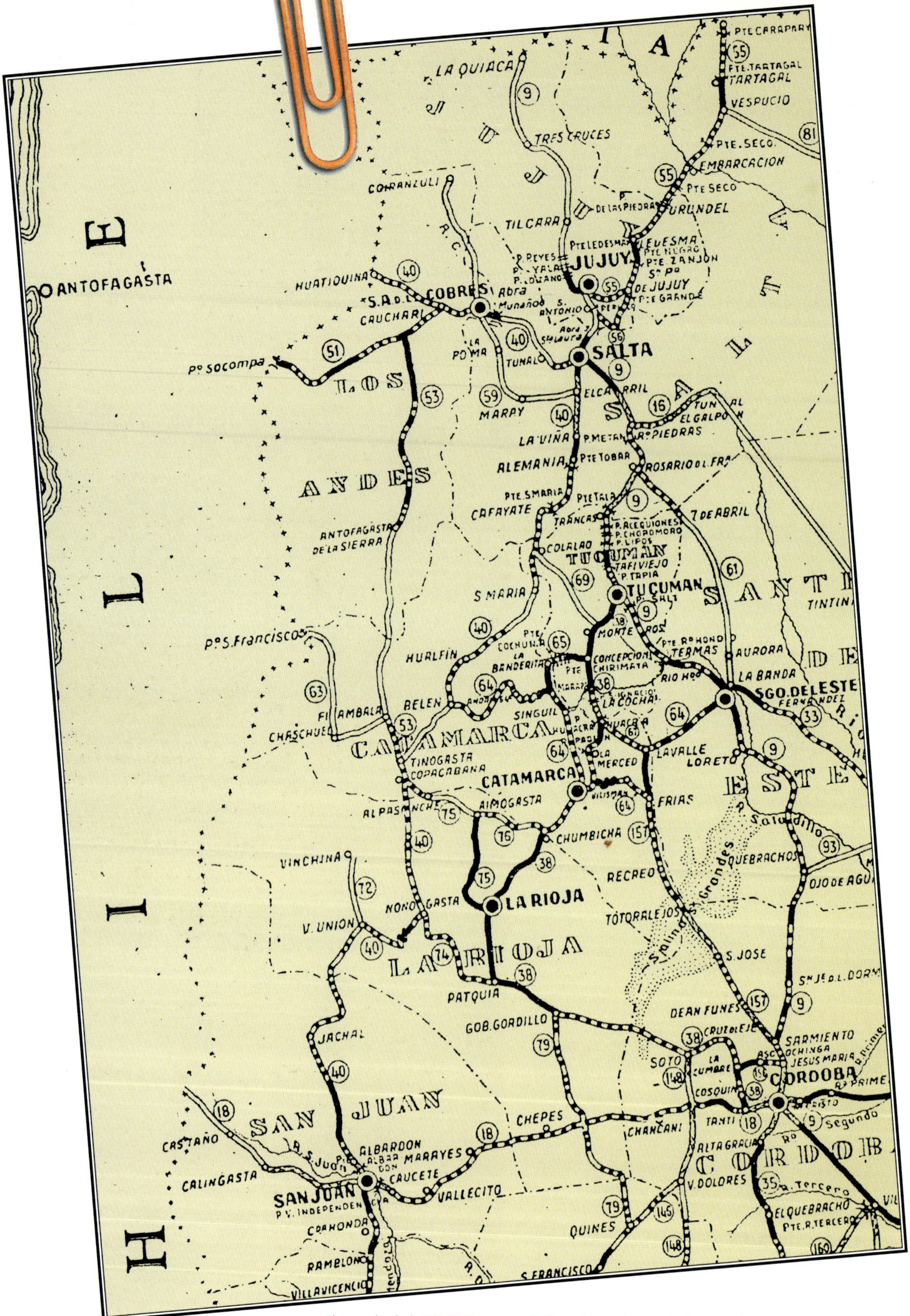

El trazado de la RN 40 Norte era distinto al actual, cuando fue creada en 1935.

The origional drawing of Ruta 40 North, in 1935.

Las carreteras más importantes

The most important roads

Long. (km)		Ruta*	Nace en	Termina en
4.667	3.115,6	40 Tramo S	Mendoza	Punta Loyola *(embarcadero)*
	1.551,6	40 Tramo N	Intersección con RN 7, Acceso Este	Cerca de Abra Pampa *(Mojón 1.915 de la RN 9)*
3.055		3	Buenos Aires *(Av. General Paz)*	Puente sobre el río Lapataia *(Tierra del Fuego)*
1.953		9	Buenos Aires *(Av. General Paz)*	La Quiaca *(límite con Bolivia)*
1.566		12	Campana *(empalme RN 9)*	Puerto Iguazú *(puente Tancredo Neves, límite con Brasil)*
1.489		34	Rosario *(empalme Av. Circunvalación)*	Profesor Salvador Mazza *(límite con Bolivia)*
1.226		7	Buenos Aires *(Av. General Paz)*	Túnel Vial Internacional *Cristo Redentor (límite con Chile)*
1.160		14	Ceibas *(empalme RN 12)*	Bernardo de Irigoyen *(límite con Brasil)*
977		11	Rosario *(empalme Av. Circunvalación)*	Puerto Pilcomayo *(límite con Paraguay)*
871		86	Clorinda *(empalme RN 11)*	Tartagal *(empalme RN 34)*
806		38	Córdoba	S. M. de Tucumán
801		22	Bahía Blanca *(empalme RN 3, km 719)*	Neuquén *(límite con Chile)*
794		188	Puerto de San Nicolás	General Alvear, Mendoza *(empalme RN 143)*
788		33	Bahía Blanca	Rosario
714		16	Corrientes	Cercanías de Metán, Salta *(empalme RN 9 / RN 40)*
708		35	Bahía Blanca	Santa Catalina *(Estación Holmberg, empalme RN 8)*
694		8	General Pacheco *(empalme RN 9)*	Villa Mercedes, San Luis *(empalme RN 148)*
544		60	Cerca de Jesús María Córdoba *(empalme RN 9, km 774)*	Paso San Francisco *(límite con Chile)*
501		2	A contar desde Plaza de Mayo *(empalme RN 1, km 25)*	Quequén *(vía Mar del Plata, que está en el km 399,4)*
296		51	Rotonda Limache, Salta *(empalme RN 68)*	Paso de Sico *(límite con Chile)*

*Numeración de las rutas asignada por Vialidad Nacional en 1935, que permaneció vigente hasta la transferencia parcial de algunos sectores a las provincias, en 1988/89

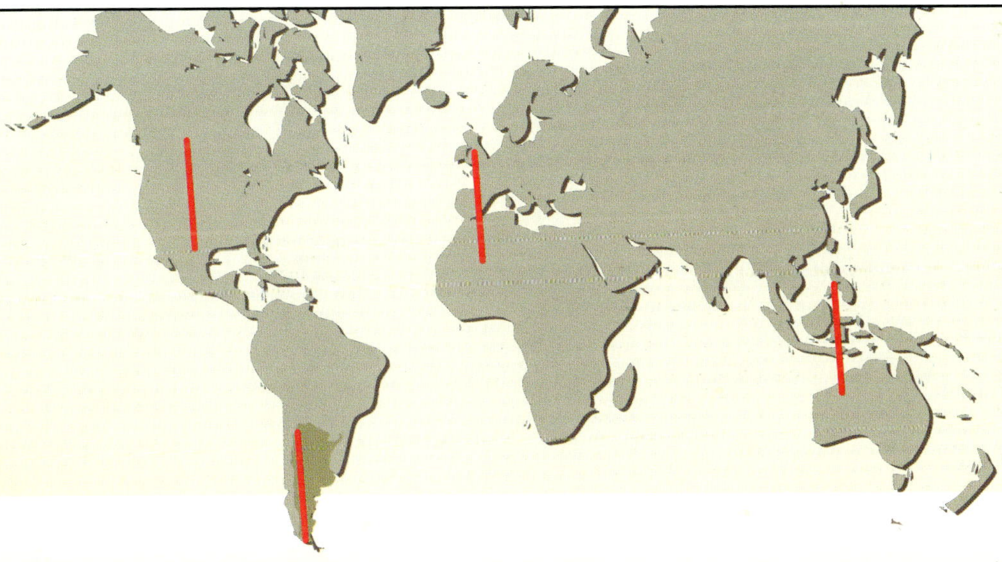

La Ruta 40 tiene un desarrollo norte-sur que se extiende desde la latitud 22° 45' S hasta el paralelo 52. Proyectado sobre otros continentes, cubriría trayectos extensos.

Comparing three proyections in different parts of the world with Ruta Nacional 40.

Red troncal del país / The country's trunk road network

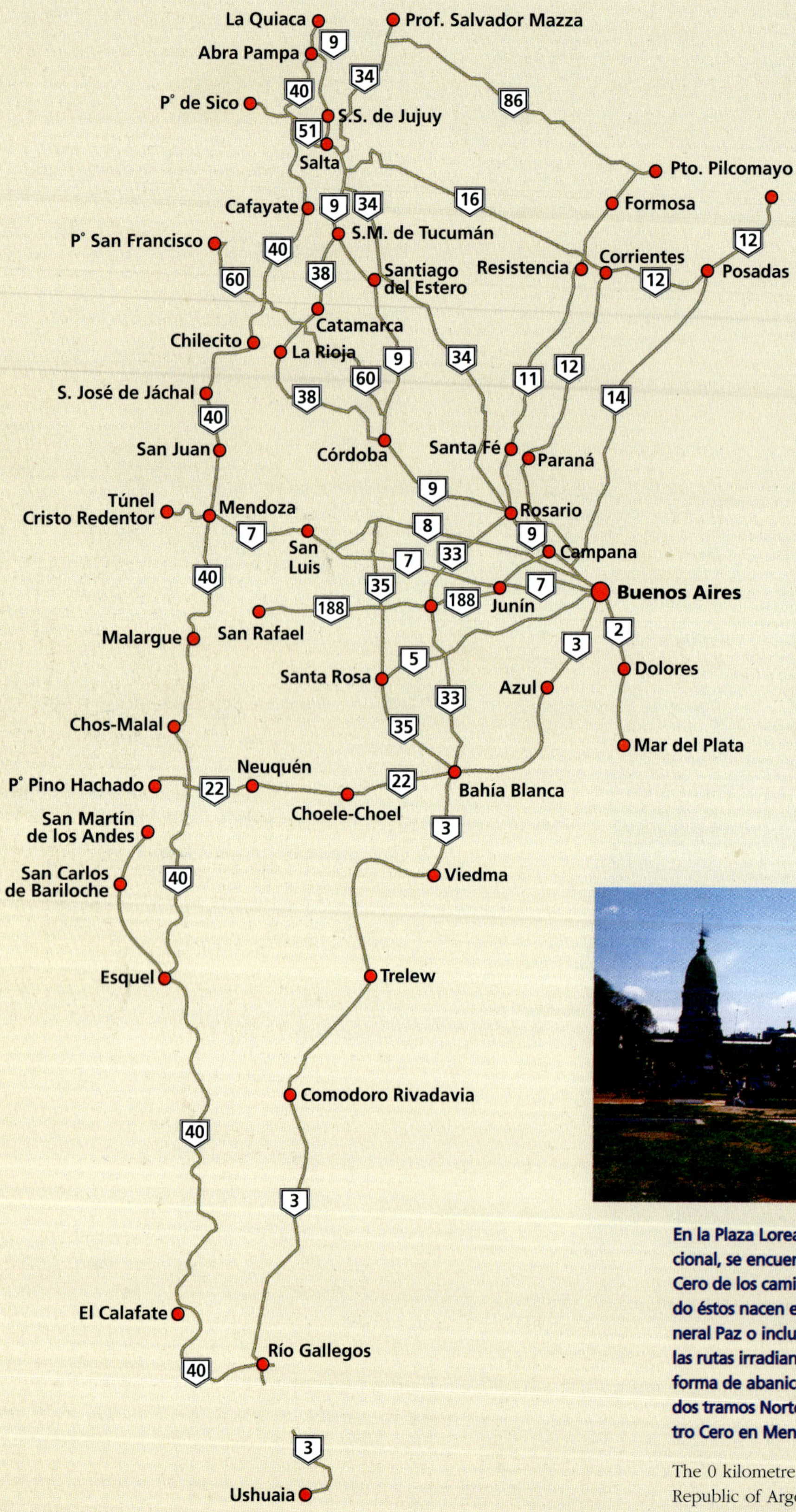

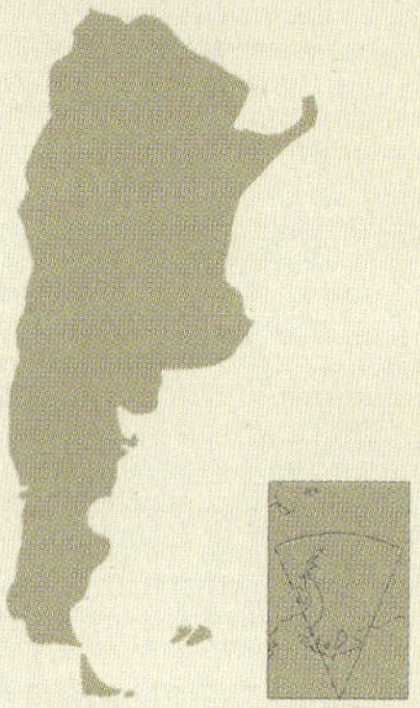

En la Plaza Lorea, frente al Congreso Nacional, se encuentra el monolito Kilómetro Cero de los caminos nacionales, aun cuando éstos nacen en rigor en la avenida General Paz o incluso más allá. La mayoría de las rutas irradian desde Capital Federal, en forma de abanico. La RN 40 se divide en dos tramos Norte y Sur, ambos con Kilómetro Cero en Mendoza.

The 0 kilometre milestone of the Republic of Argentina can be found at the front of the National Congress.

Maravillas naturales a la vera de la Ruta 40

Natural wonders to see along Ruta 40

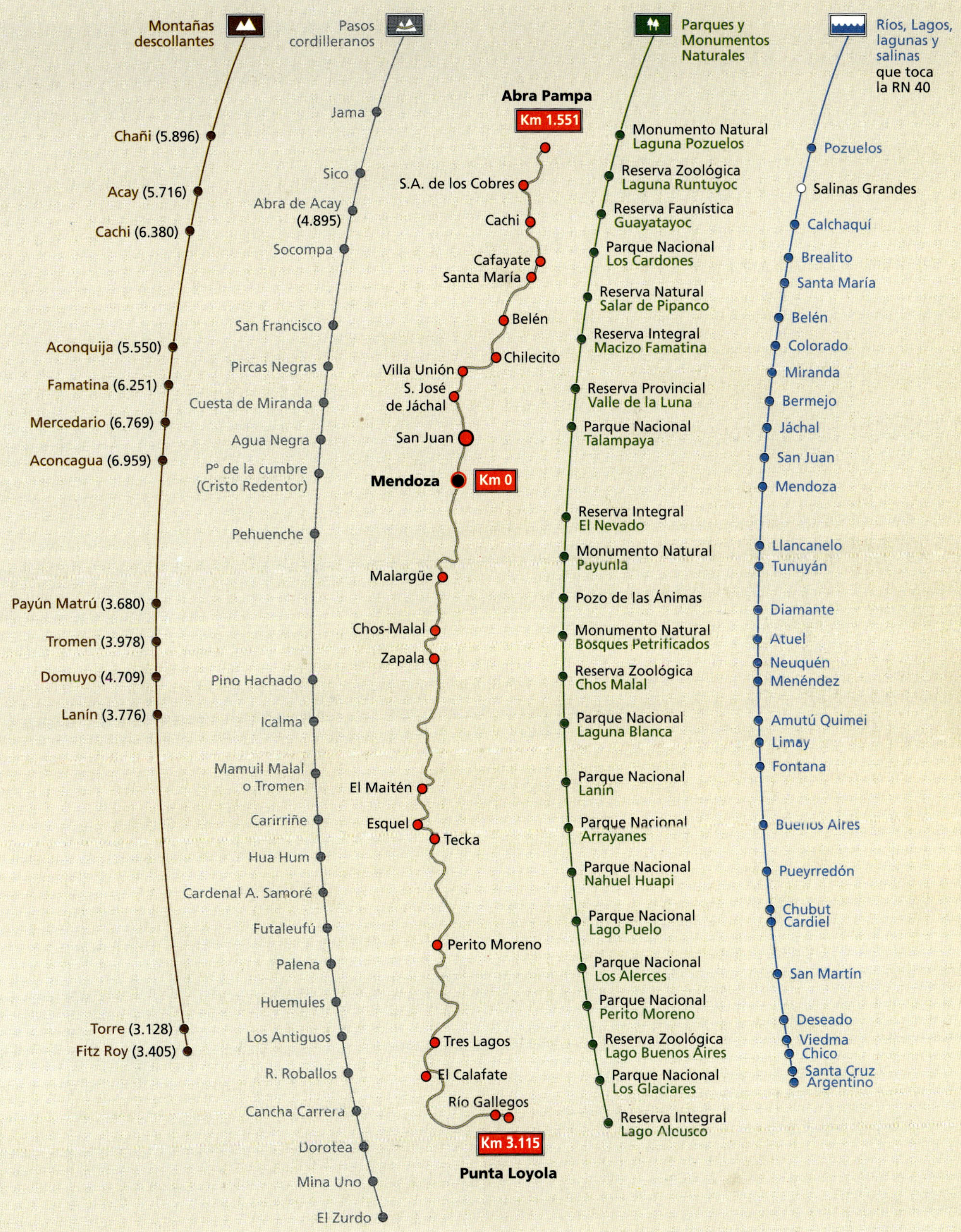

La Puna: un mundo hostil pero cautivante

La Puna: A hostile yet captivating world

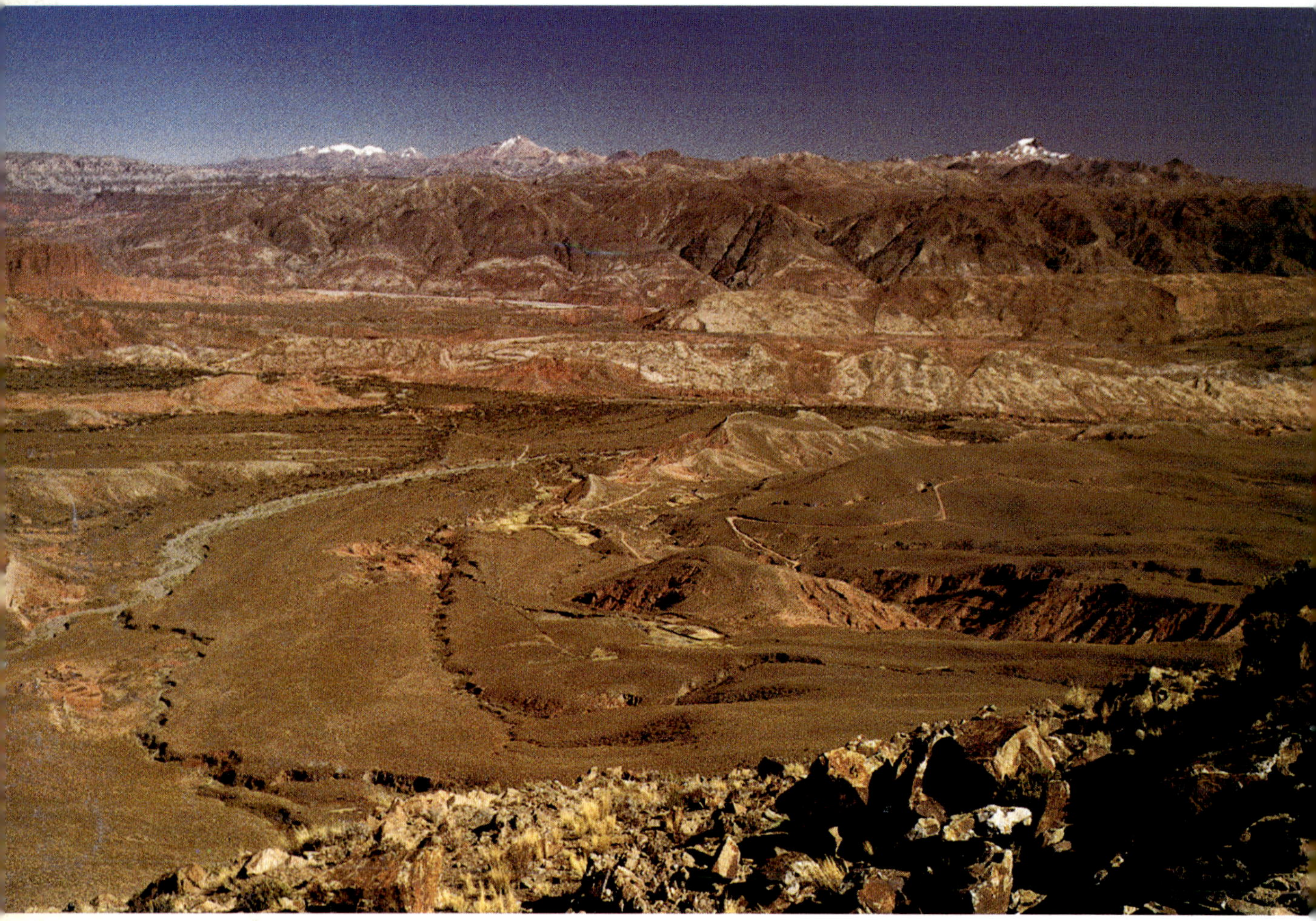

La visión en la Puna es casi irrestricta. El altiplano ondulado se interrumpe a veces por la presencia de quebradas o valles excavados por ríos. Lagunas y salares salpican el grandioso panorama, mientras en la lontananza asoman volcanes nevados. En la foto: la hoyada del San Juan Mayu en El Angosto, la población más septentrional de la Argentina y el cerro Branqui, punto limítrofe.

The Northern end of Argentina is formed by the Río Grande of San Juan and the Branqui mountain.

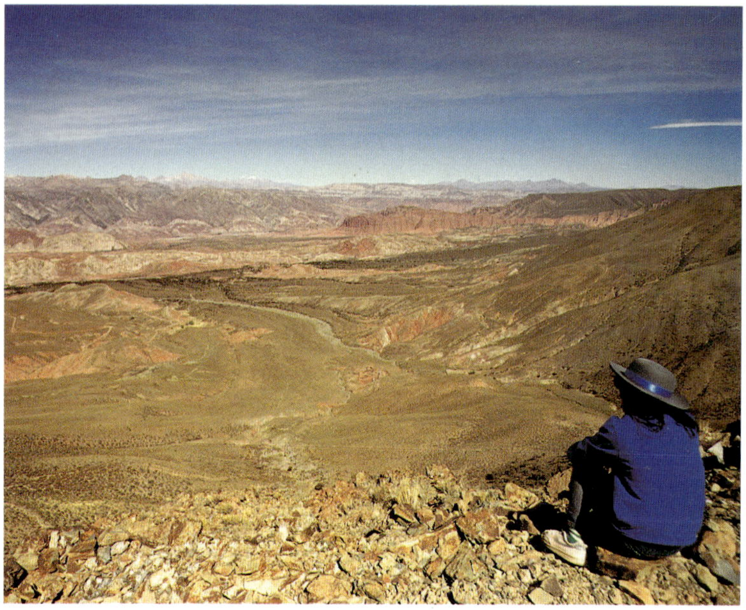

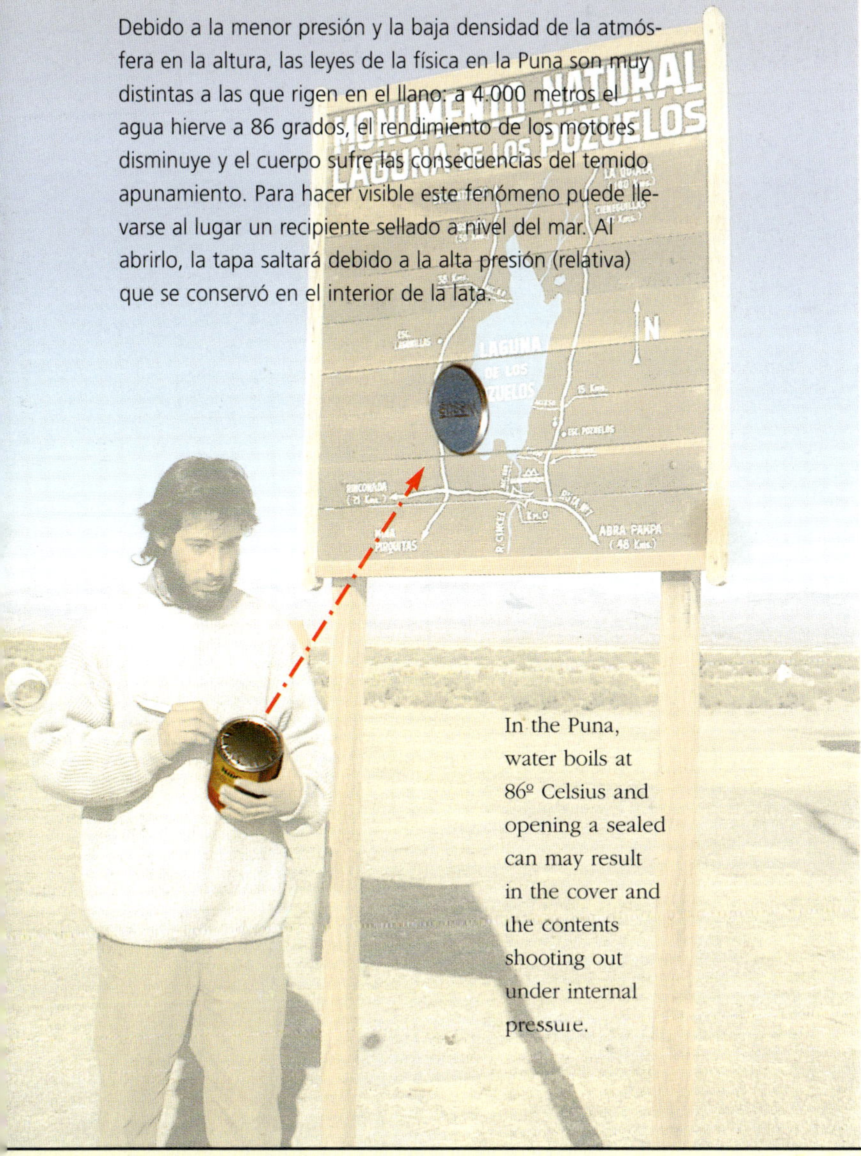

Debido a la menor presión y la baja densidad de la atmósfera en la altura, las leyes de la física en la Puna son muy distintas a las que rigen en el llano: a 4.000 metros el agua hierve a 86 grados, el rendimiento de los motores disminuye y el cuerpo sufre las consecuencias del temido apunamiento. Para hacer visible este fenómeno puede llevarse al lugar un recipiente sellado a nivel del mar. Al abrirlo, la tapa saltará debido a la alta presión (relativa) que se conservó en el interior de la lata.

In the Puna, water boils at 86º Celsius and opening a sealed can may result in the cover and the contents shooting out under internal pressure.

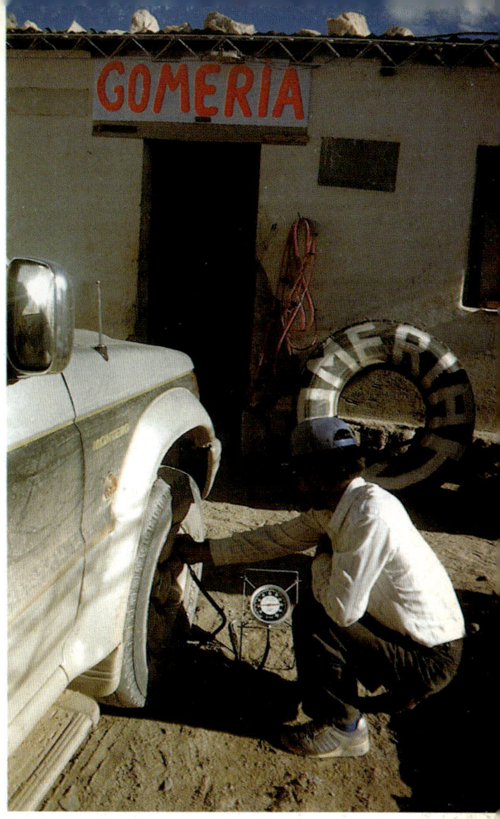

Uno de los tantos fenómenos de la Puna: neumáticos inflados en el llano correctamente a 32 libras/pulgada^2 acusan en San Antonio de los Cobres (3.775 metros sobre el nivel del mar) una presión de 44 libras/pulgada^2. Pero no por ello hay que desinflarlas, ya que su dureza es la misma.

The laws of physics present in la Puna also affect tyre pressure and engine performance.

El montañés andino tiene aproximadamente 5,7 litros de sangre, compuesta por glóbulos rojos en más de un 50%. En cambio los hematíes del habitante de las tierras bajas (que tiene tan sólo unos 4,7 litros de líquido sanguíneo) no alcanzan a la mitad de su total. Así se adaptan también los animales a la escasez de oxígeno en la altura, causante del temido "mal de la montaña".

The Coya or inhabitant of la Puna has almost twice as many red blood cells as an inhabitant of the plain.

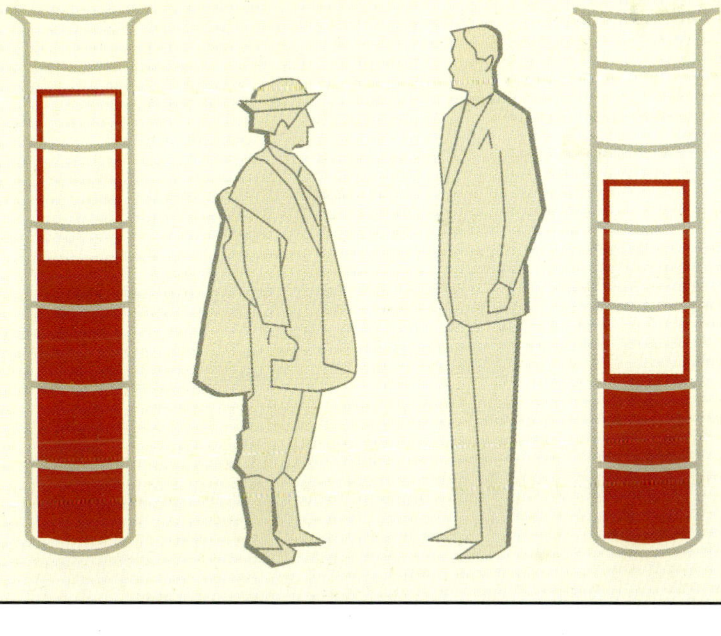

Vistas y visitas imperdibles

Not to be missed views and visits

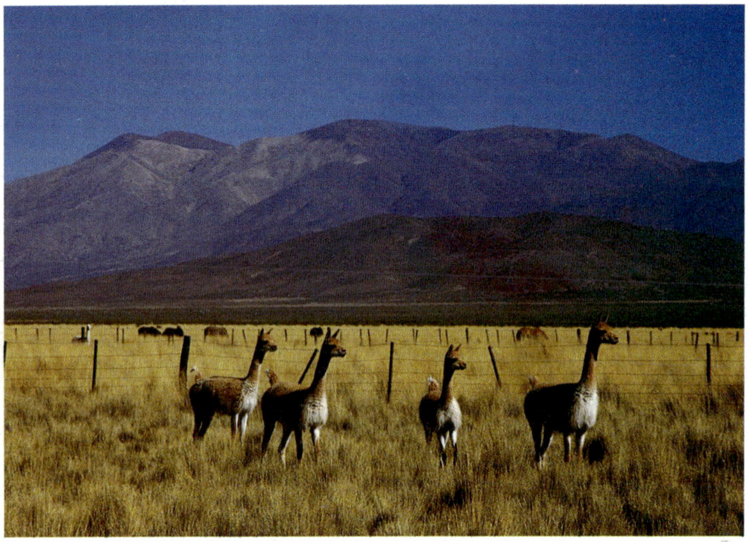

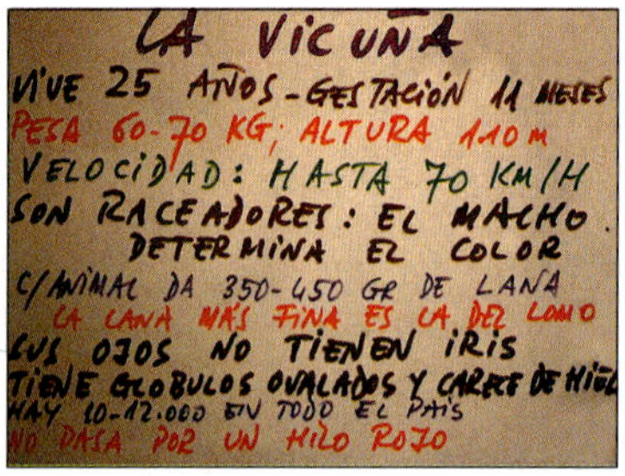

A 16 kilómetros de Abra Pampa, a la vera de la RP 11 que conduce a Casabindo, en el paraje Miraflores, se encuentra la estación zootécnica del INTA, llamada popularmente La Vicuñera. Aquí se experimenta con la esquila de estos auquénidos —las vicuñas— para obtener su lana, que cuesta unos 100 dólares el kilo (cien veces más que la de oveja). En los extensos potreros de cría y cruza de camélidos pueden observarse los hermosos animales; en territorio argentino, al presente, pacen en libertad unos 40.000 ejemplares.

At 16km of Abra Pampa, in Miraflores, a vicuña breederfarm can be found.

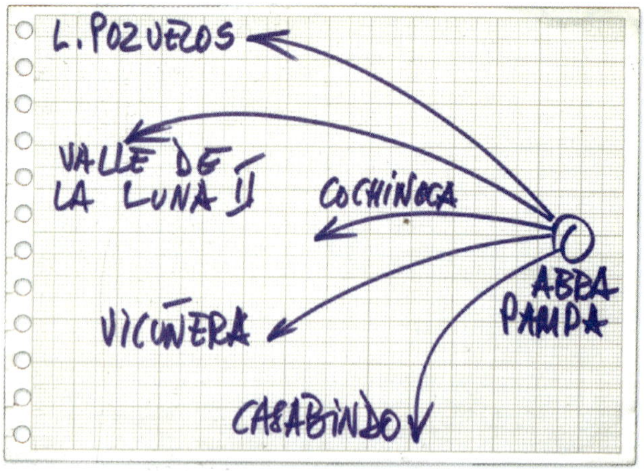

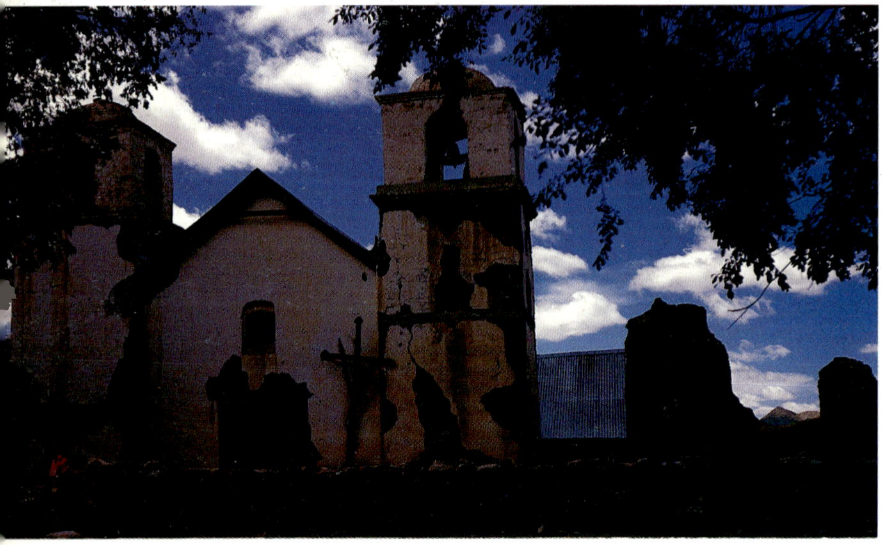

A tan sólo 25 kilómetros al oeste de Abra Pampa, por RP 71, queda Cochinoca, donde funcionó la primera parroquia de la Puna. Al lado de la iglesia quedan los restos de su predecesora, cuyos adobes se derritieron por efecto de las lluvias como chocolate al sol.

From Abra Pampa an interesting excursion can be taken to Cochinoca, with its old church.

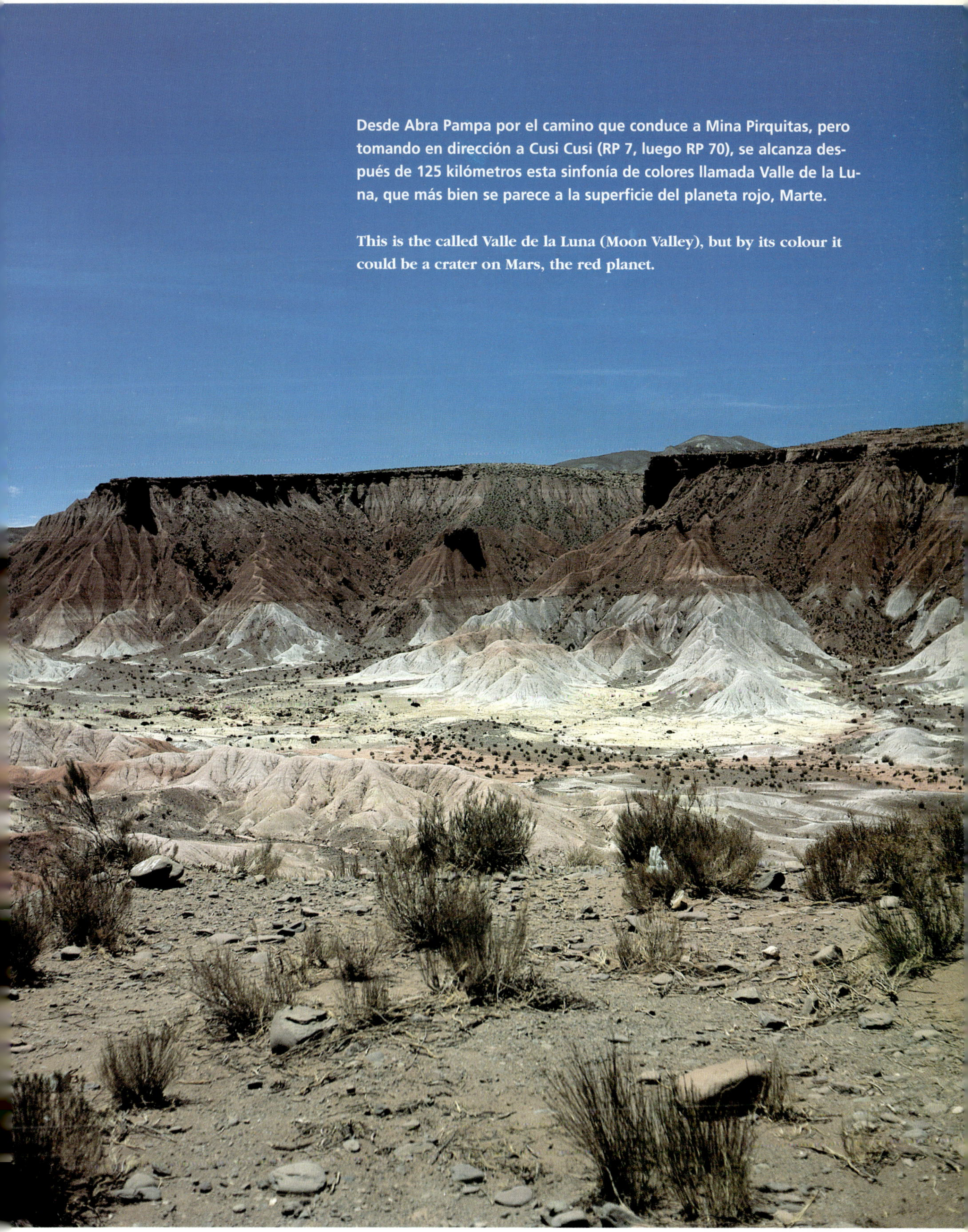

Desde Abra Pampa por el camino que conduce a Mina Pirquitas, pero tomando en dirección a Cusi Cusi (RP 7, luego RP 70), se alcanza después de 125 kilómetros esta sinfonía de colores llamada Valle de la Luna, que más bien se parece a la superficie del planeta rojo, Marte.

This is the called Valle de la Luna (Moon Valley), but by its colour it could be a crater on Mars, the red planet.

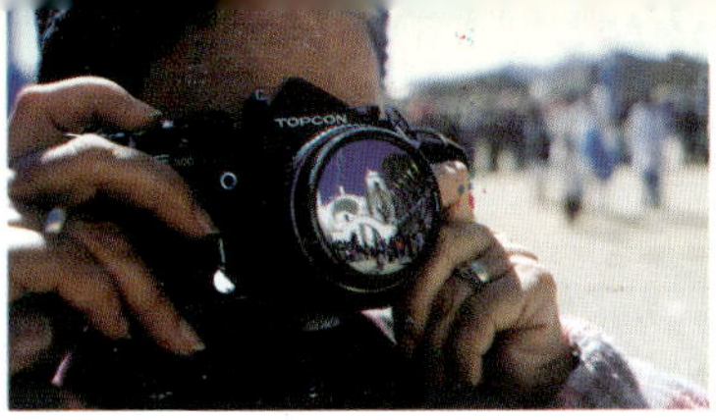

Casabindo se encuentra a 55 kilómetros al sudoeste de Abra Pampa, por RP 11. Posee una hermosa iglesia, por su magnificencia llamada "la catedral de la Puna". El 15 de agosto de cada año se realiza en este pueblo el tradicional "Toreo de la Vincha" donde, en una corrida improvisada, el torero debe arrancar al toro una cinta con medallas de plata atada en sus cuernos. Las coloridas danzas de los indígenas con motivo de esta fiesta alcanzan gran expresividad.

Every year on August 15th, at Casabindo a bloodless bullfight, with processions and masses takes place.

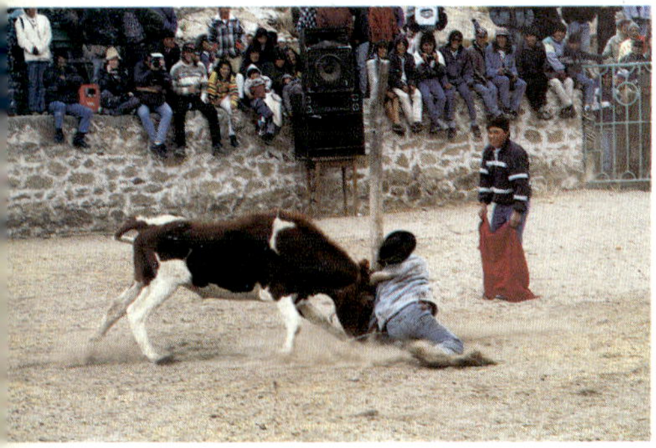

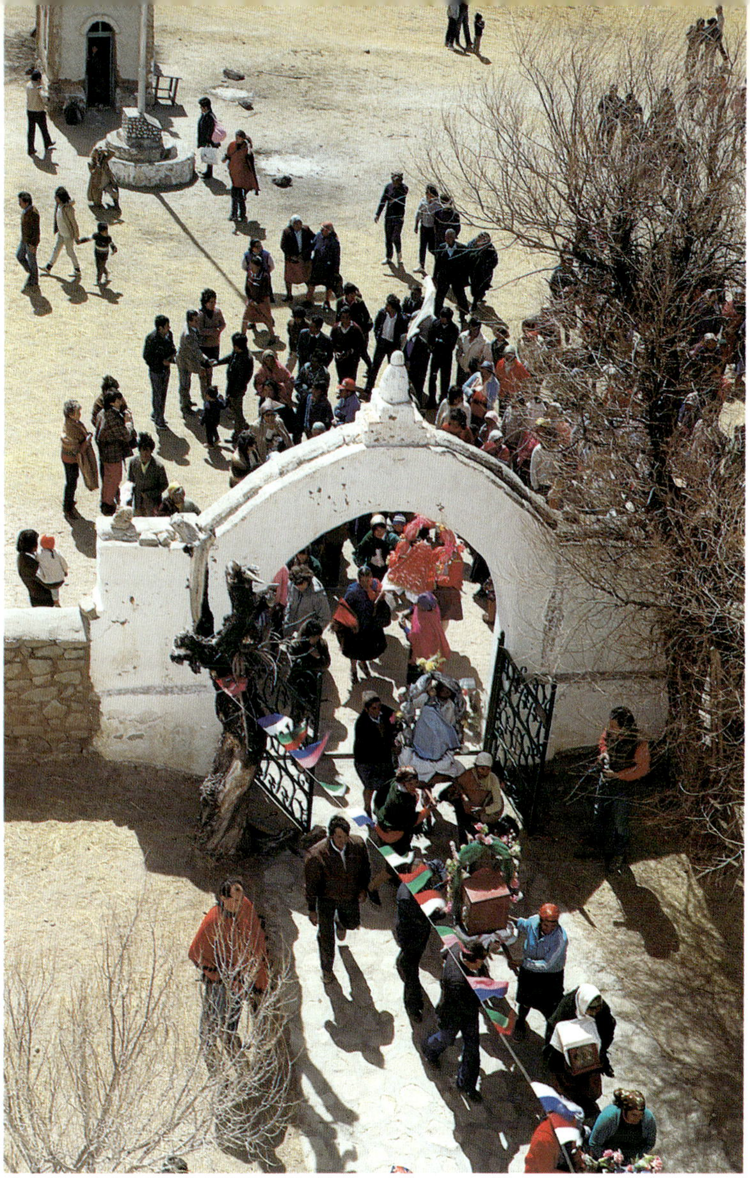

Flamencos en vuelo bajo sobre la Laguna de los Pozuelos, Monumento Natural y santuario de una rica avifauna. Este animal, llamado parina en lengua quechua, es el *phoenicoparrus andinus,* el "ave Fénix" de la mitología. Pozuelos está a 45 km de Abra Pampa, por RP 7.

Pink Flamingoes populate the waters of la Puna, mainly at Laguna Pozuelos.

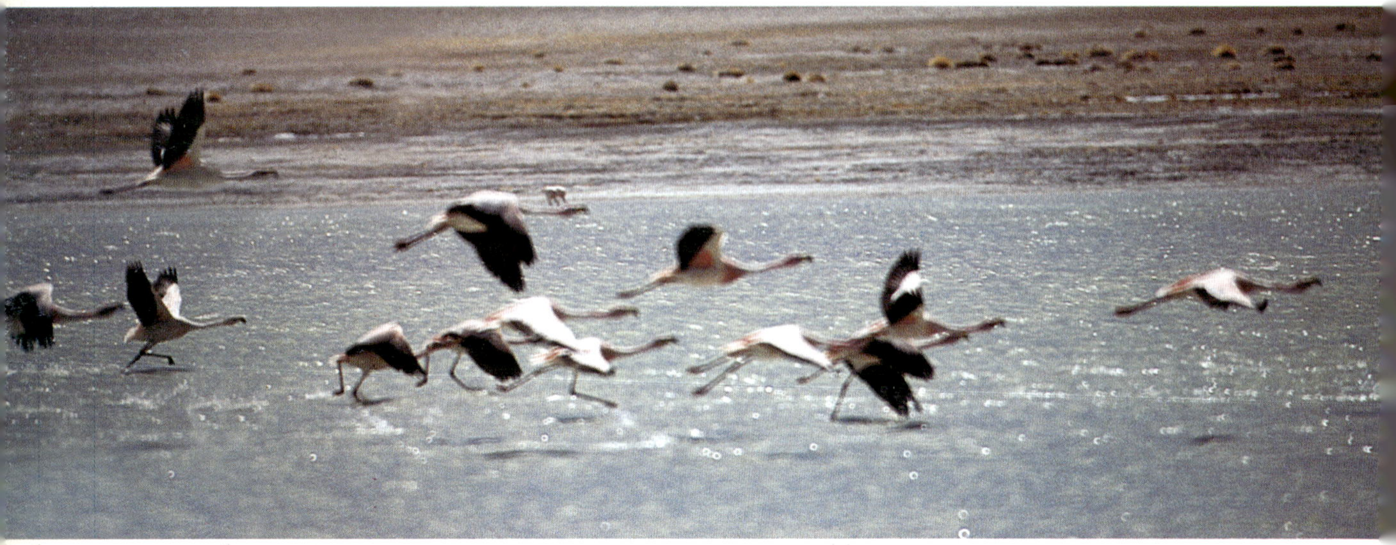

RN 40, Sector Norte *(sigue en pág. 52)*

Ruta 40, North Sector

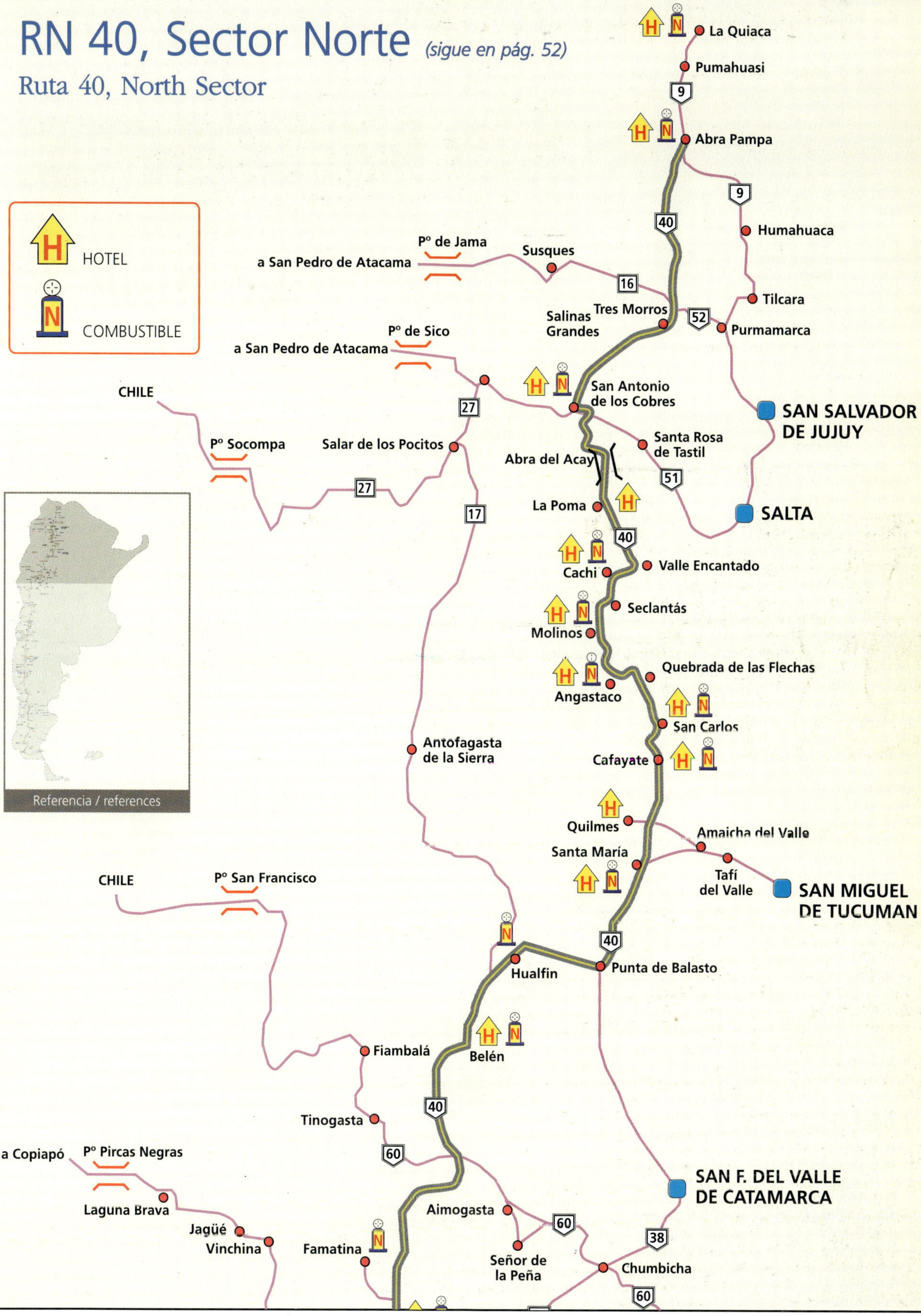

Un océano blanco

A white ocean

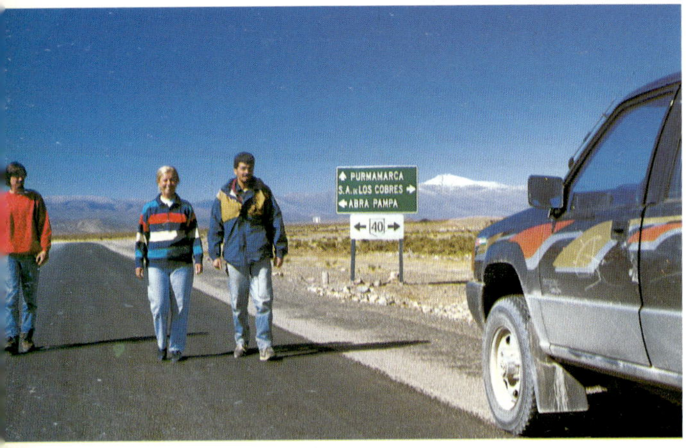

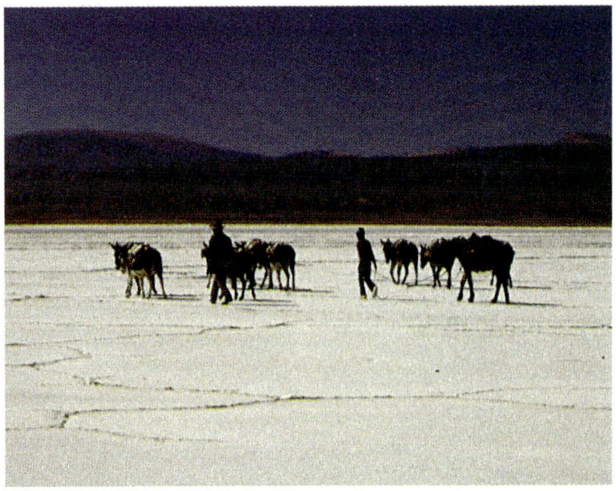

Cruce de la RN 40 con la RN 52 que nace en Purmamarca y, a través de las Salinas Grandes, conduce a Susques y luego, por el paso de Jama, a Chile. Al fondo se observa el Nevado de Chañi (5.896 metros).

A crossroads of the RN 40 with the road that goes to Paso de Jama (Chile).

Transportando bloques de sal a lomo de burro, a través de las Salinas Grandes.

Transporting salt blocks by donkey at the Salinas Grandes de Jujuy.

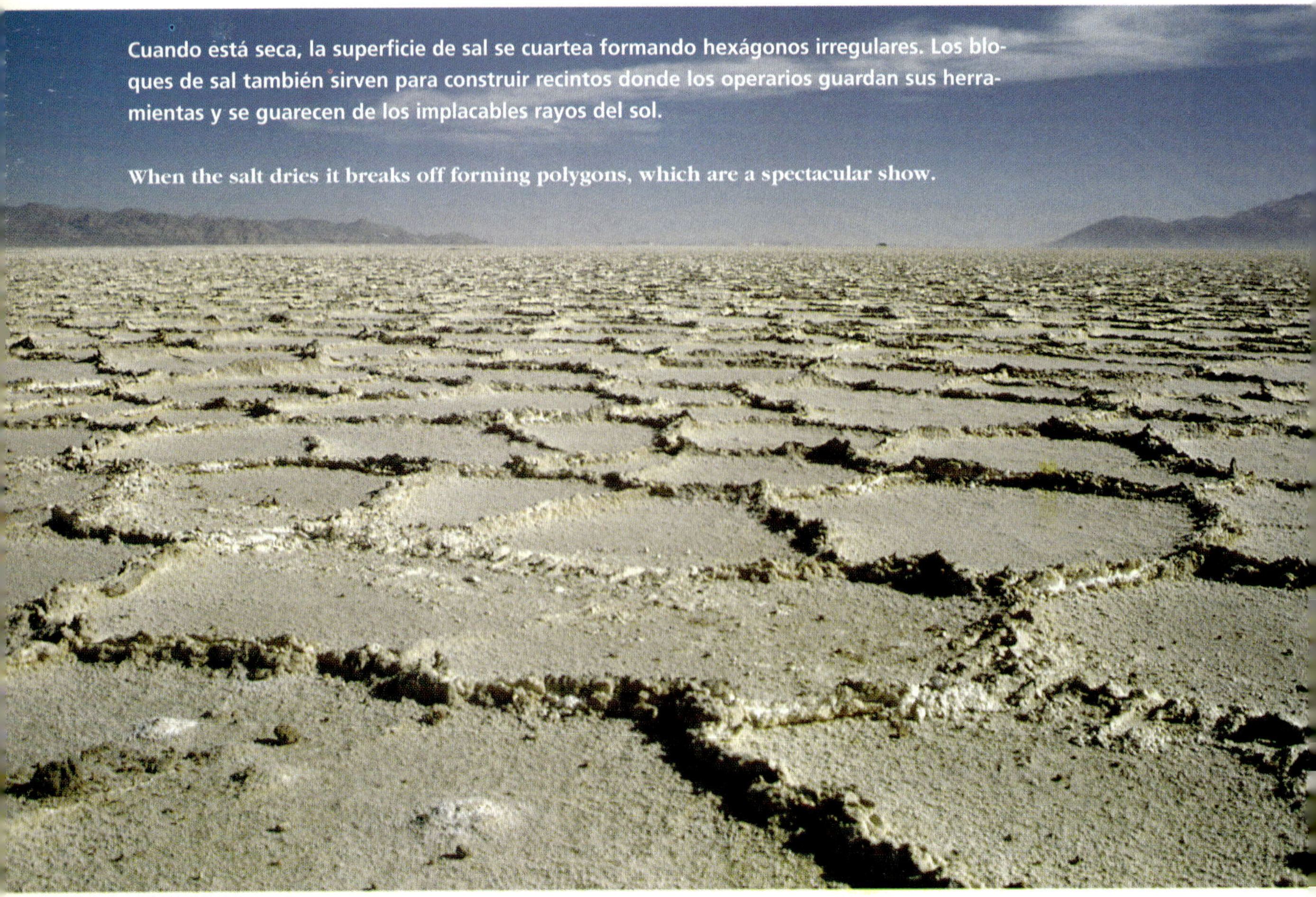

Cuando está seca, la superficie de sal se cuartea formando hexágonos irregulares. Los bloques de sal también sirven para construir recintos donde los operarios guardan sus herramientas y se guarecen de los implacables rayos del sol.

When the salt dries it breaks off forming polygons, which are a spectacular show.

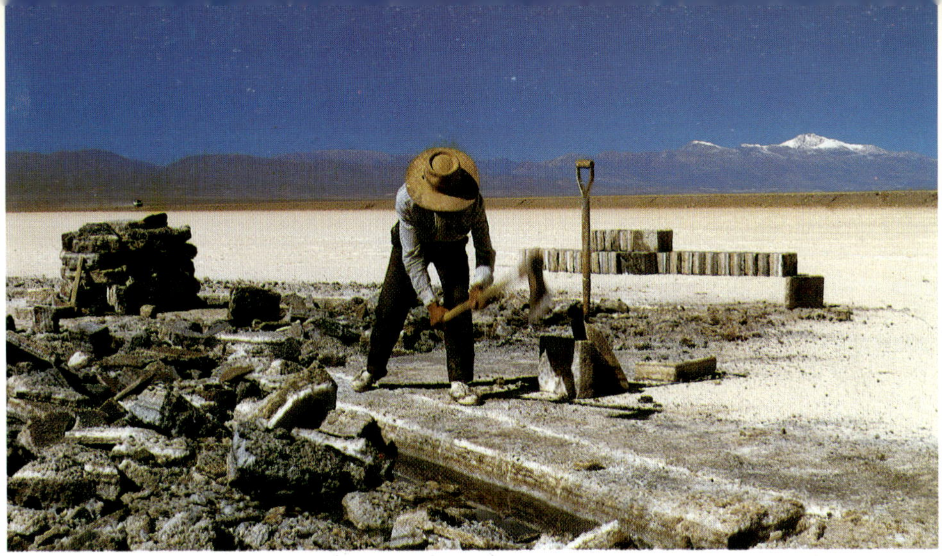

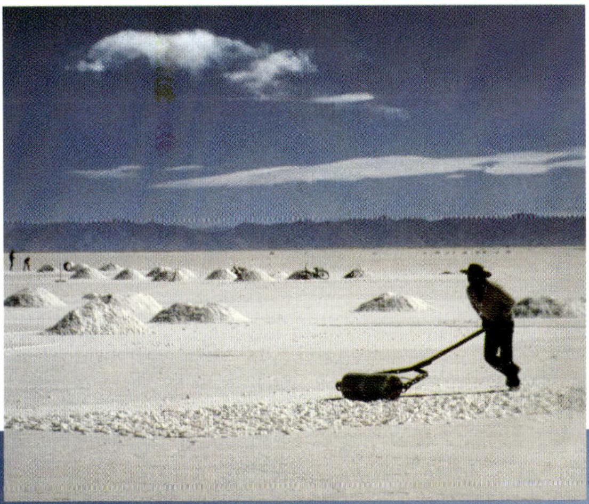

Desde abril hasta noviembre, o sea en la época sin lluvias, cuando la superficie salina está seca, de aquí se extrae cloruro de sodio mediante tres diferentes metodologías tradicionales: rastrillando la sal en la superficie y embolsándola; cortando panes o ladrillos de sal compacta, o bien cavando cubetas cuyo interior se llena de agua saturada, que permite el crecimiento de grandes cristales.

The salt is extracted using three methods: cutting "loaves" or "bricks", scraping the surface or by digging pools where crystals form.

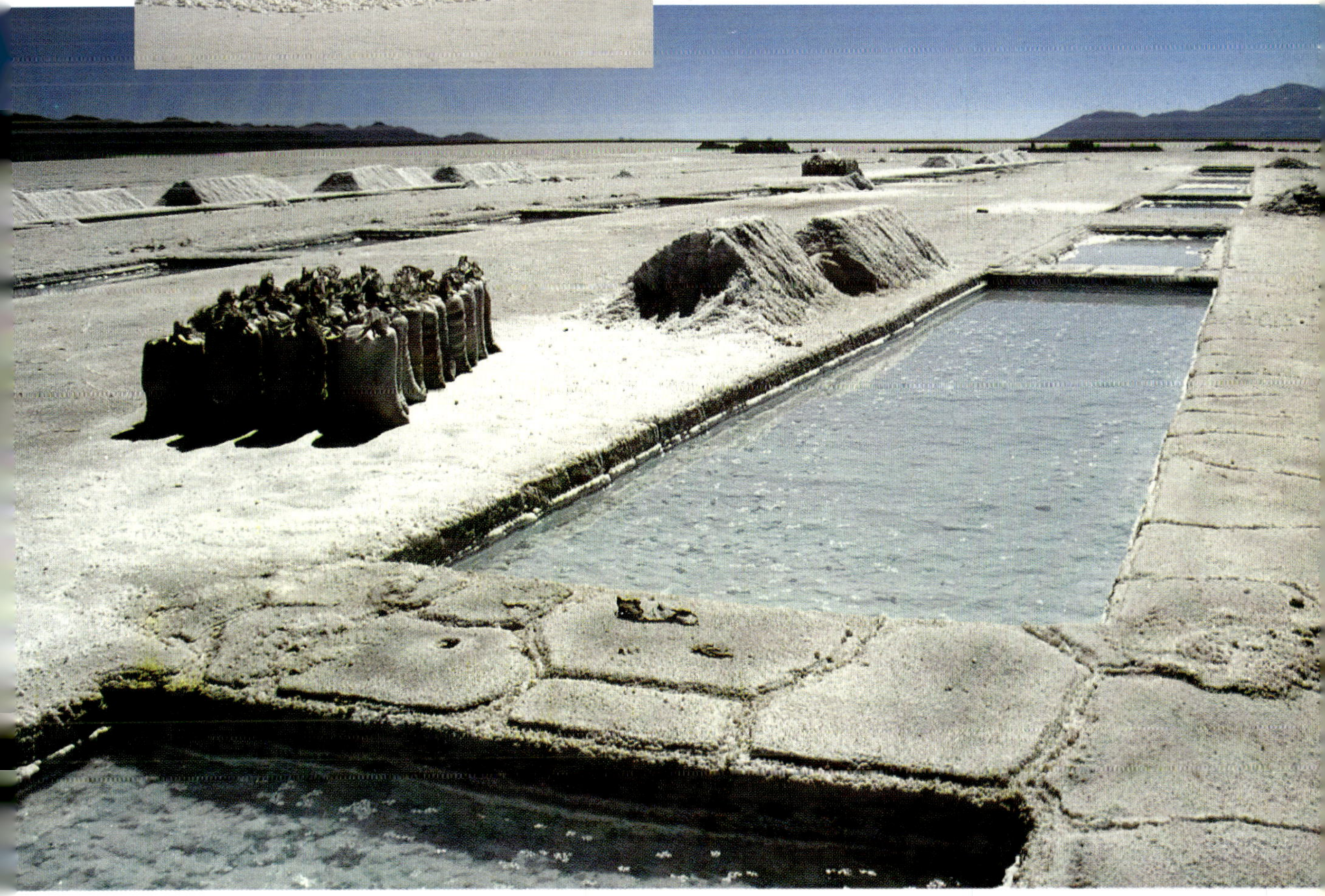

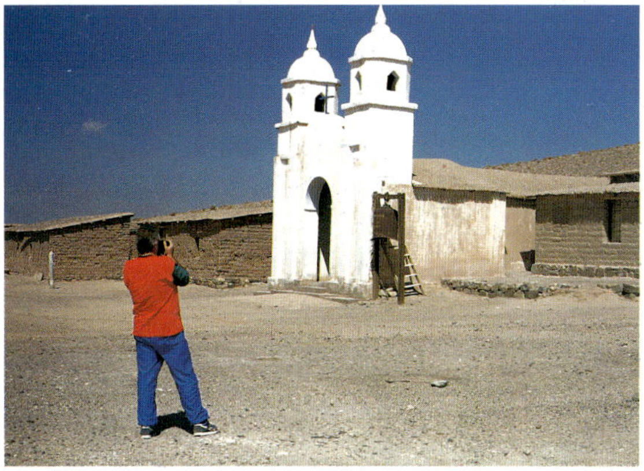

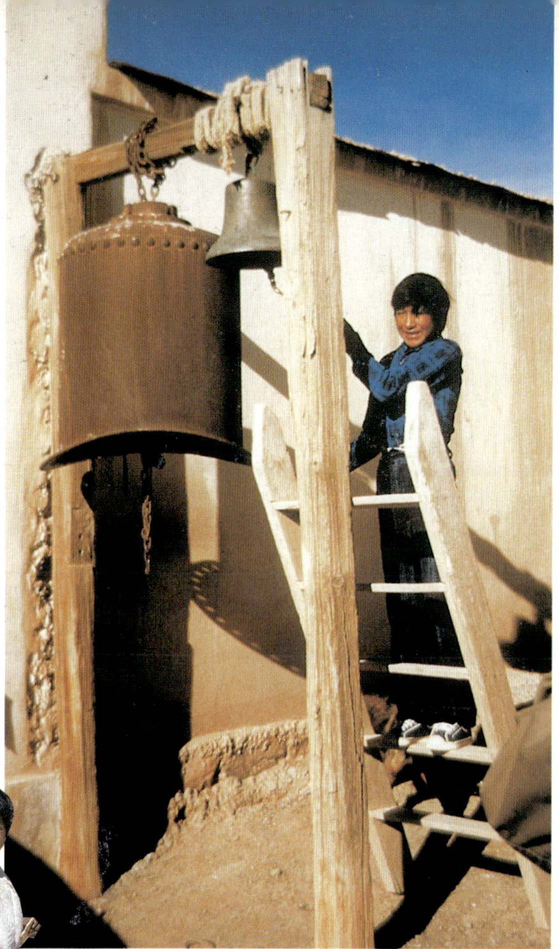

Sobre la orilla oriental de las Salinas Grandes, el diminuto caserío de Tres Morros luce una hermosa capilla en cuya espadaña cuelga un domo de condensación de una locomotora de vapor; la campana de bronce solo se coloca en días de fiesta.

In the chapel of Tres Morros next to the Salinas Grandes a locomotives dome; a brass bell is only fitted on celebratory days.

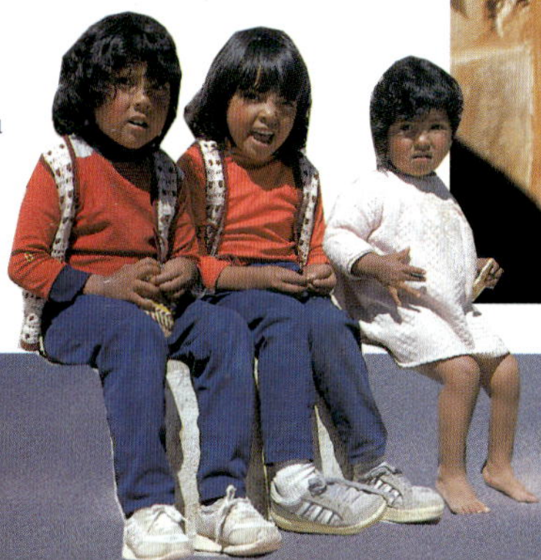

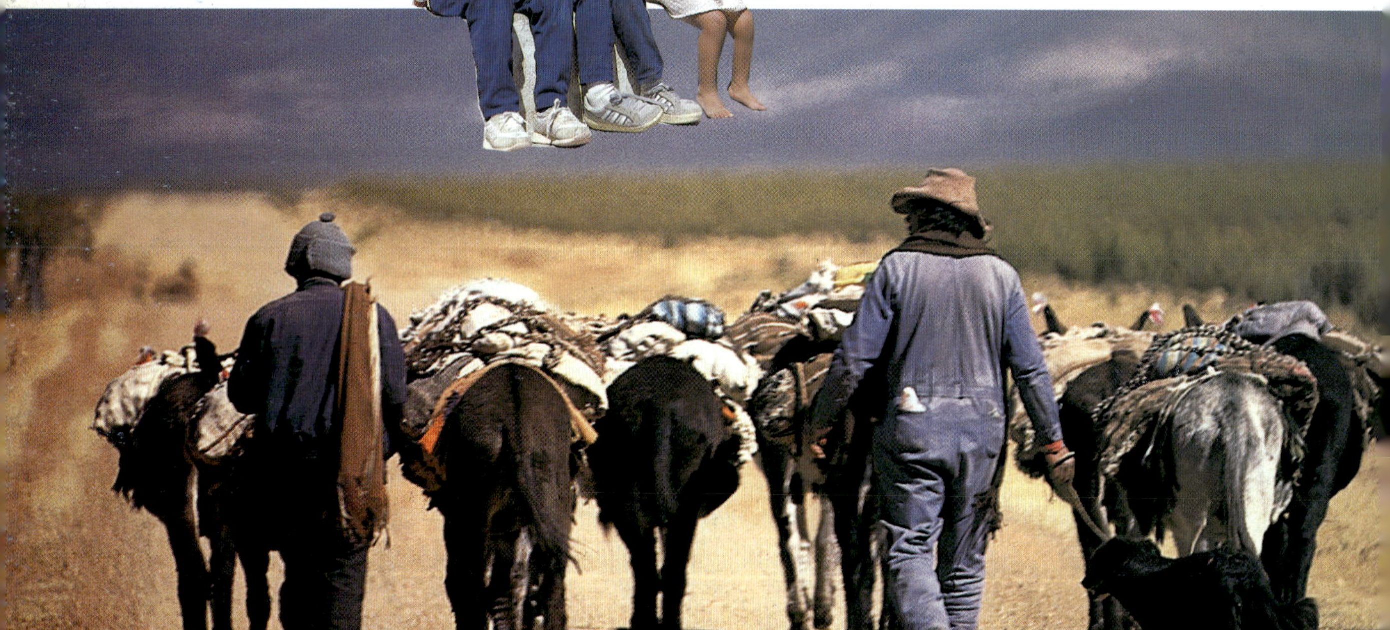

En la Puna los bloques de sal, al igual que las mercaderías en general, se transportan todavía hoy, con frecuencia, a lomo de burro.

In la Puna, even today,the most reliable and effective means of transport is the donkey or mule.

El encuentro de la carretera más larga con el ferrocarril más alto

The meeting of the longest highway with the highest railway

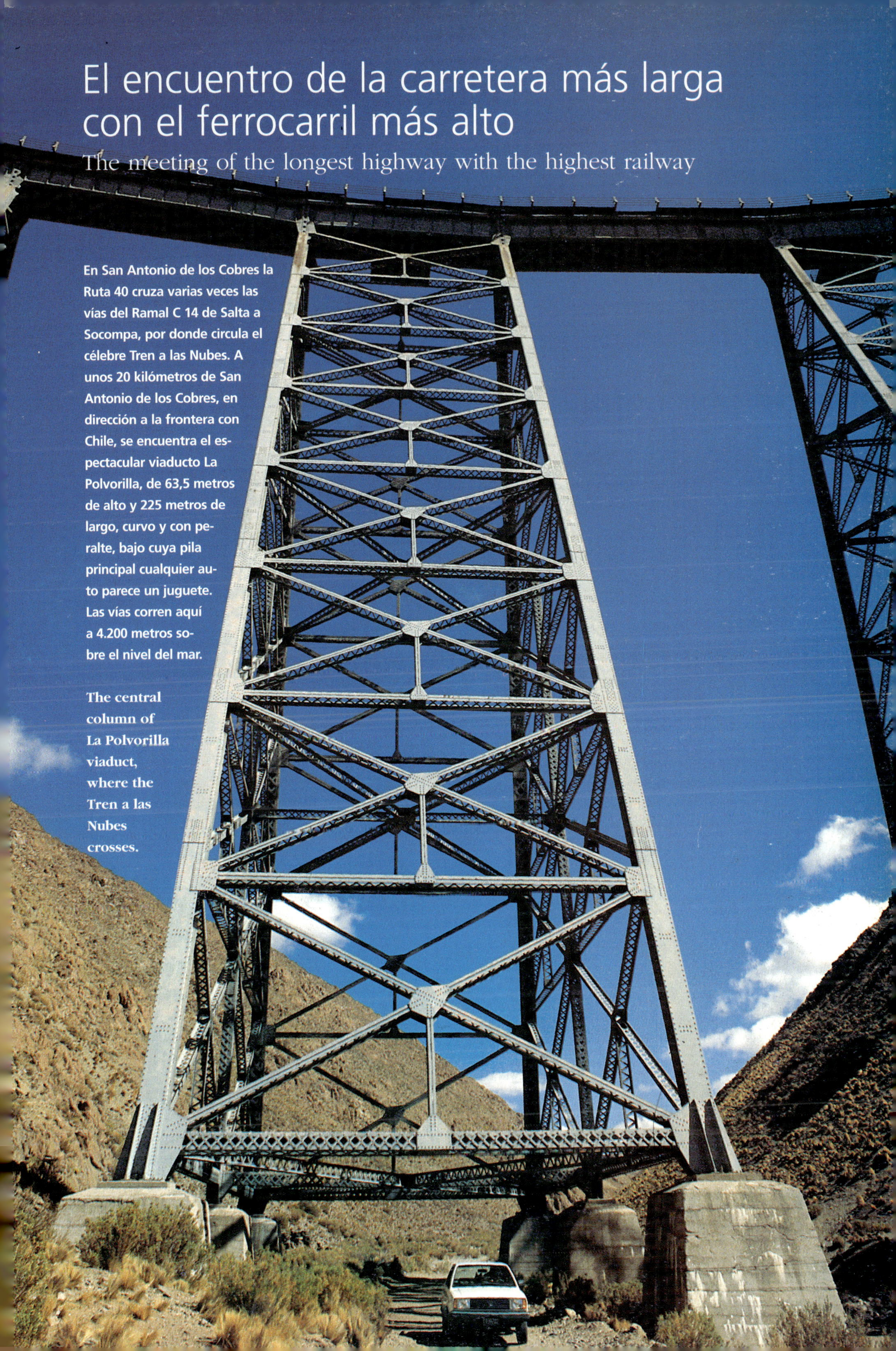

En San Antonio de los Cobres la Ruta 40 cruza varias veces las vías del Ramal C 14 de Salta a Socompa, por donde circula el célebre Tren a las Nubes. A unos 20 kilómetros de San Antonio de los Cobres, en dirección a la frontera con Chile, se encuentra el espectacular viaducto La Polvorilla, de 63,5 metros de alto y 225 metros de largo, curvo y con peralte, bajo cuya pila principal cualquier auto parece un juguete. Las vías corren aquí a 4.200 metros sobre el nivel del mar.

The central column of La Polvorilla viaduct, where the Tren a las Nubes crosses.

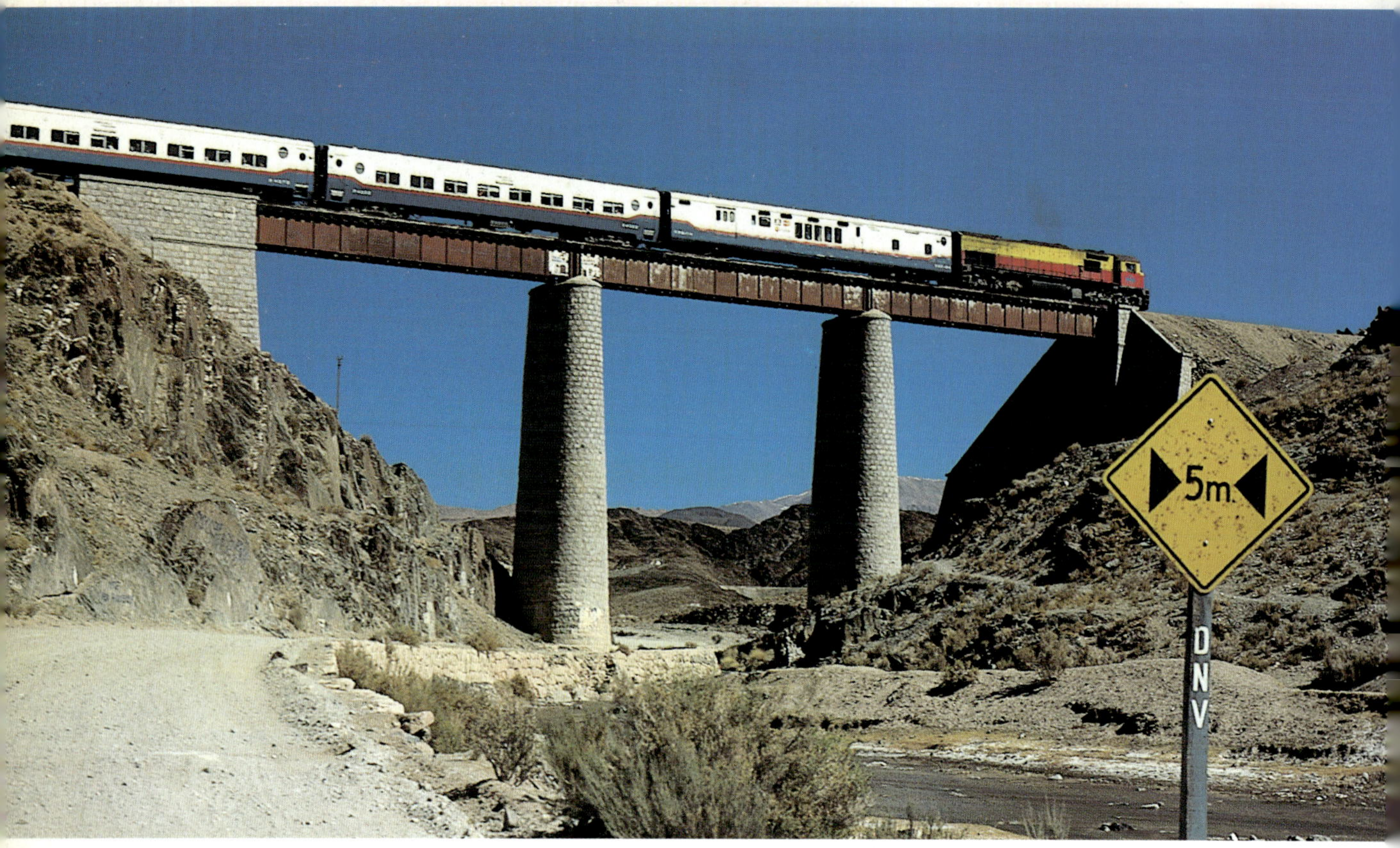

Puente de acero a la salida de San Antonio de los Cobres, cuando el tren se dirige primero a Mina Concordia (cambio de máquina) y por fin al viaducto La Polvorilla, en el kilómetro 1.350, desde donde el convoy emprenderá el viaje de regreso.

Upon leaving S.A. de los Cobres station the Tren a las Nubes crosses this bridge to embark upon the final leg of its journey.

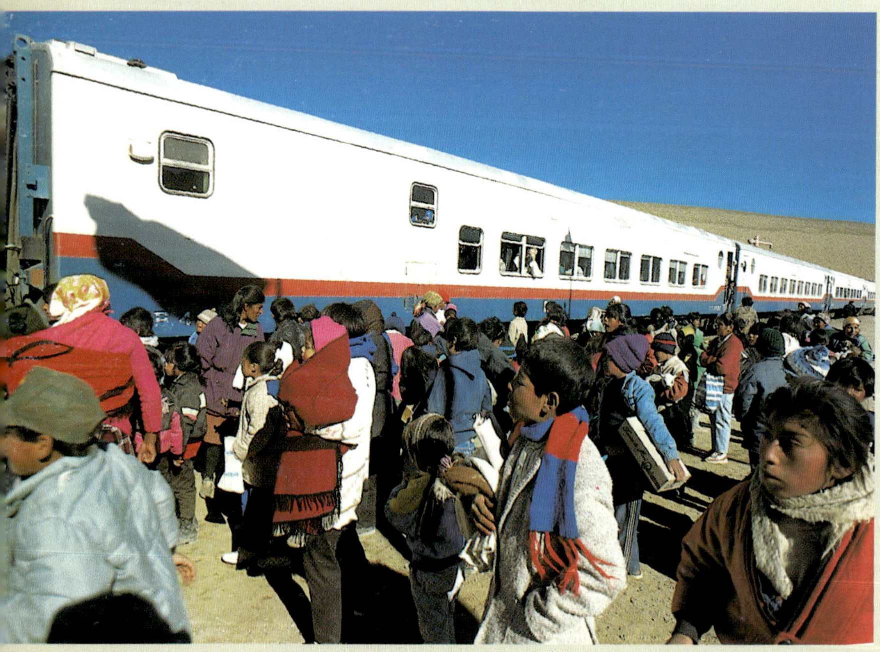

En la estación de San Antonio de los Cobres, vendedores ambulantes ofrecen sus productos a los pasajeros.
Sellers offer their wares to the passengers at the San Antonio de los Cobres station.

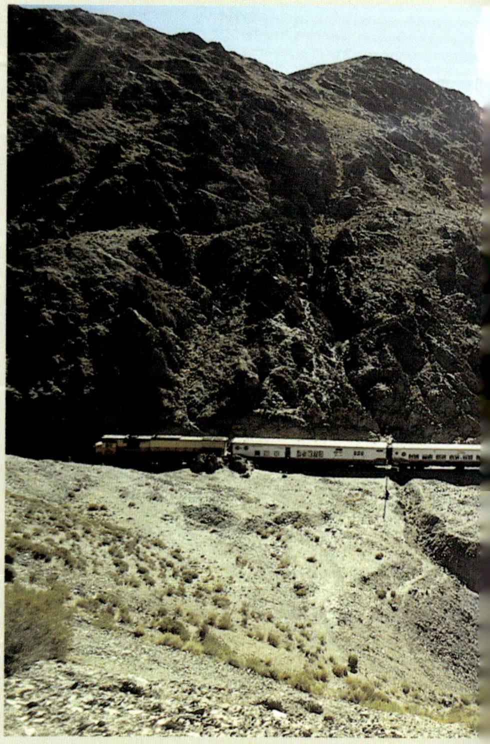

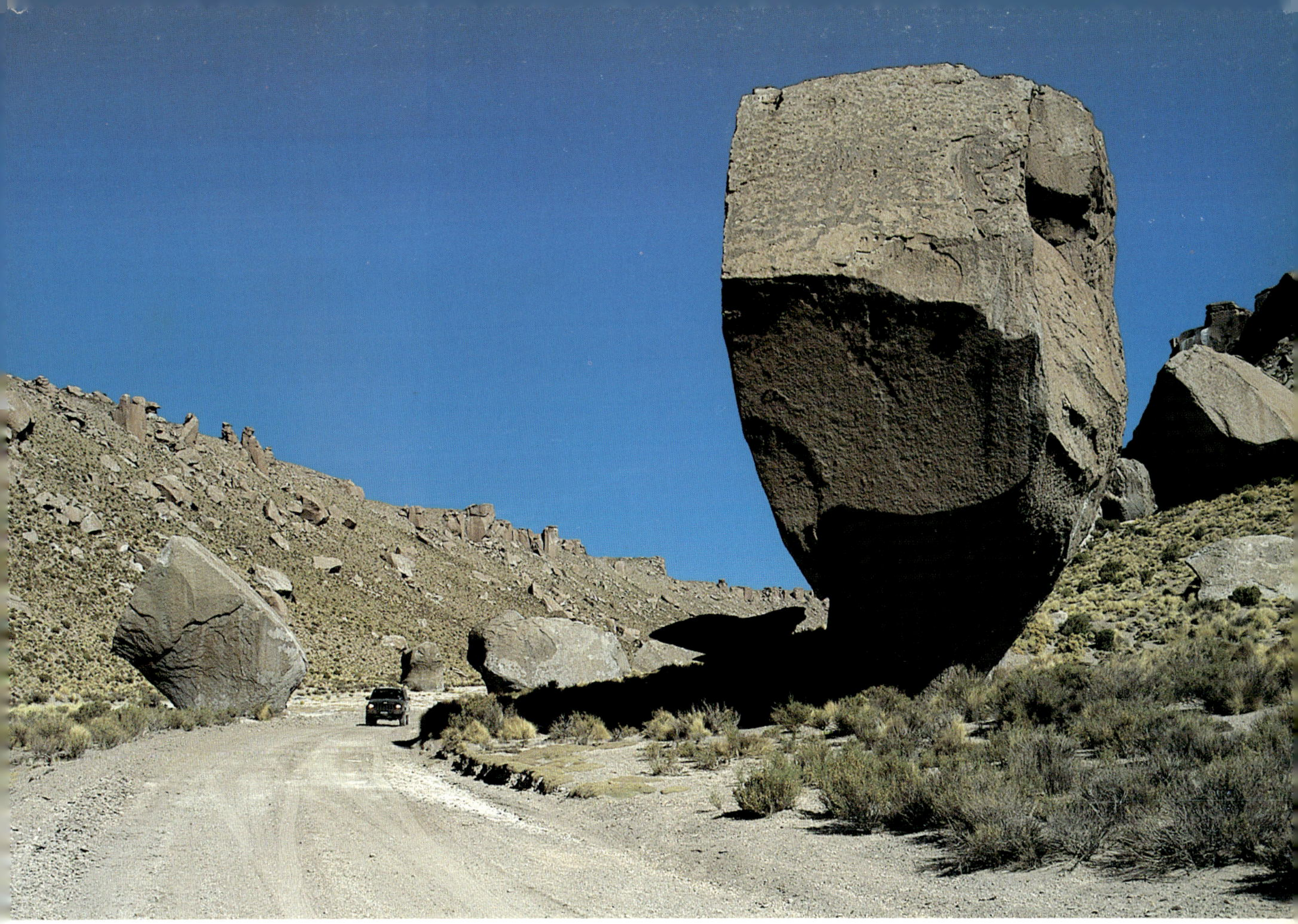

Siguiendo por la misma quebrada en coche se pasa por el pie del Tuzgle, un estrato volcán apagado. Desde el camino pueden verse grandiosos bloques de basalto desprendidos de las primitivas coladas.

Crossing the great viaduct the road passes alongside enormous basalt blocks.

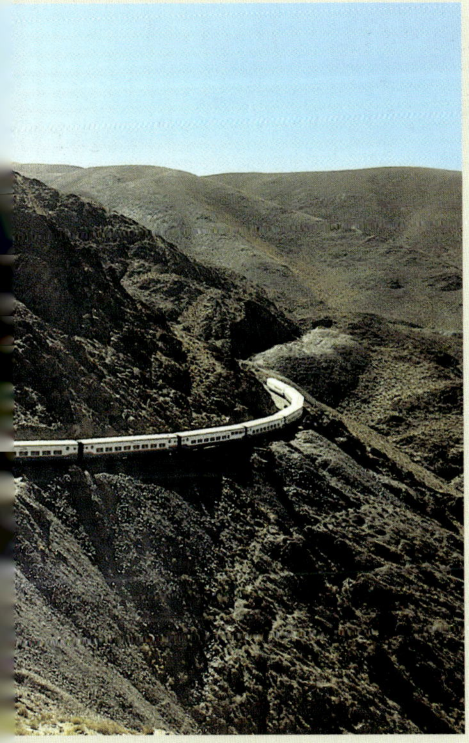

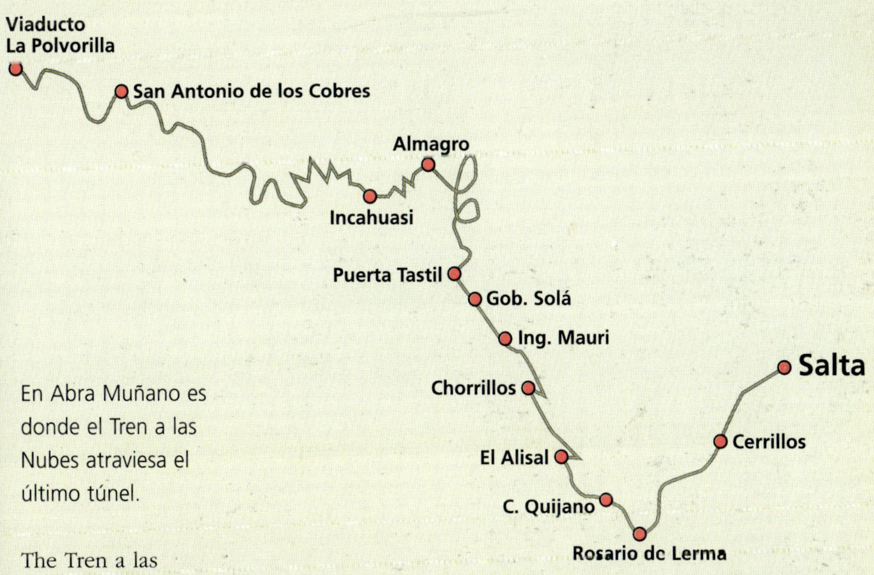

En Abra Muñano es donde el Tren a las Nubes atraviesa el último túnel.

The Tren a las Nubes just before entering the last tunnel.

Punto culminante de un largo viaje

Culminating point of a long trip

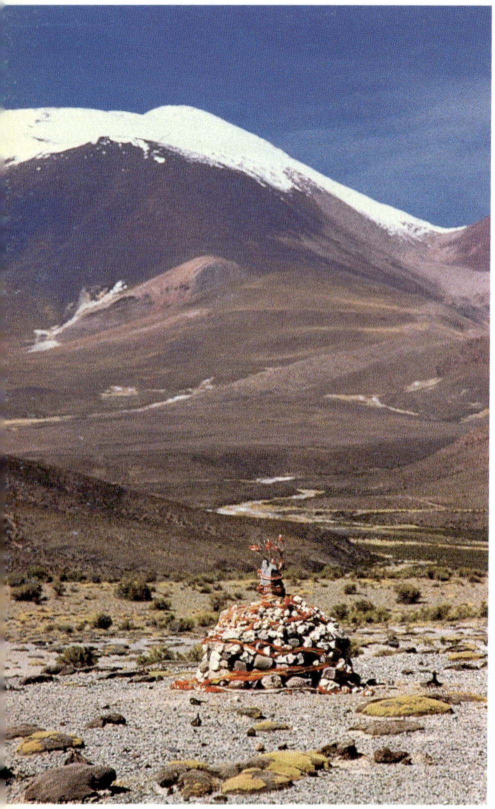

Al este de San Antonio de los Cobres la Ruta 40 corre por un trecho en superposición con la RN 51, que va de Salta a Huaytiquina. Desde lejos se destaca el nevado de Acay. En el campo o sobre el abra se observa a veces una apacheta. Se denomina así al montículo de piedra que los indígenas erigen en honor a la Pachamama (Tierra Madre) agradeciéndole el buen viaje.

To the east of S.A. de los Cobres the RN 40 opens to cross the Acay Pass; an apacheta (a native's altar) by the side of the road.

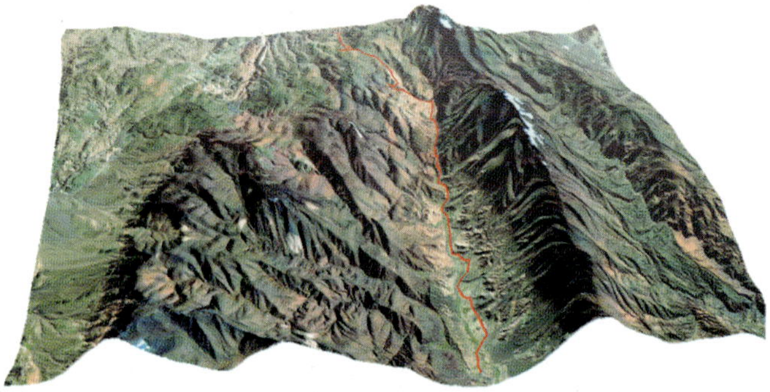

Recreación tridimensional sobre imagen satelital del Abra de Acay. Aparecen el Nevado de Acay Grande, el Acay Chico y todo el valle Calchaquí superior.

3D recreation of the Paso del Acay.

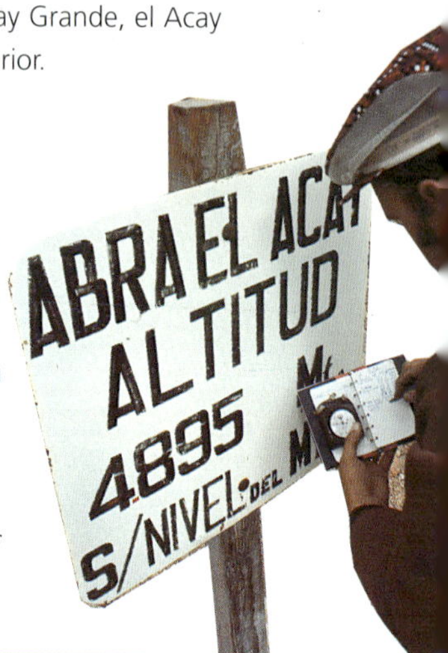

Punto culminante del cruce. Aunque el cartel oficial indica 4.895 metros sobre el nivel del mar, recientes y reiteradas mediciones con GPS sugieren que el Abra del Acay tal vez llegue a los 4.930 metros, o algo más.

A sign indicates the highest point of the Abra del Acay.

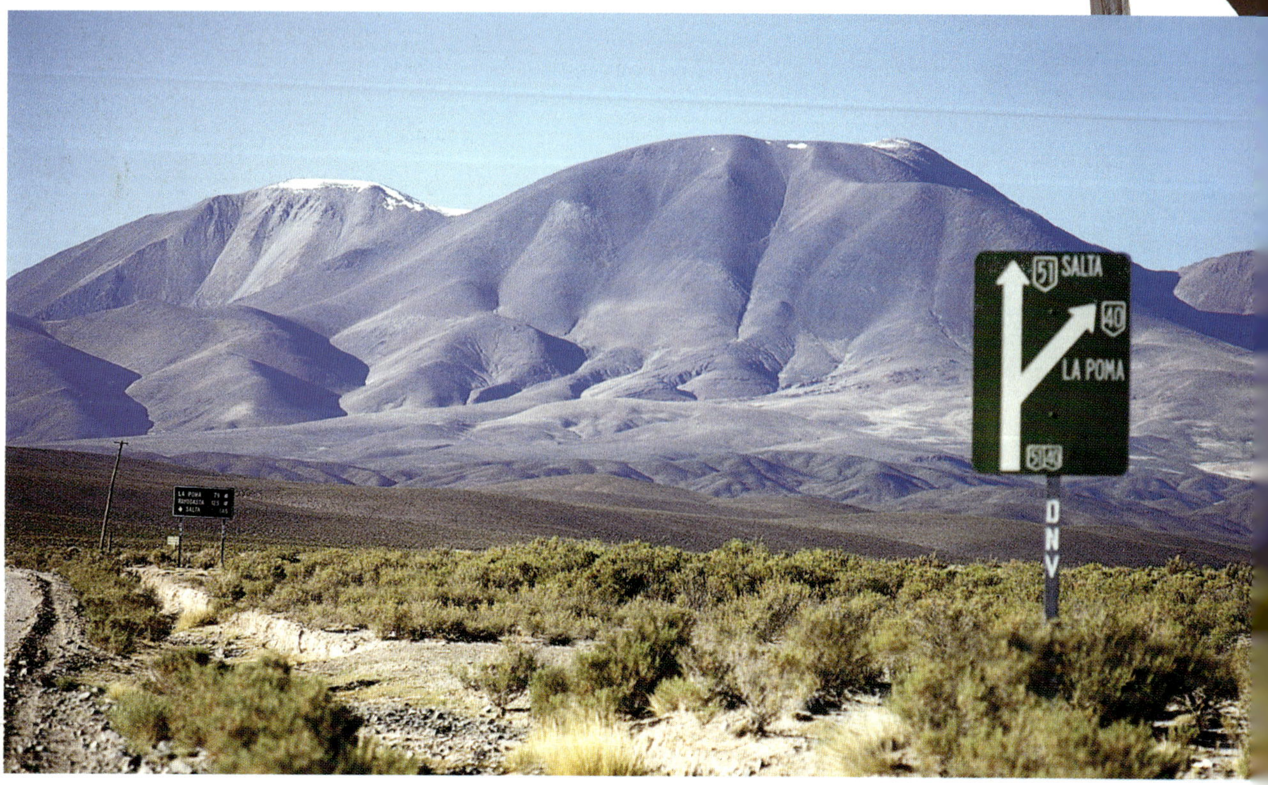

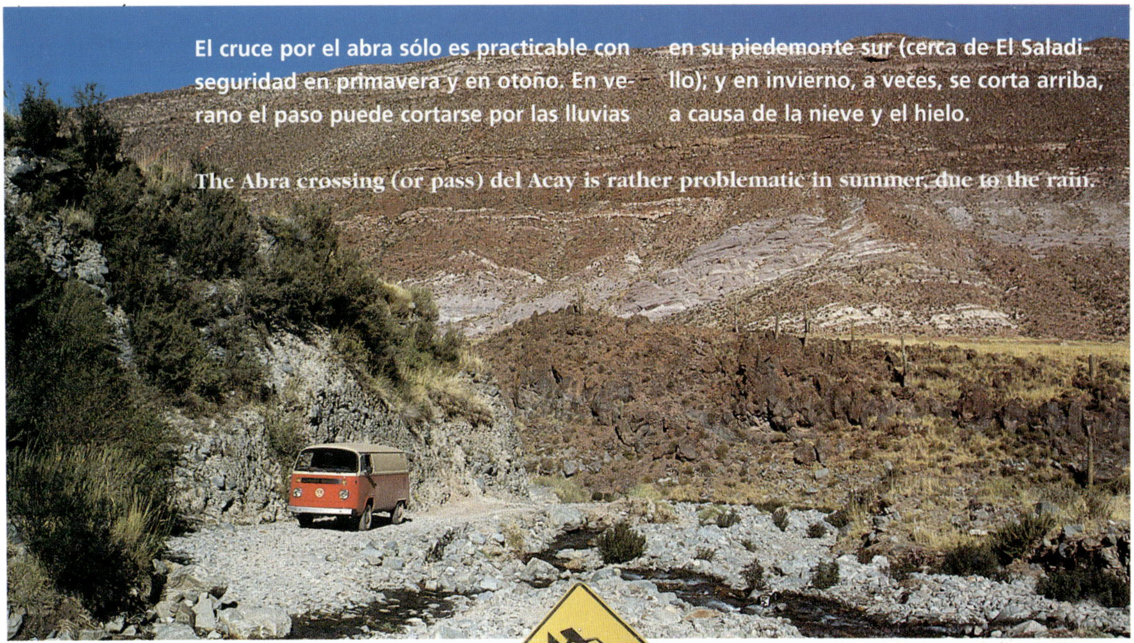

El cruce por el abra sólo es practicable con seguridad en primavera y en otoño. En verano el paso puede cortarse por las lluvias en su piedemonte sur (cerca de El Saladillo); y en invierno, a veces, se corta arriba, a causa de la nieve y el hielo.

The Abra crossing (or pass) del Acay is rather problematic in summer, due to the rain.

El tramo sur de la cuesta sufre con frecuencia desmoronamientos que obligan a circular con extrema precaución. En el mismo talud austral del Acay nace también el río más largo del país: en el deshielo de las nieves eternas se origina el curso que más adelante se llama Calchaquí, Juramento y Salado del Norte.

The Nevado of Acay, where, in the south bank, the country's longest river is born.

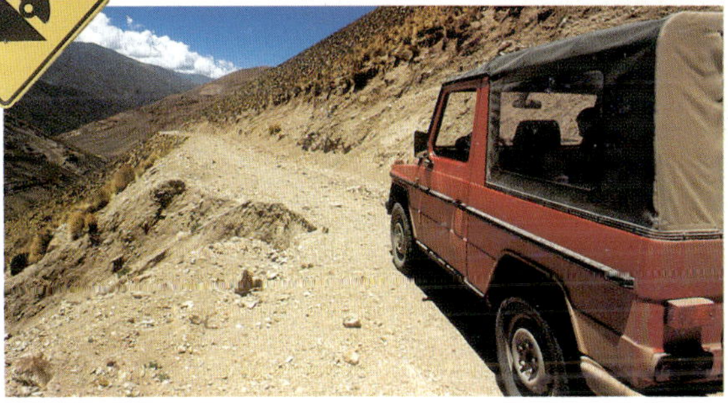

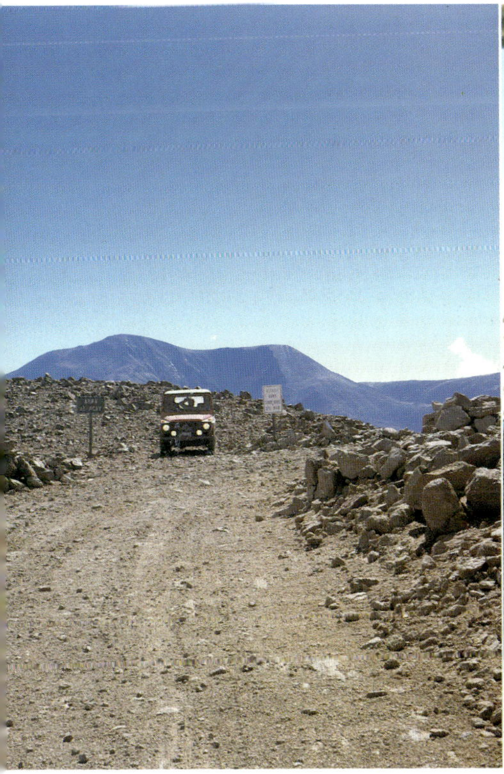

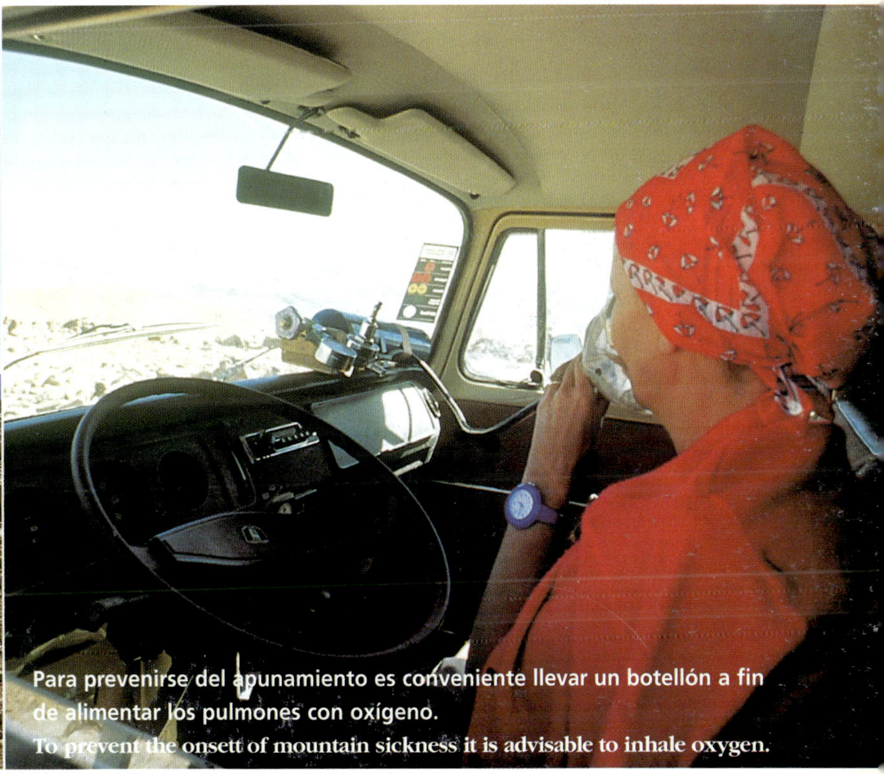

Para prevenirse del apunamiento es conveniente llevar un botellón a fin de alimentar los pulmones con oxígeno.
To prevent the onsett of mountain sickness it is advisable to inhale oxygen.

El pueblo que no quiso morir

The town that didn't want to die

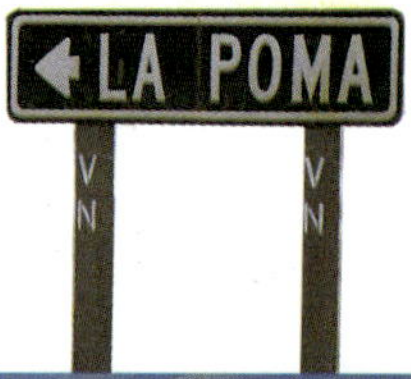

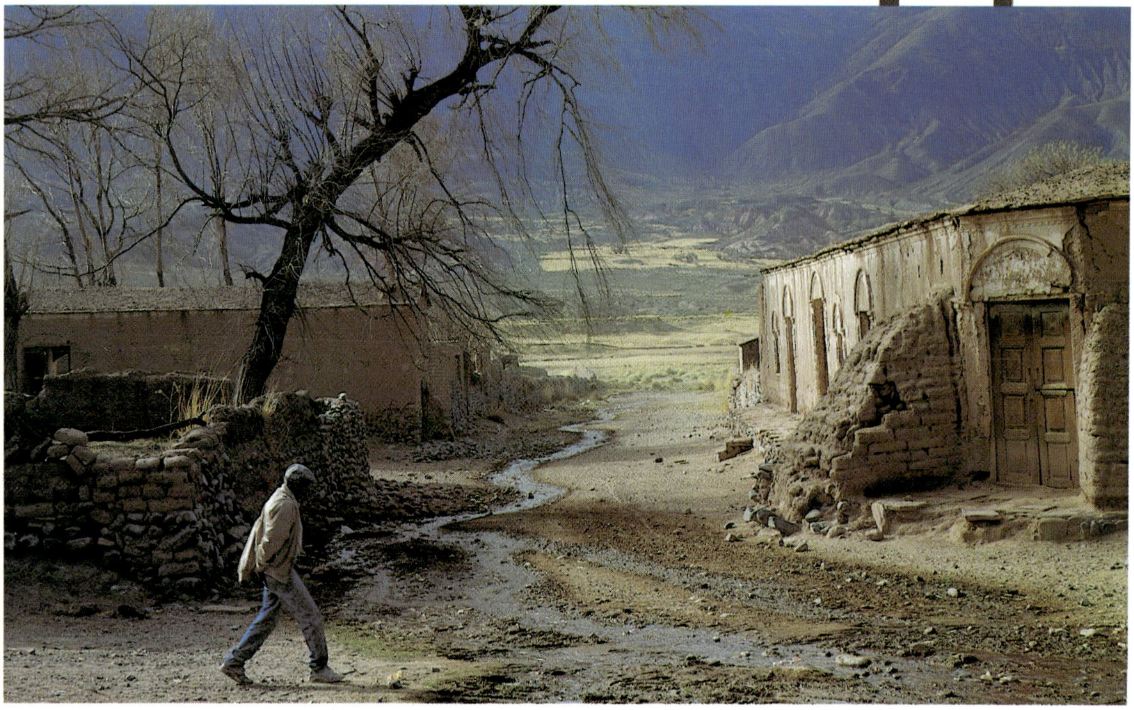

La Poma fue un importante centro de comercio en el Valle Calchaquí superior hasta su casi total destrucción por un terremoto en vísperas de la Navidad de 1930; hoy solo quedan poco más que ruinas. Un millar de pasos más al sur se levantó entonces Poma Nueva.

La Poma was shaken by an earthquake in 1930; yet still survives half in ruins.

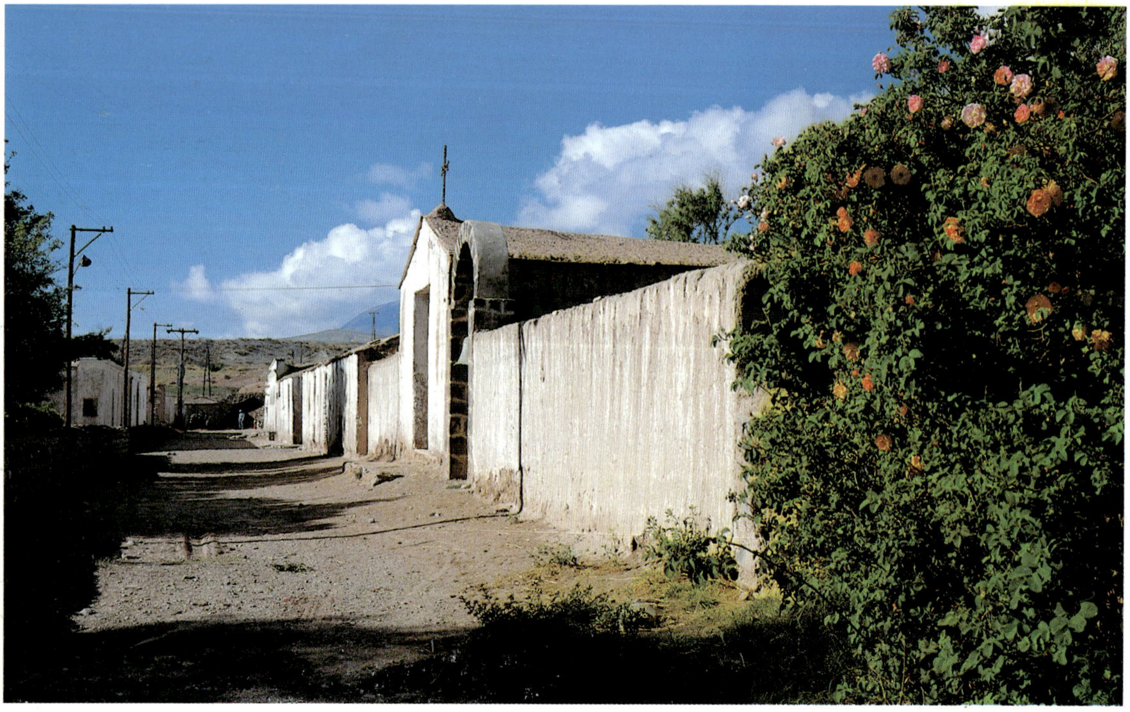

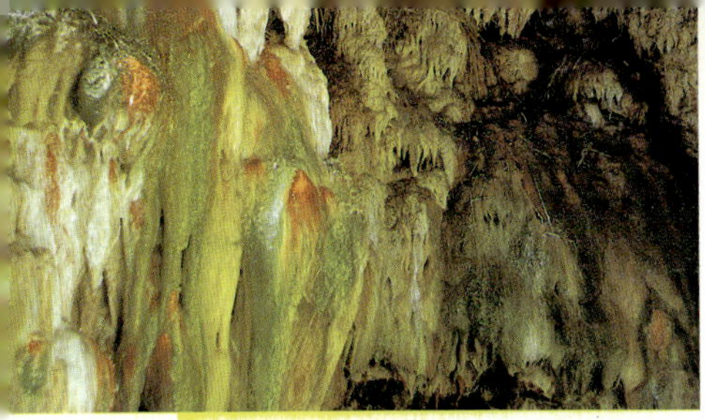

Unos seis kilómetros de La Poma por la Ruta 40 en dirección a Cachi se atraviesa Campo Negro, donde un cartel indica "Puente El Diablo". Se trata de una formación singular donde el río Calchaquí, que ha cavado un profundísimo cañón al que hay que descender a pie, perforó un túnel decorado con hermosas estalactitas multicolores.

To the south of La Poma the Calchaquí has dug a deep canyon and has perforated the rock. This natural tunnel is called "Puente El Diablo" (Devils Bridge), beautiful multicoloured stalactites can be found within.

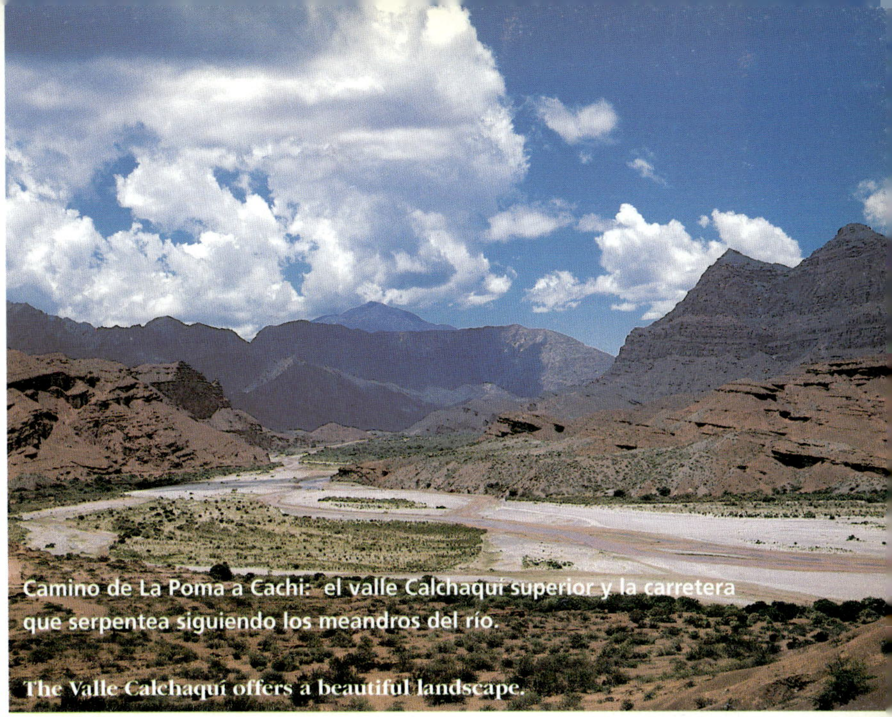

Camino de La Poma a Cachi: el valle Calchaquí superior y la carretera que serpentea siguiendo los meandros del río.

The Valle Calchaquí offers a beautiful landscape.

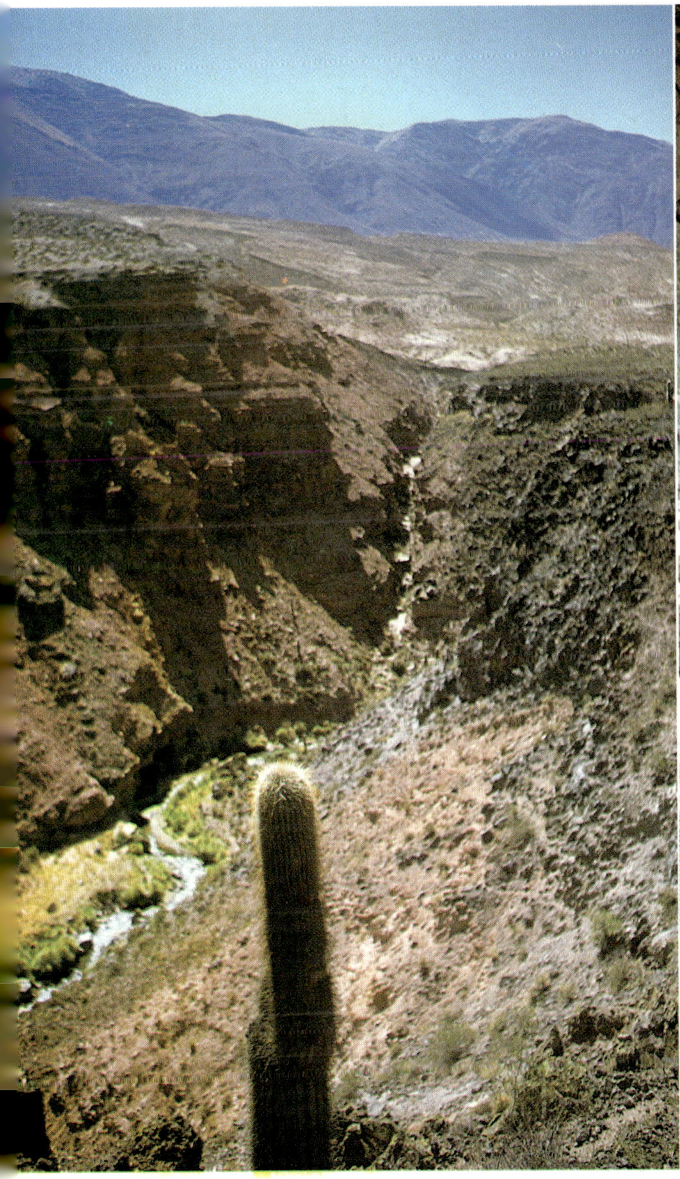

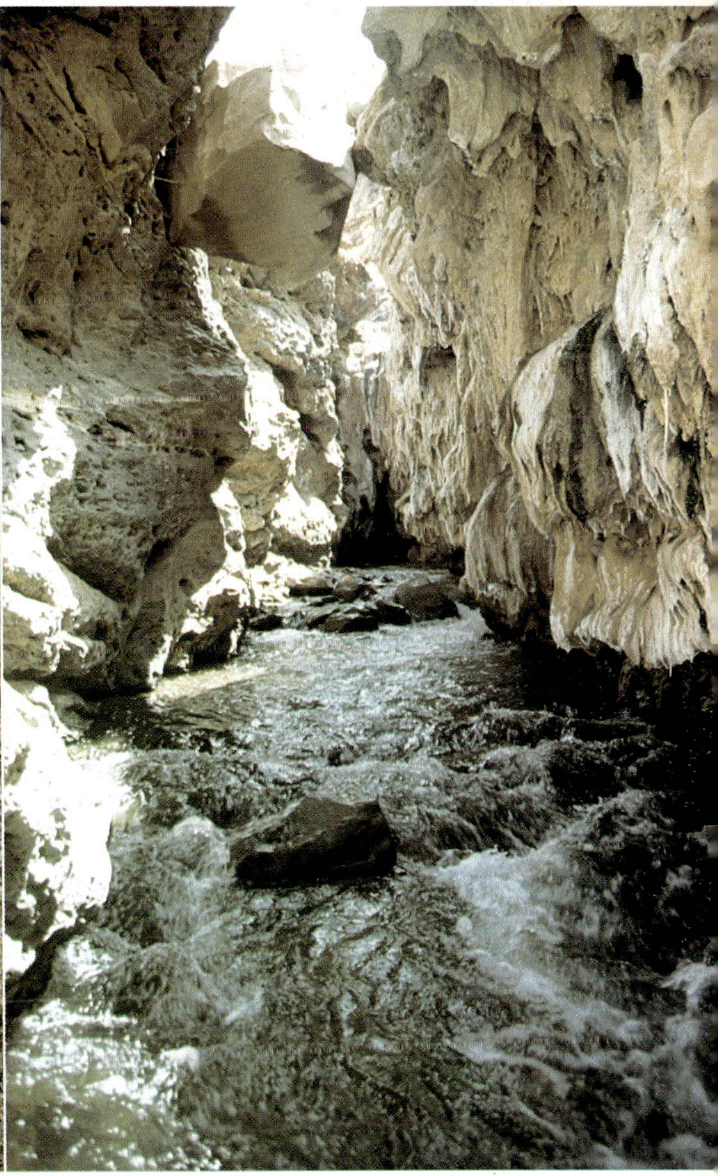

Cachi, la soñolienta

Cachi, the sleepy

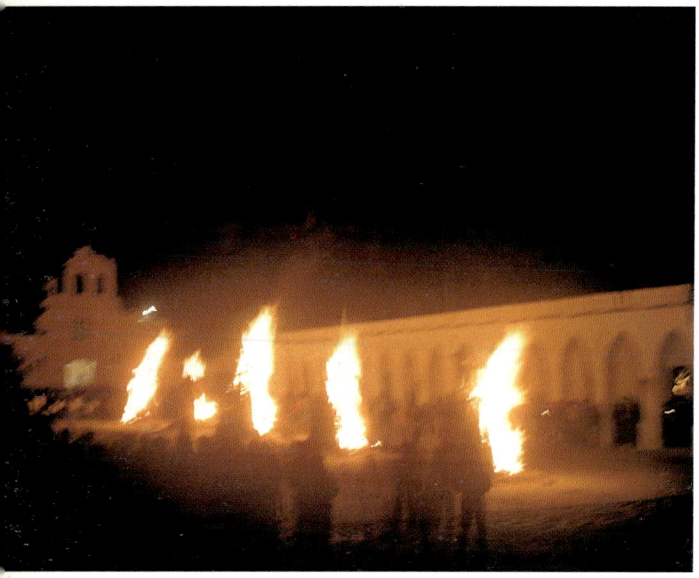

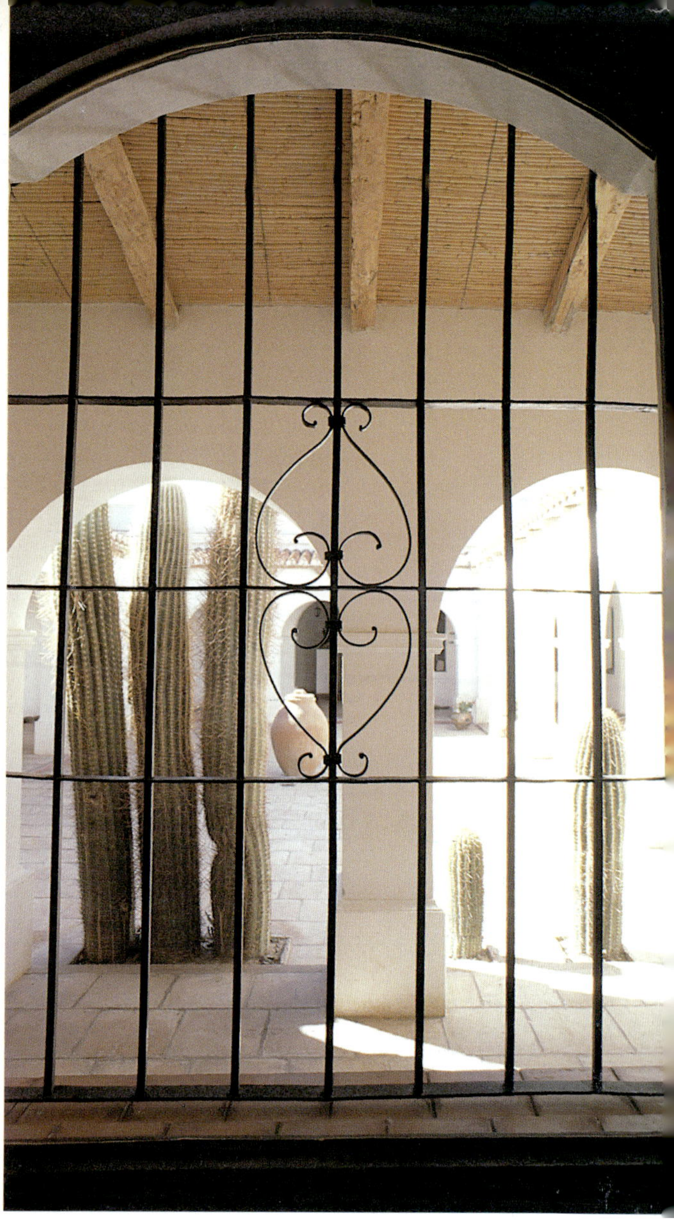

En vísperas de la fiesta patronal San José de Cachi se realiza en la plaza, frente a la Iglesia y al Museo Arqueológico, la tradicional Quema de los Cardones. El día del santo patrono, 15 de marzo, una multitudinaria y colorida procesión recorre las calles.

Cachi is a sleepy town. The historical chapel and the archaeology museum are in the main square. For the celebration of San José, the local patron, cacti are burned.

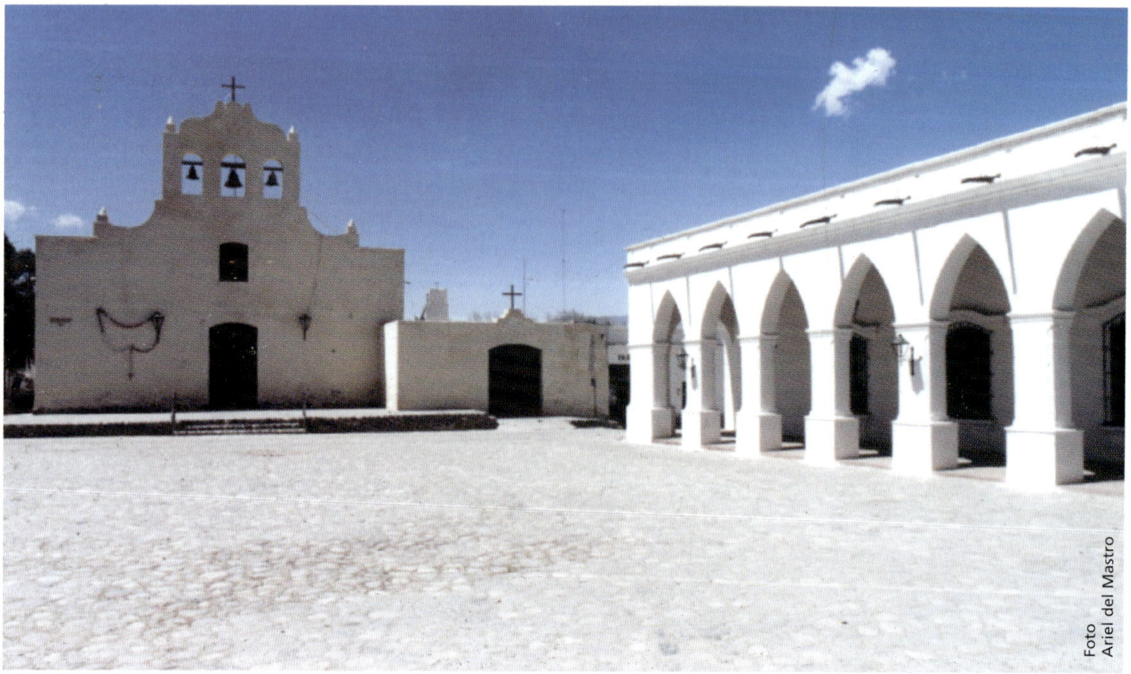

Foto Ariel del Mastro

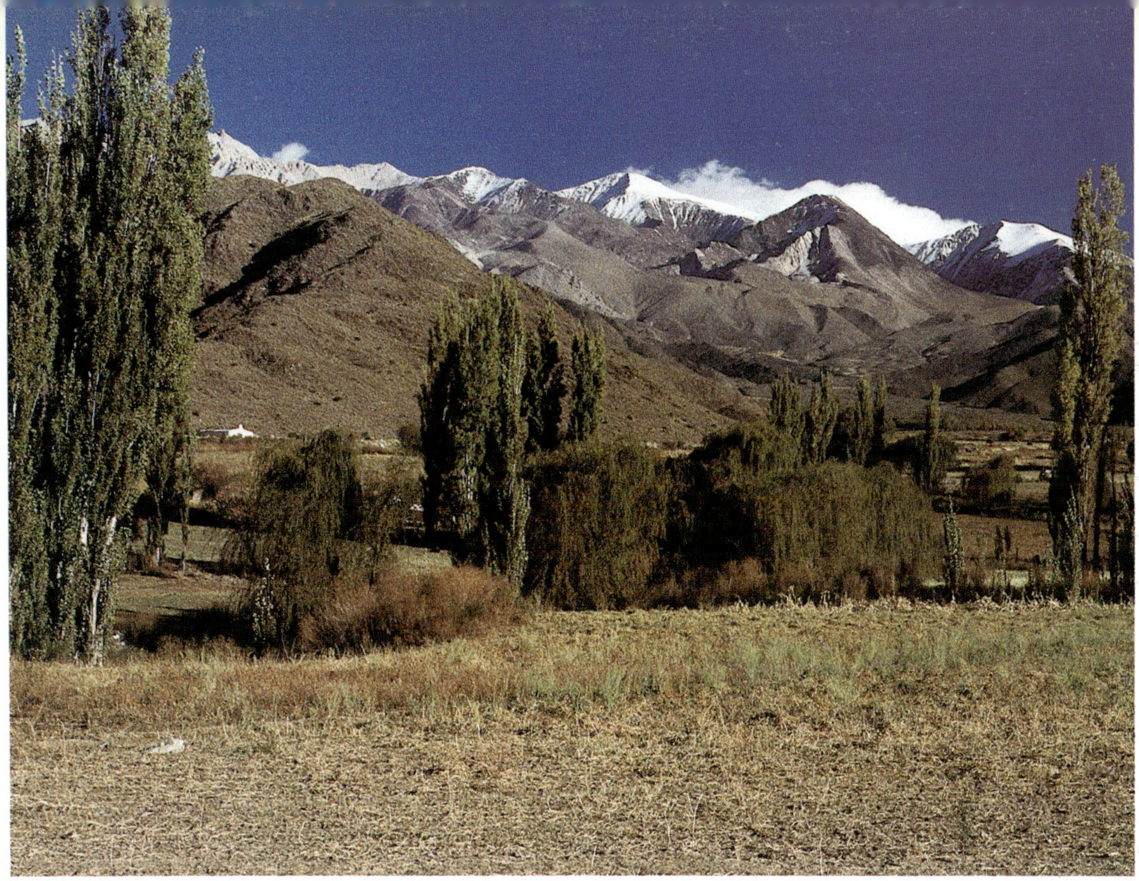

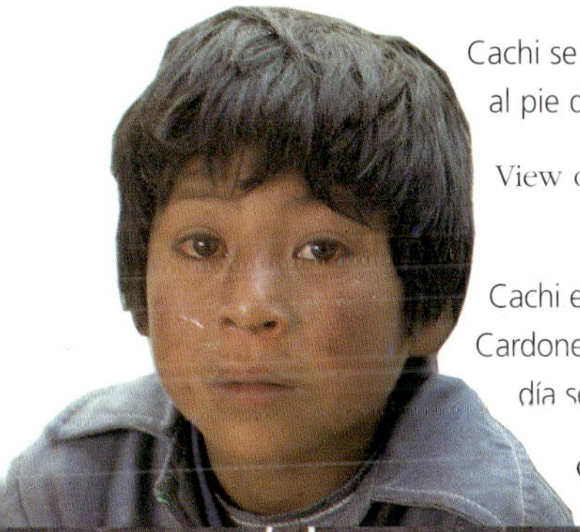

Cachi se encuentra a orillas del río Calchaquí y al pie del majestuoso Nevado de Cachi (6.320 metros), que se aprecia en toda su majestuosidad desde la verde Cachi Adentro.

View of the Nevado de Cachi from Cachi Adentro.

Cachi es la "Capital Nacional del Cardón", pues se encuentra en el borde del Parque Nacional Los Cardones. En esta región el uso del cardón fue generalizado; desde la época precolombina hasta hoy día se emplea para la construcción de pisos, techumbre, puertas, ventanas, muebles y telares.

Cachi lies near to the Parque Nacional Los Cardones. The cactus wood is still used today.

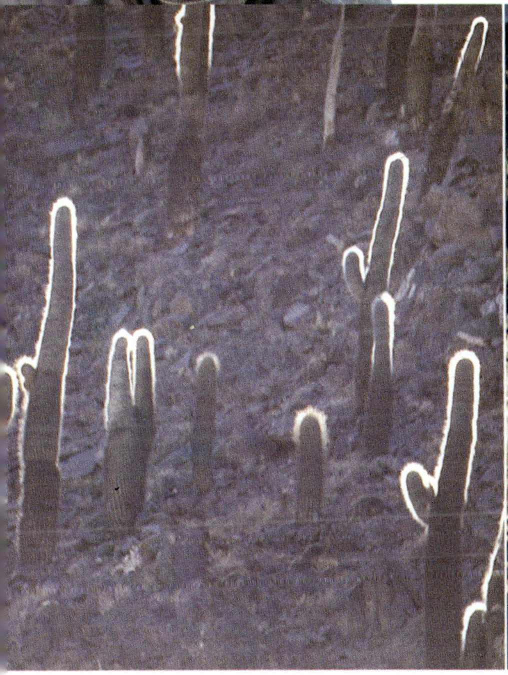

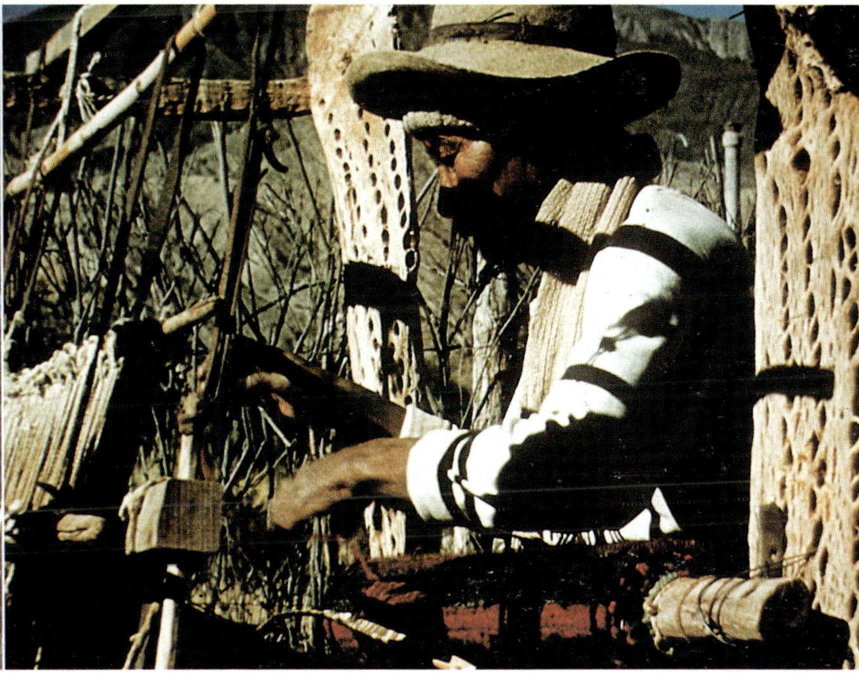

Ponchos, ajíes y cardones

Ponchos, chillies and cacti (cardones)

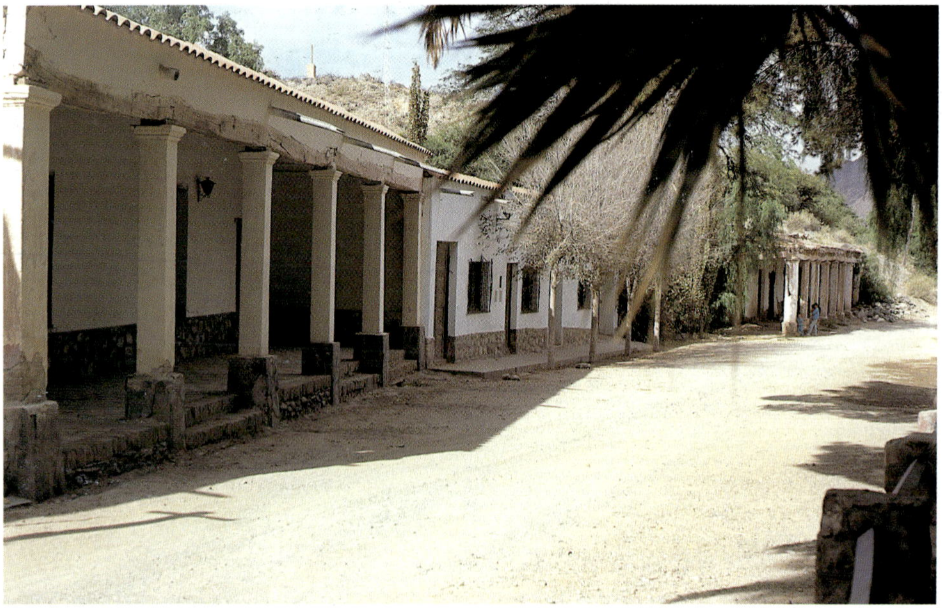

La arquitectura de los edificios señoriales de Seclantás conserva un genuino estilo colonial.

A street in Seclantás with the charactaristic galleries of the old houses.

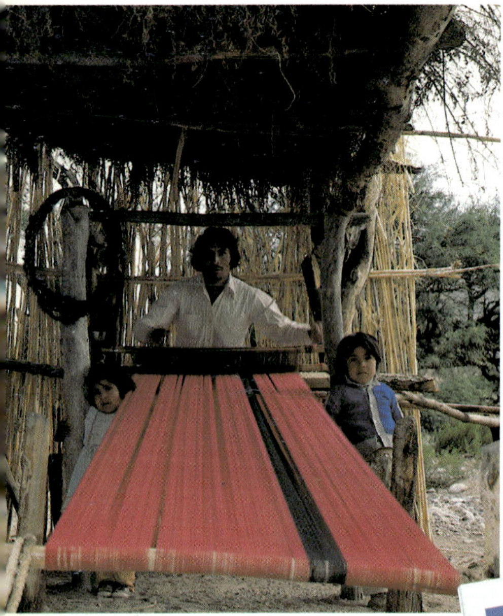

Seclantás es la única población situada en la margen hidrográfica izquierda del río Calchaquí. Se destaca su iglesia y, en la lejanía, el Nevado del Chuscha, de cuyos hielos se desprende el río Santa María que, junto con el Calchaquí, formarán luego el Juramento y el Salado del Norte.

View of Seclantás, the only town in the Calchaquí valley to be located on the left bank of the homonymous river; the old mill of El Churcal is close by.

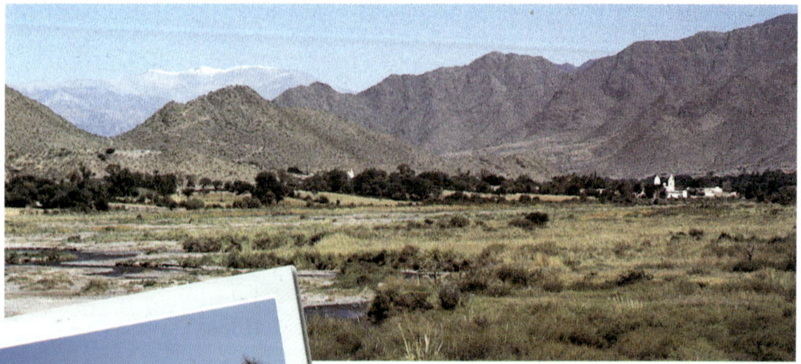

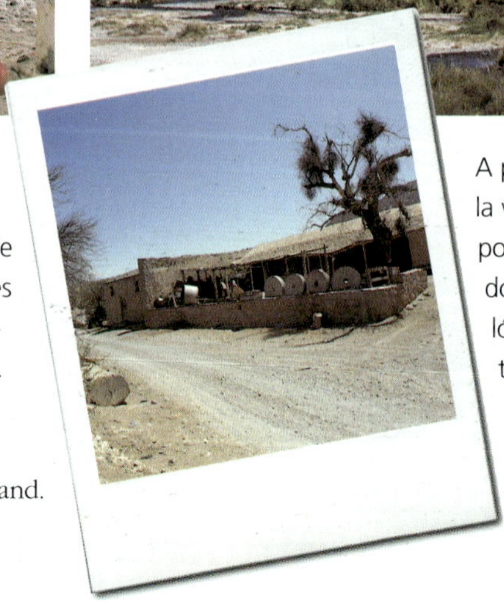

En Colte, un caserío al norte de Seclantás, se manufacturan los auténticos ponchos de Güemes, de lana roja con una franja negra. Tres semanas de ardua labor se requieren para confeccionar una prenda.

In Colte, a tiny hamlet, authentic Güemes ponchos are woven by hand.

A poco de dejar Seclantás se puede tomar por la vieja Ruta 40 que bordea el río, pasando por un histórico molino de agua (ya desactivado) que se halla cerca del yacimiento arqueológico El Churcal; en Molinos, vuelve a juntarse el camino viejo con la ruta nueva.

From Seclantás the old Ruta 40 runs along the river and by an old water mill.

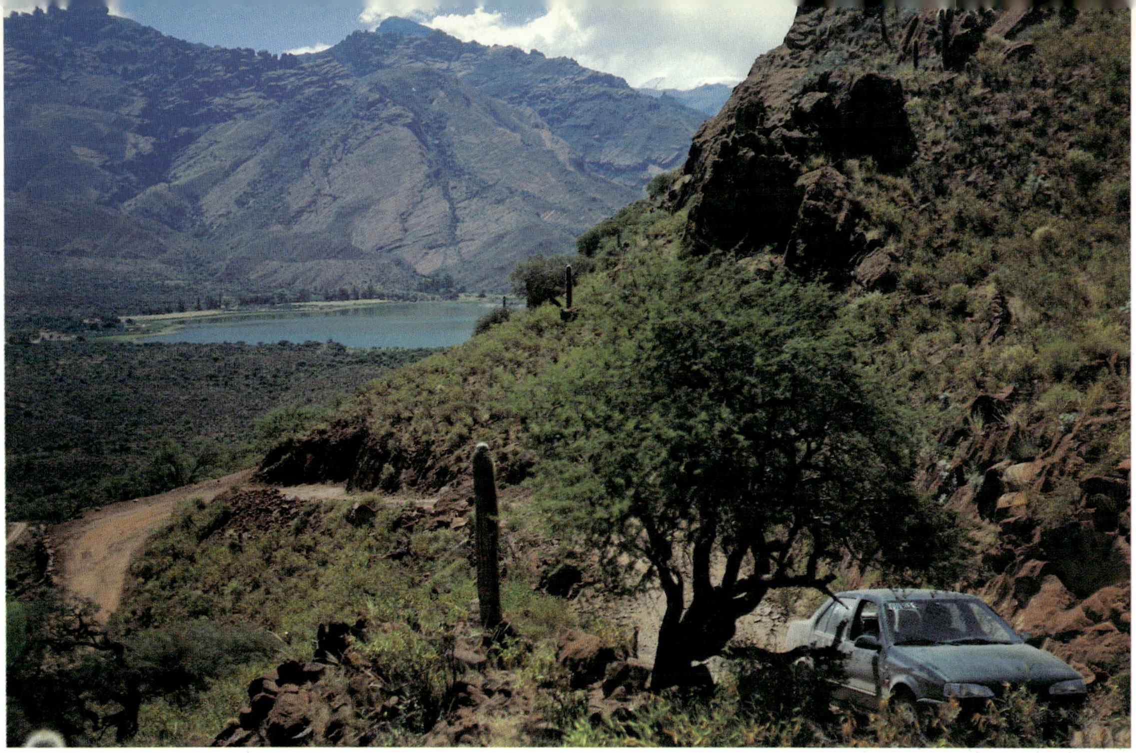

Enfrente de Seclantás se desprende un camino algo tortuoso que se interna en la precordillera y conduce a una de las comarcas más encantadoras que pueden encontrarse a la vera de la Ruta 40: la laguna Brealito, de color turquesa, a espaldas del Nevado de Cachi.

Out of Seclantás, a bumpy road runs to the beautiful Brealito lagoon, an intense turquoise body of water.

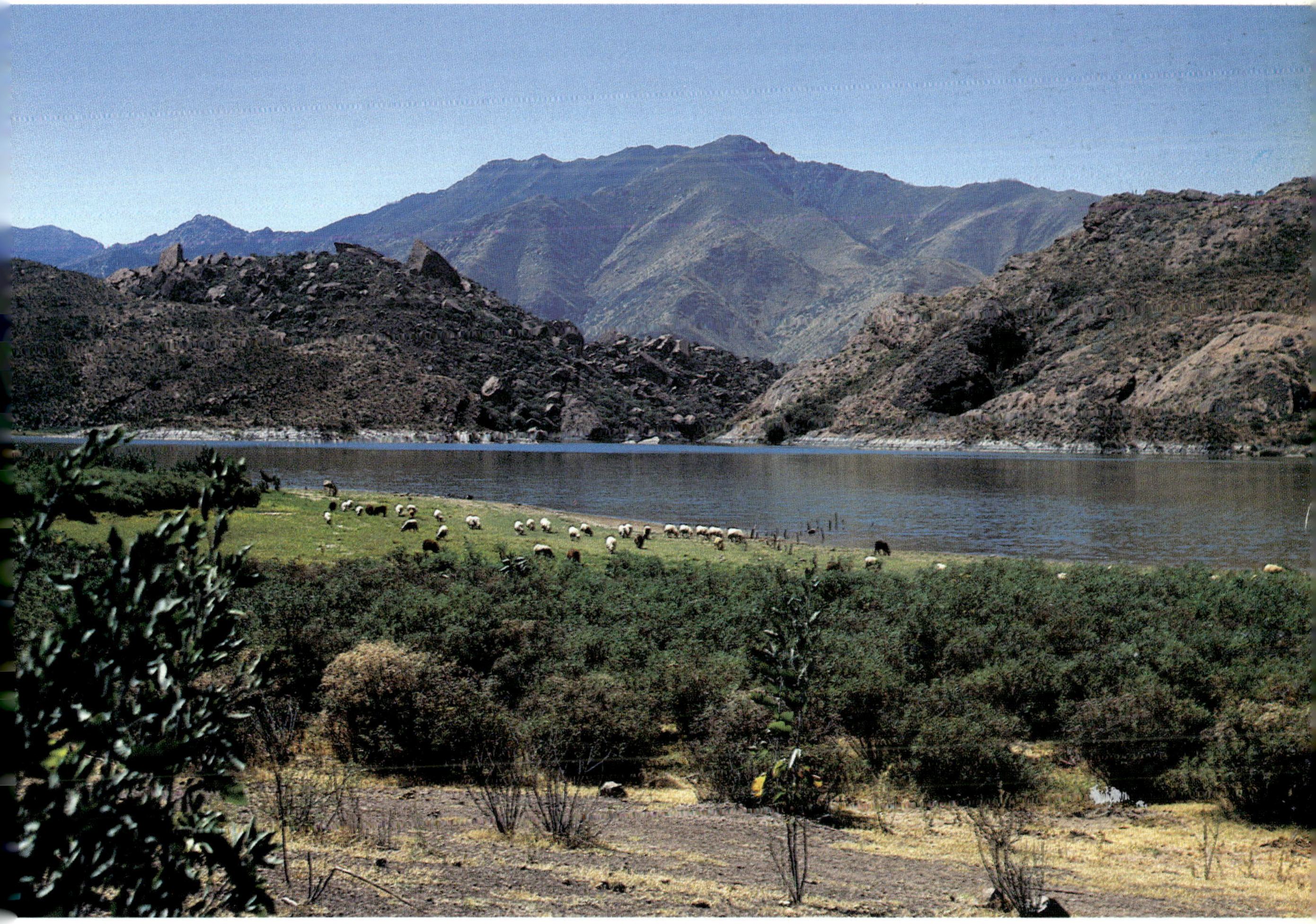

Capillas de adobe y campanas de oro

Adobe chapels and gold bells

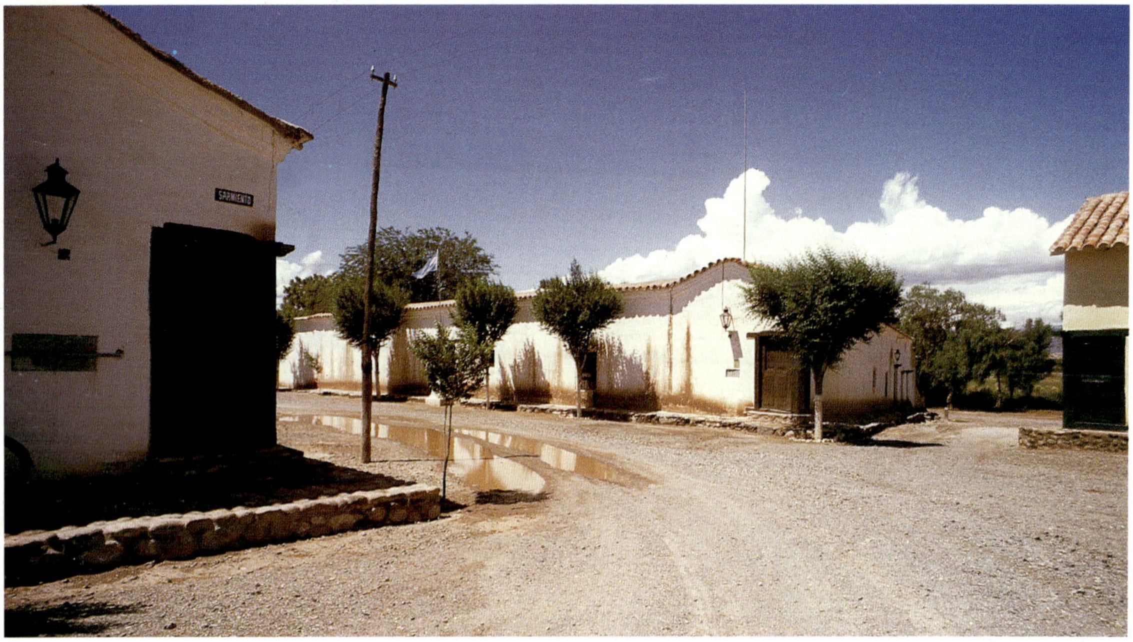

En el valle Calchaquí las culturas indígenas son muy antiguas. Pueblos como Molinos, El Carmen, Angastaco y otros se construyeron directamente sobre asentamientos aborígenes. En la localidad de Molinos llaman la atención las viejas casas con puertas esquineras o geminadas, para cuya razón de ser no hay una explicación concluyente.

Molinos is another old place; the double doors set at the corners of the houses is a typical feature of the architecture.

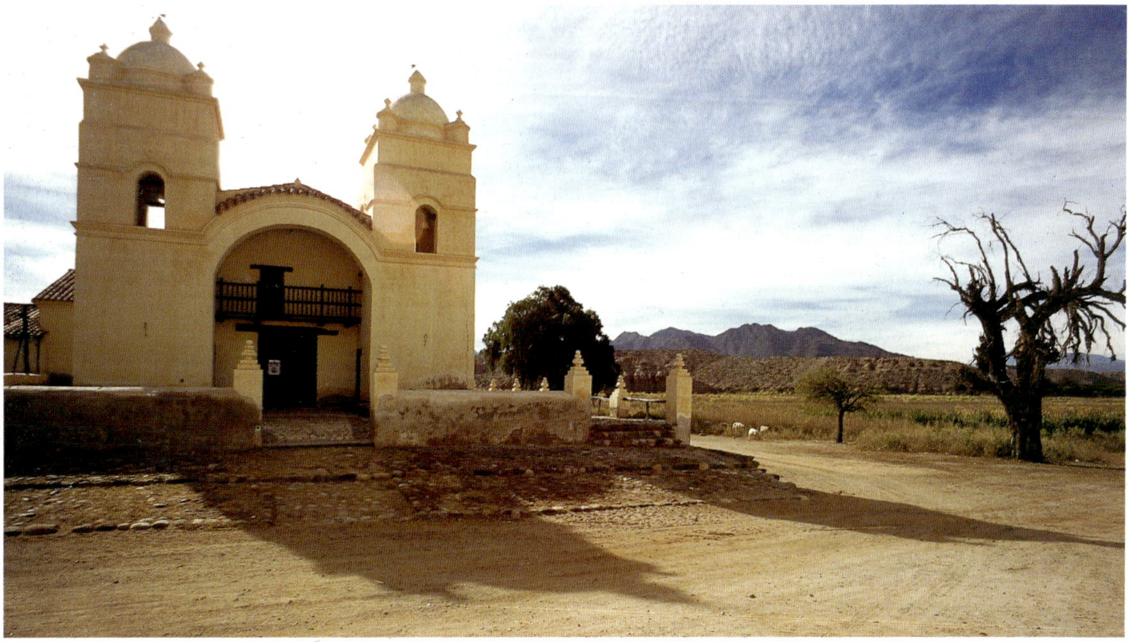

La vetusta iglesia se halla frente a la casa hacienda de los Isazmendi (hoy hostal). La localidad toma su nombre de los numerosos molinos de agua para cereales, de los que hubo muchos en la región; algunos pocos, aún funcionan.

The very old church in Molinos is in front of the Isazmendi family's property.

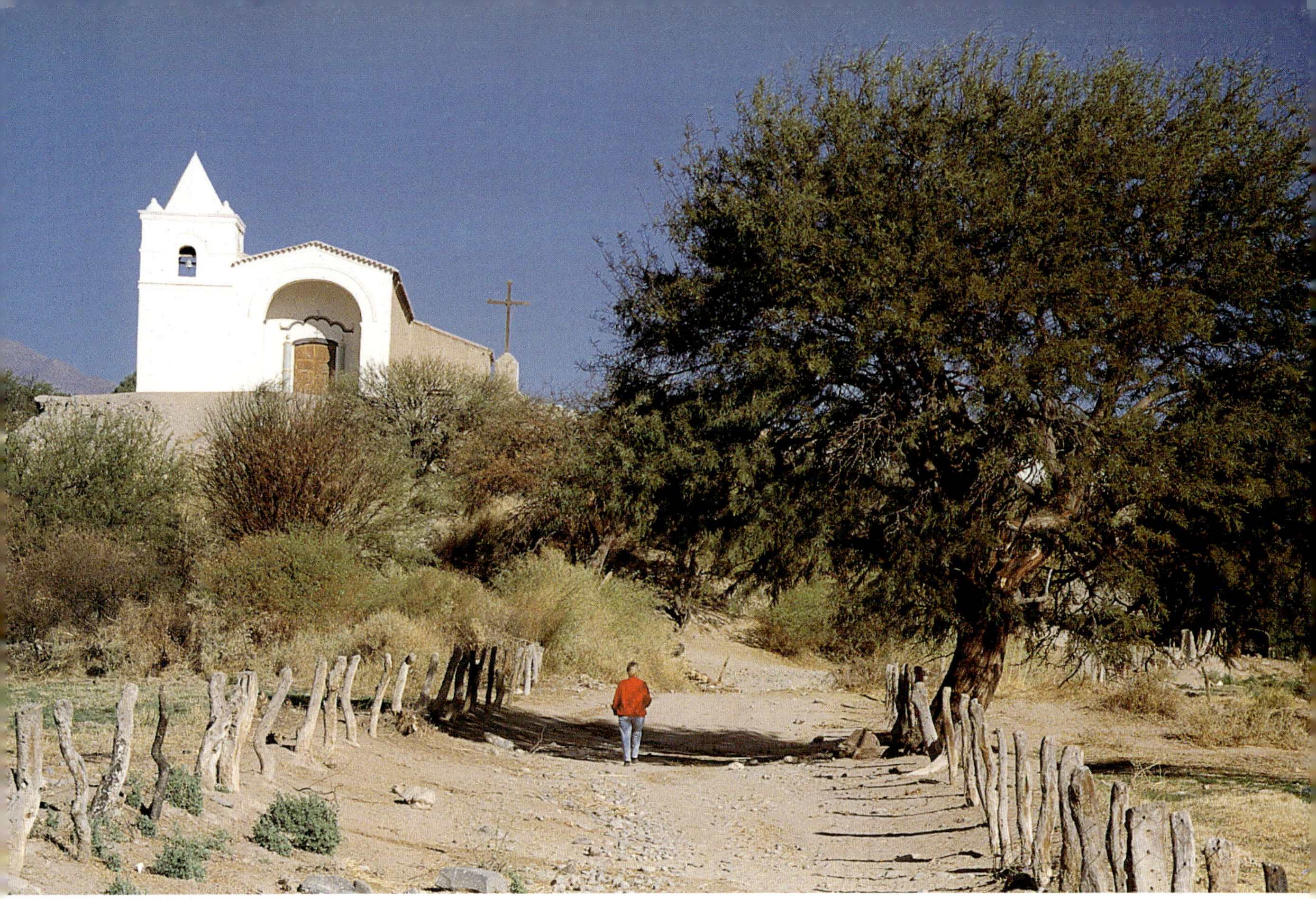

En El Carmen, al norte de Angastaco, se encuentra el oratorio más antiguo de Calchaquí. En tiempos pasados se decía que en la torre de la capilla colgaba una campana de oro puro.

The chapel of El Carmen is the oldest in Calchaquí; it is said that a bell of pure gold once hung in its tower.

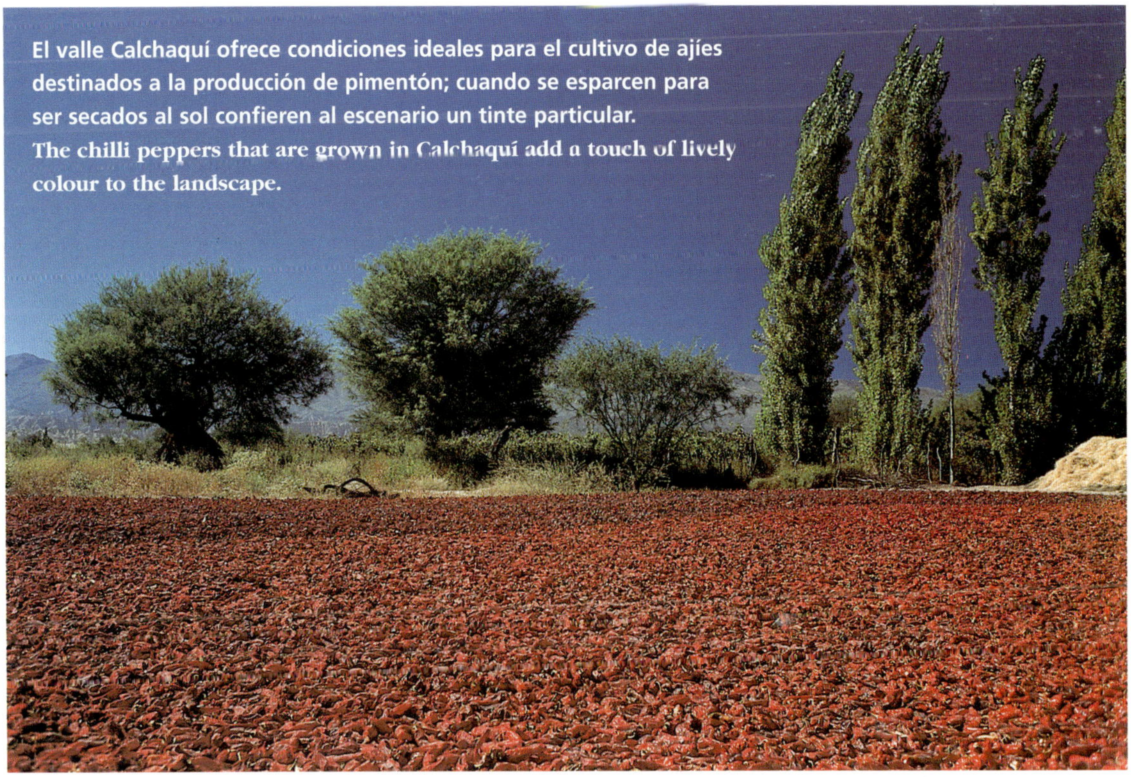

El valle Calchaquí ofrece condiciones ideales para el cultivo de ajíes destinados a la producción de pimentón; cuando se esparcen para ser secados al sol confieren al escenario un tinte particular.
The chilli peppers that are grown in Calchaquí add a touch of lively colour to the landscape.

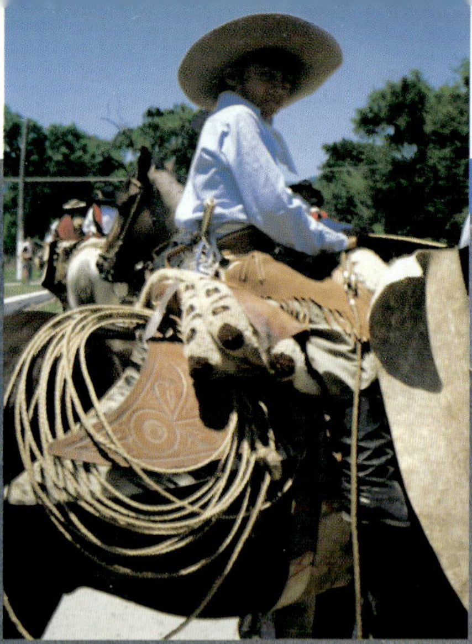

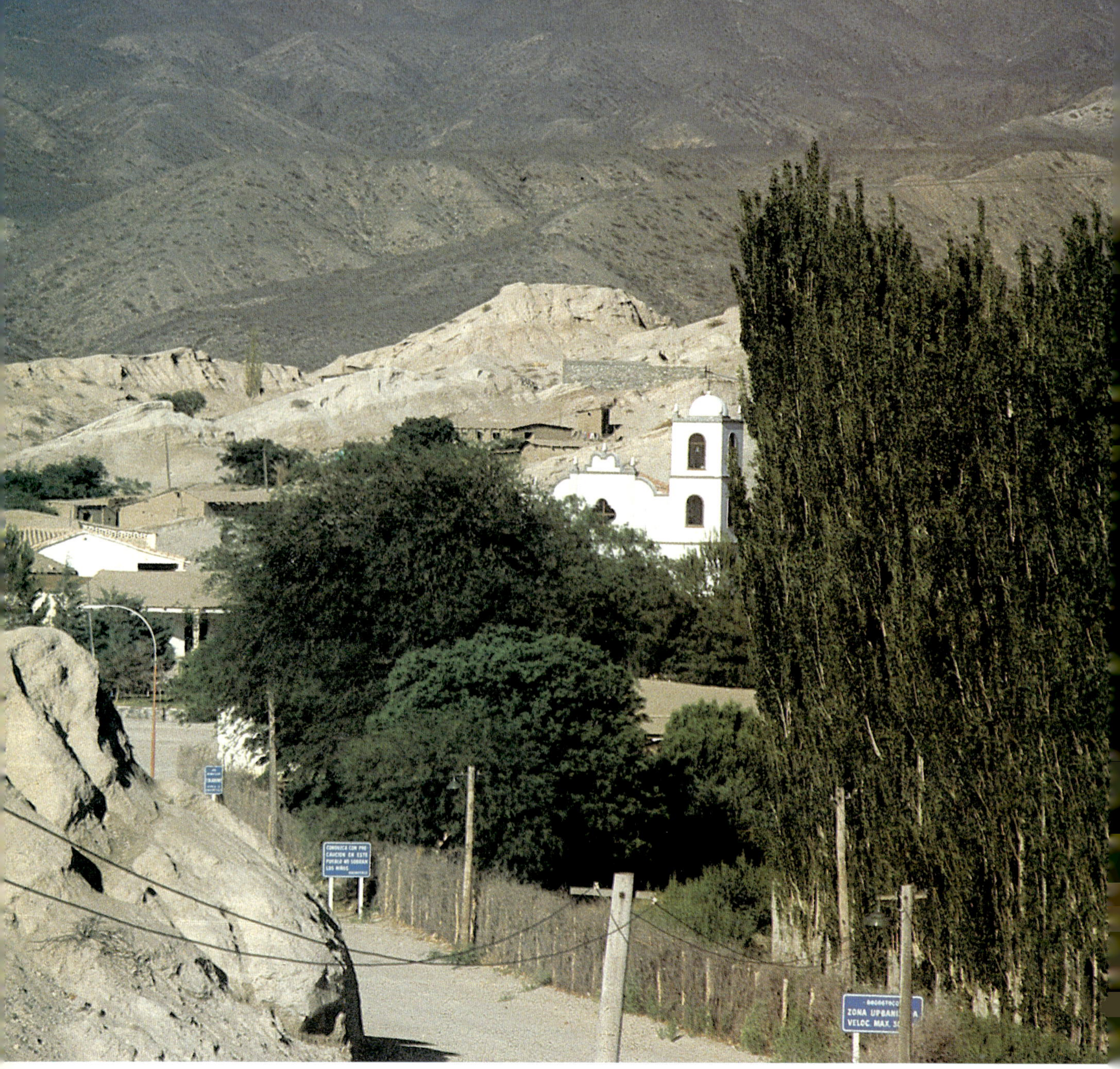

Angastaco está construido entre médanos consolidados de arenisca blanca y es un buen ejemplo de cómo los cultivos (aquí, la vid) se dan hasta donde llega el agua. El vino Torrontés que se produce aquí es tan exquisito como el patero y el Mistela.

Angastaco, where authentic gauchos on horseback can be found, is a typical wateringhole where fertile vinyards are plentiful and they make excellent white wines.

Un bosque de saetas

A forest of arrows

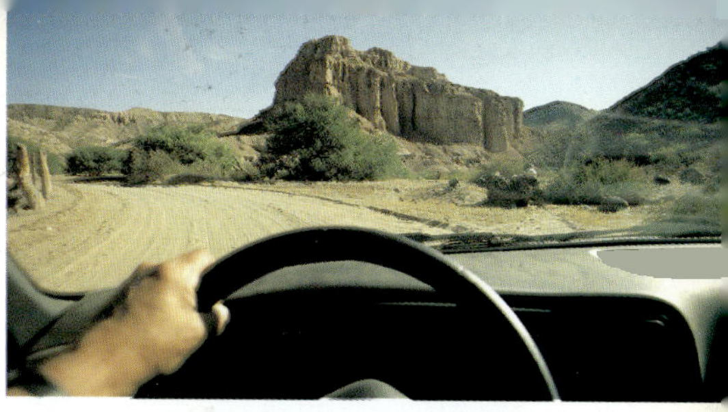

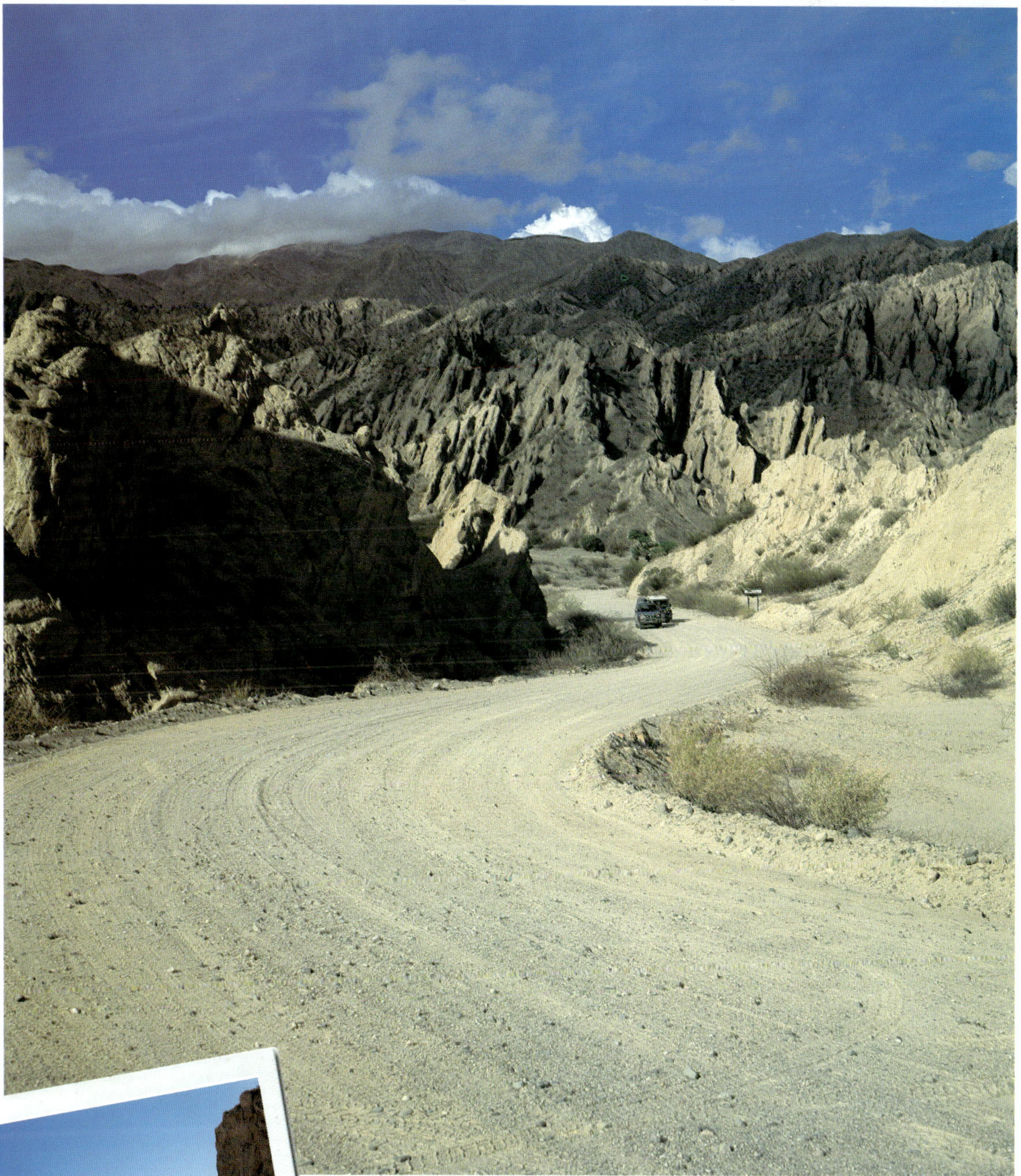

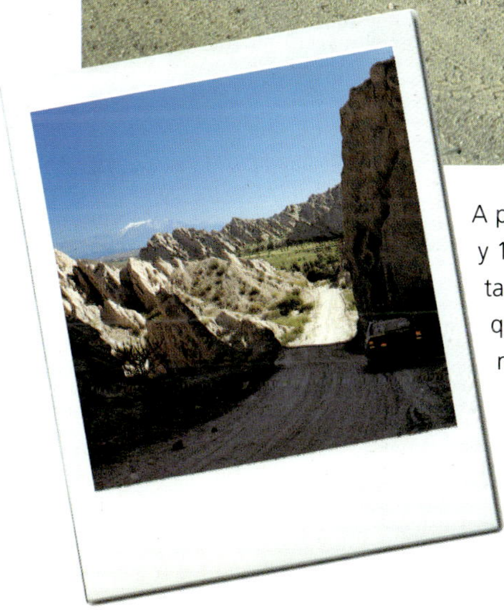

A poco de salir de Angastaco en dirección a Cafayate, entre los kilómetros 1.111 y 1.119, la Ruta 40 atraviesa un verdadero bosque de saetas que parecen apuntar al cielo. La Quebrada de las Flechas es uno de los espectáculos más notables que bordean la carretera. A cada hora, a medida que el sol se traslada en el firmamento, las formas y los colores cambian.

To the south of Angastaco, Ruta 40 crosses the spectacular Quebrada de las Flechas.

Tierra de artesanos

Craftmen land

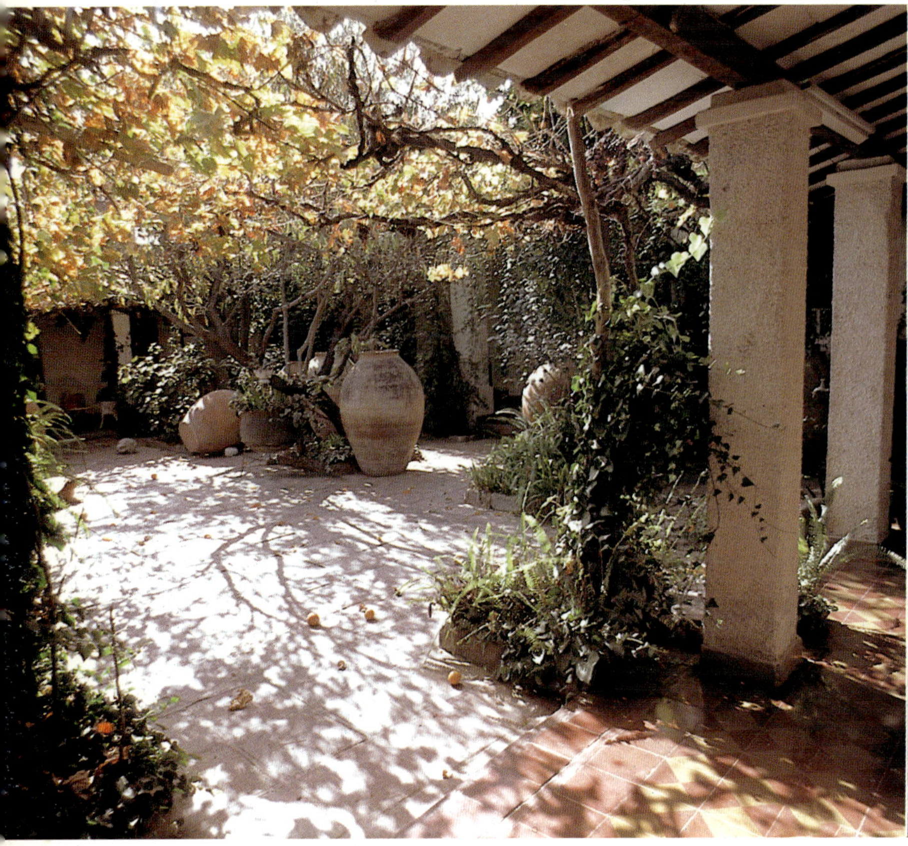

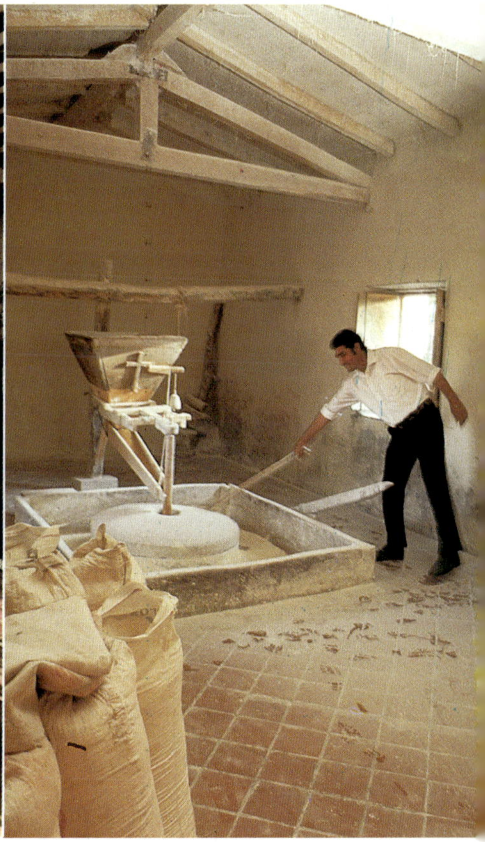

Muchas casas señoriales en Cafayate conservan aún uno o varios patios con tinajas y un denso follaje de parra destinado a dar sombra en el verano.
In Cafayate you can still see large houses with patios covered with vine foliage.

Uno de los últimos molinos de cereales funciona aún cerca de Cafayate.
On the outskirts of Cafayate the old watermill of La Rosa still works.

Objetos de decoración de alpaca (plata boliviana) se elaboran en Cafayate.

Decorative objects made in Cafayate from nickel\white metal (Bolivian silver).

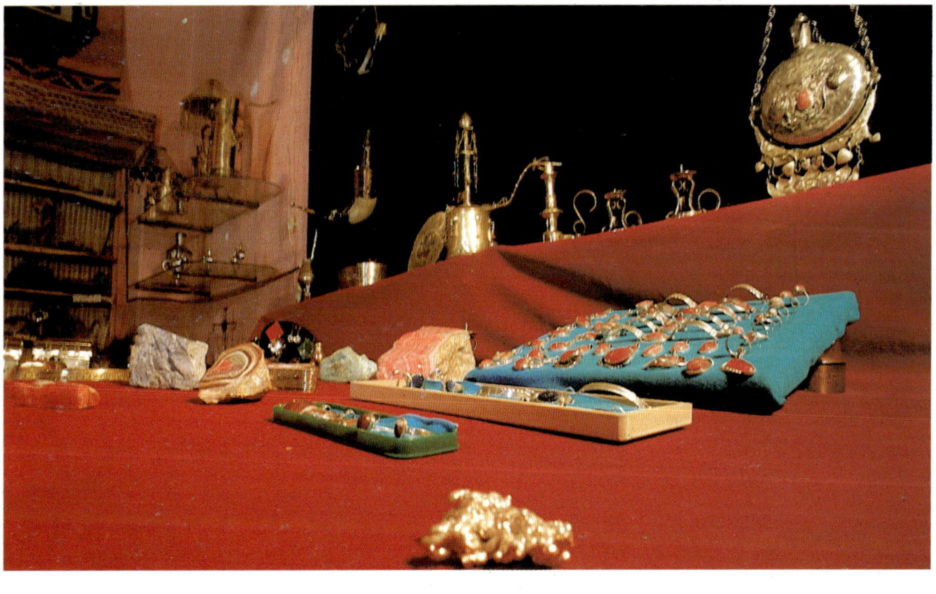

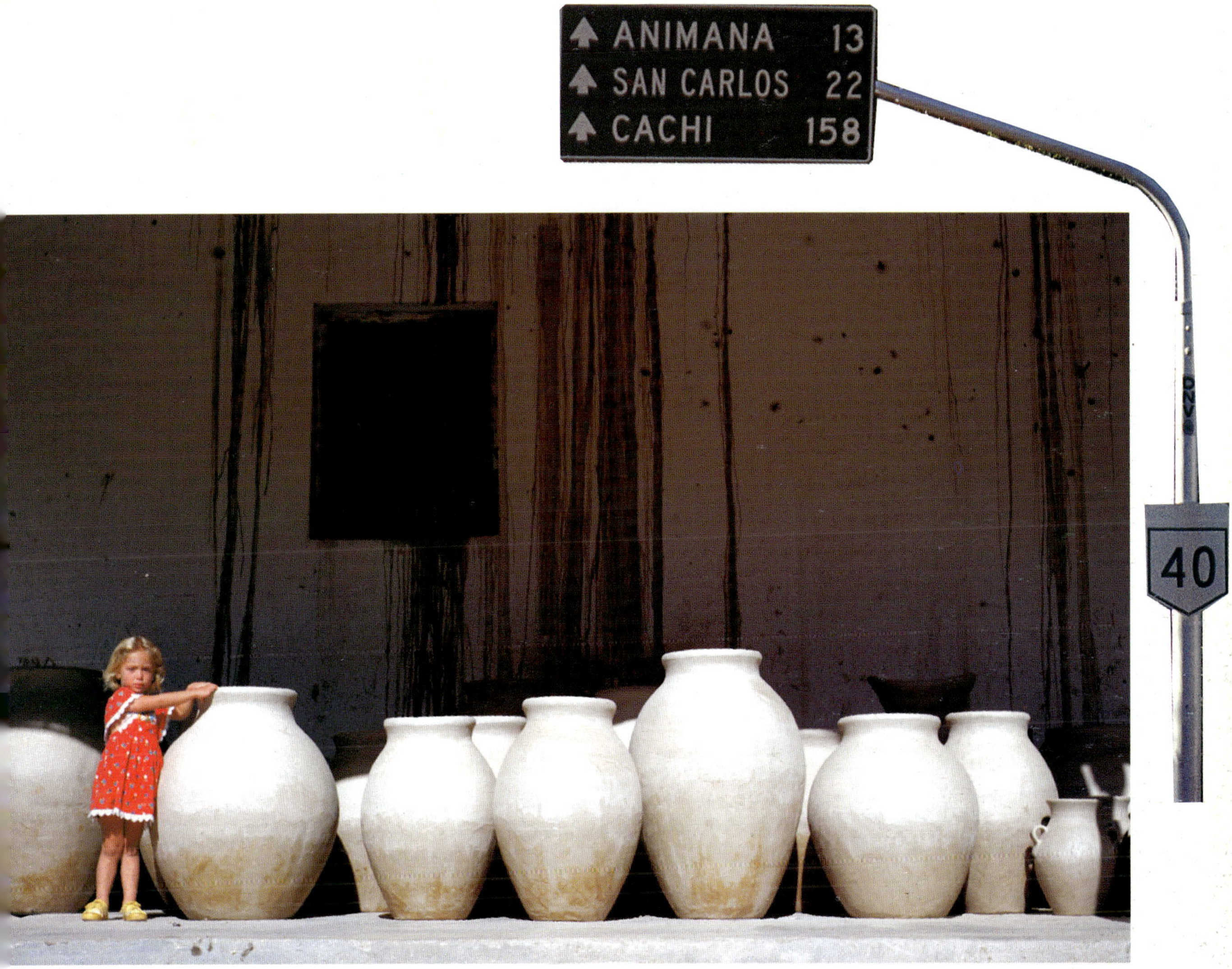

Cafayate es asiento de hábiles artesanos. Desde la cerámica y terracota de Cristófani, pasando por talladores de madera, orfebres de objetos de plata auténtica, alpaca y bronce, hasta tejedores como Miguel Nanni, creador de hermosos tapices. Seis bodegas producen además exquisitos vinos, principalmente blanco Torrontés. Cafayate, antiguo asiento de los indios cafaiat, queda cerca de la confluencia de los ríos Santa María y Calchaquí.

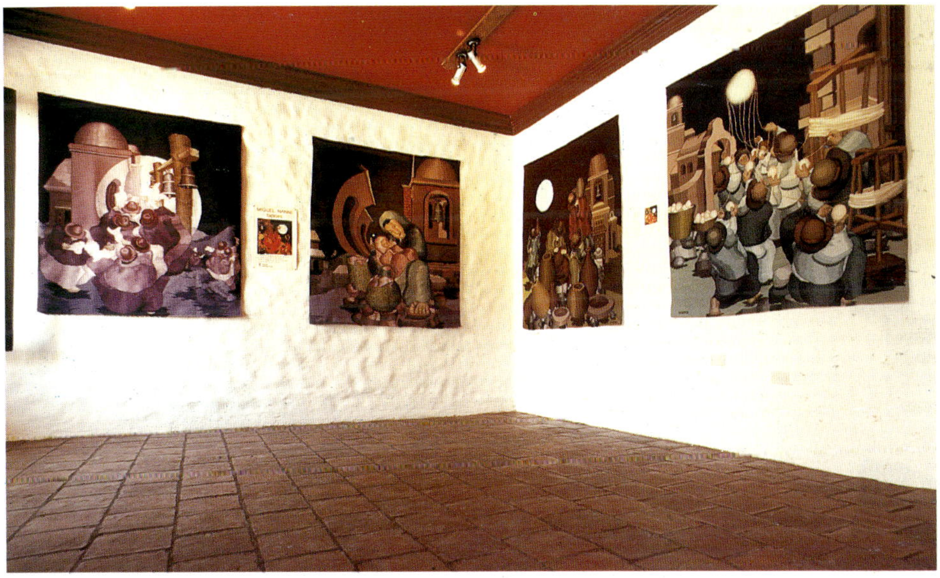

Among the most sought after items in Cafayate are the Cristófani terracotta earthenware and the Nanni tapestries.

El pasado indígena

The indigenous past

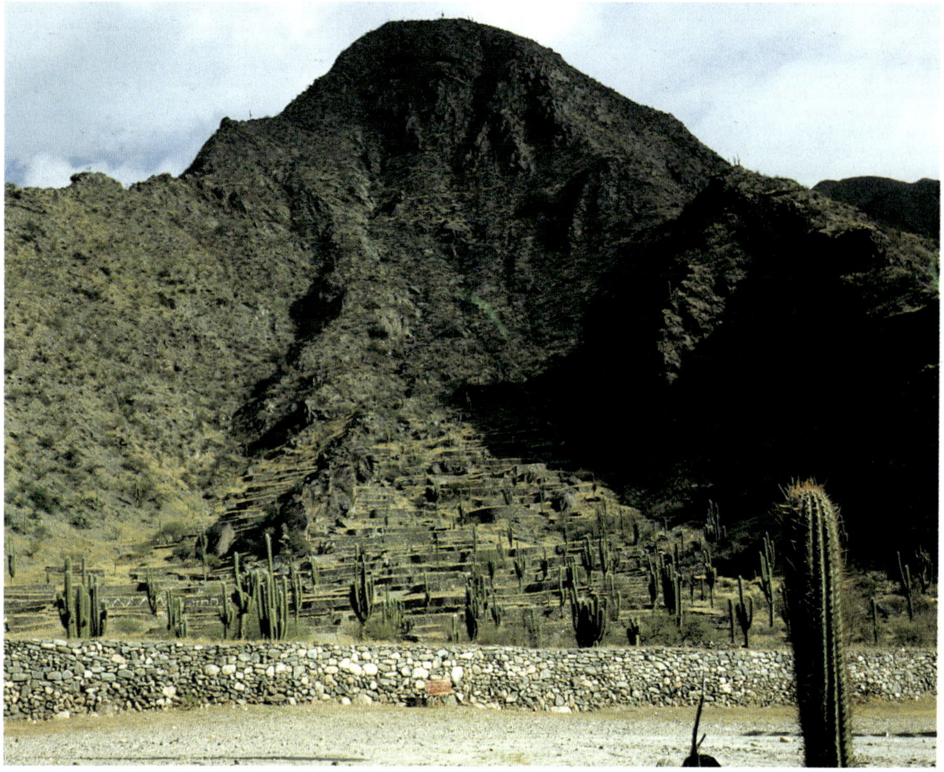

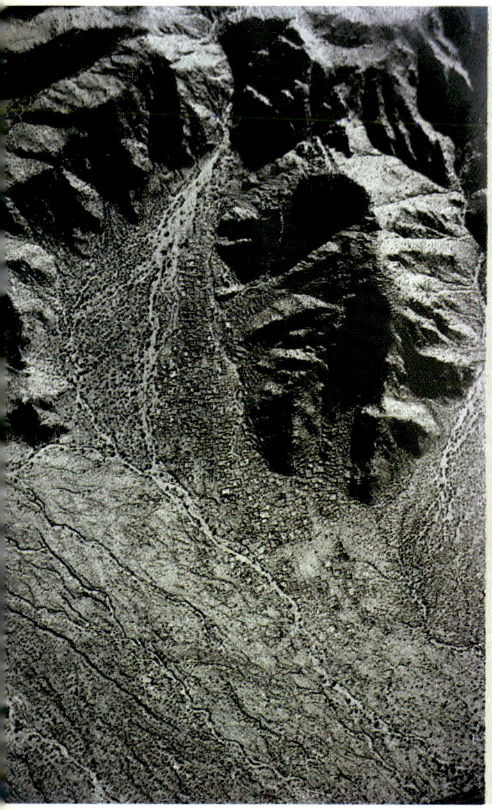

Al igual que el valle Calchaquí, también el de Santa María –el antiguo Yokavil– estuvo densamente poblado por parcialidades de aborígenes. Uno de los testimonios cuyos restos llegaron con más fuerza hasta nuestros días es la extensa ciudad precolombina de los quilmes, en el kilómetro 1.000 de la Ruta 40. Constituye uno de los contados ejemplos de perfecta planificación indígena urbana. Llaman la atención los gruesísimos muros de algunas de las construcciones.

In the Calchaquí and Santa María valleys (more to the south) interesting ruins still exist, such as the extensive Quilmes complex.

Vista aérea de las ruinas de Quilmes.
Aerial view of Quilmes.

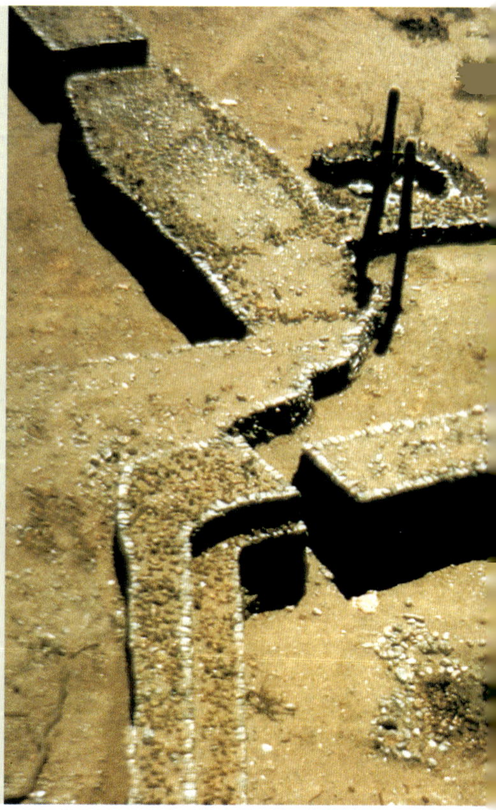

En Punta de Balasto, Ingamana, una fortaleza indígena virtualmente intacta, se mantiene como mudo testimonio del belicoso pasado de las tribus aborígenes. Es considerada una Machu Pichu argentina.

Conserva no sólo sus contrafuertes en lo alto del cerro Mendocino, sino también montículos de piedras apiladas que servían a los habitantes de munición para defenderse de los posibles atacantes.

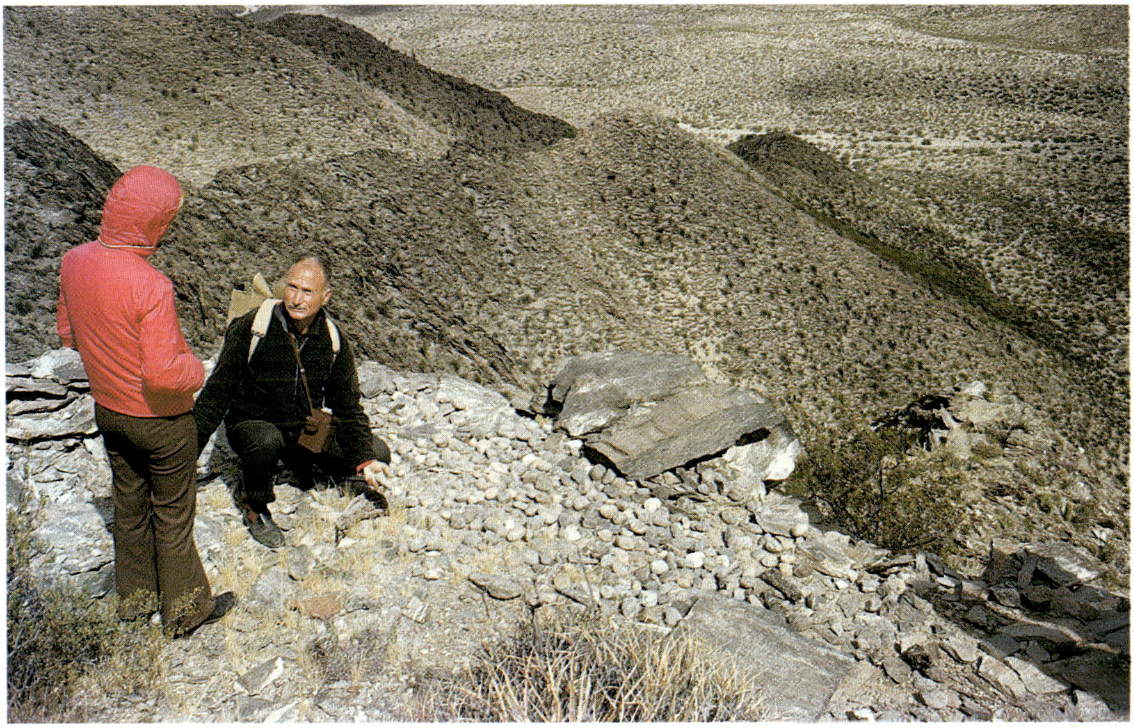

In the old forts like El Mendocino ammunition that the indigenous people used to use is still kept.

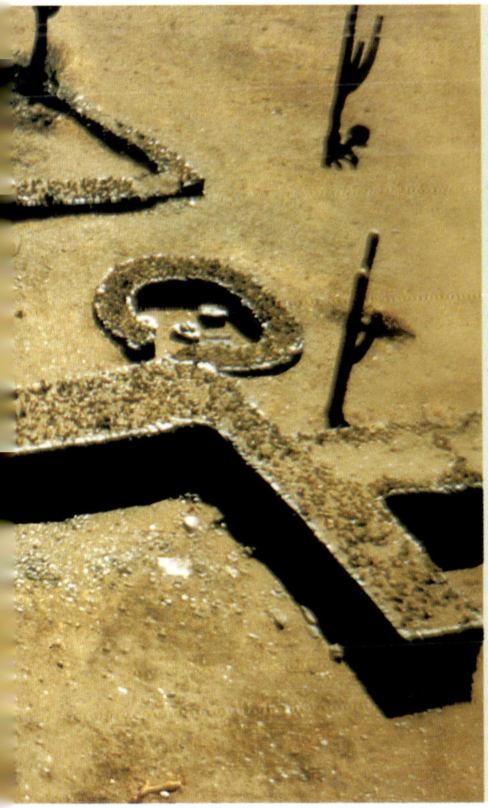

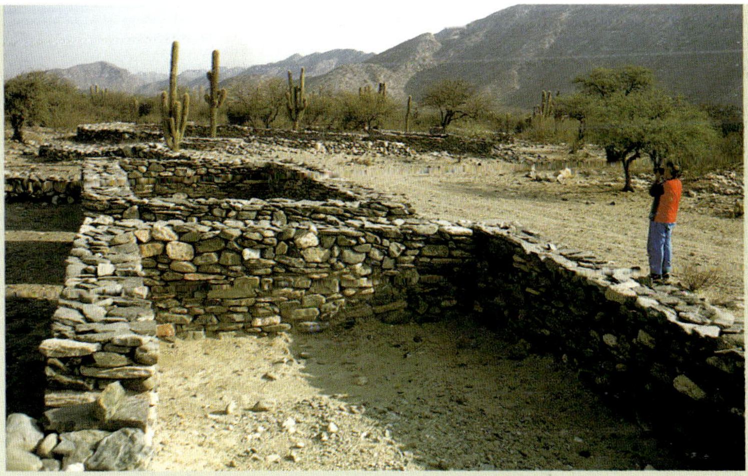

Otro ejemplo, más modesto, de la presencia de los aborígenes en estos valles son las ruinas de Fuerte Quemado, cerca de Santa María, en parte reconstruidas.

Fuerte Quemado, in the Santa María valley, there is a reconstructed aborigional fort.

Huellas del ayer

Footprints of the past

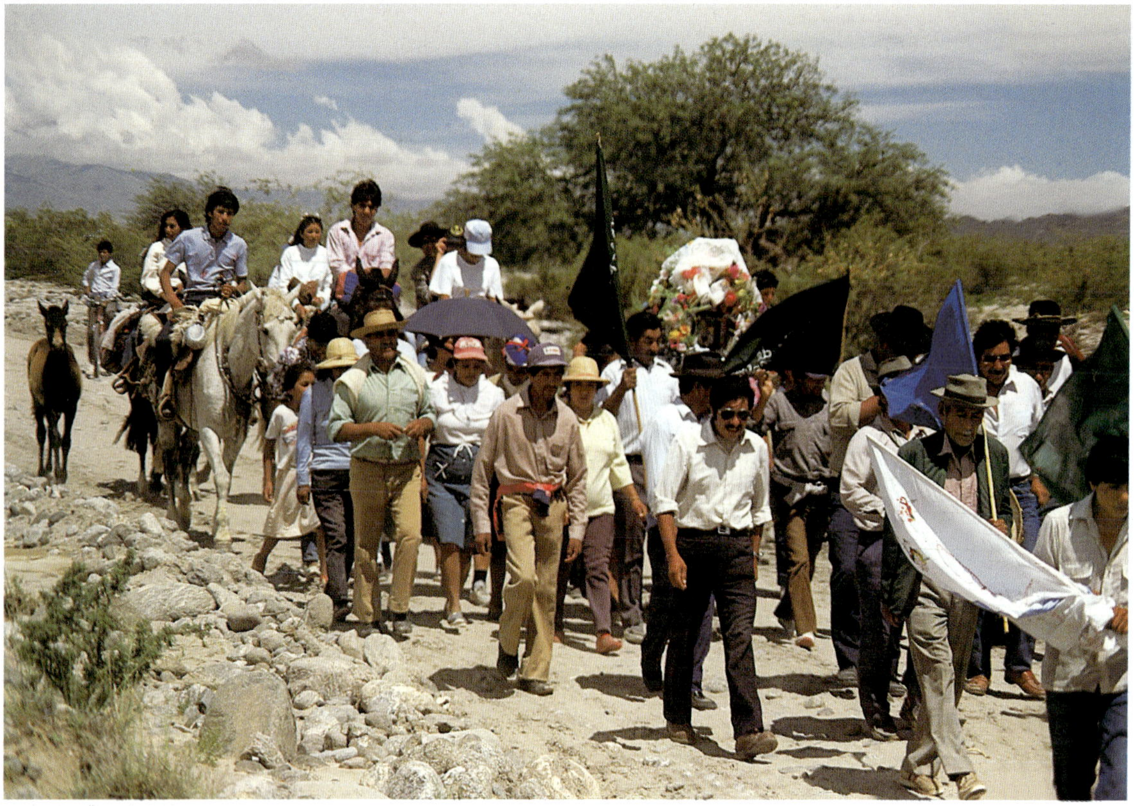

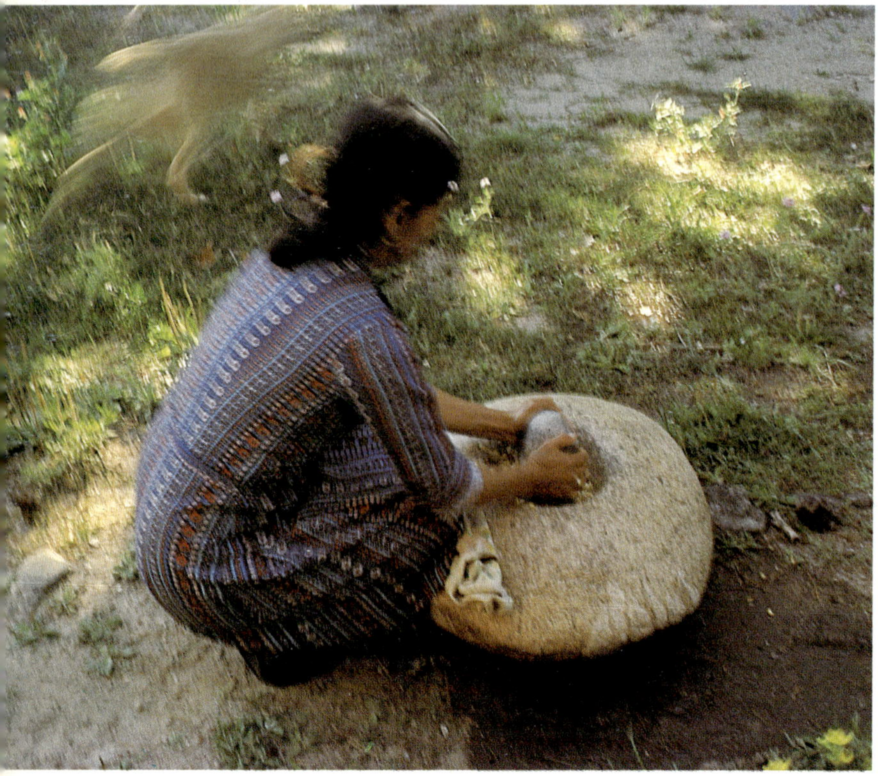

En el sector sur del valle de Santa María las huellas del pasado están omnipresentes. Los misachicos (procesión con un santo de bulto de casas particulares) son acontecimientos frecuentes en la campiña catamarqueña. Donde quiera que se mire, pueden verse aún mujeres machacando granos de maíz en un mortero de piedra, tal como solían hacerlo sus ancestros.

Processions to transport saints to the closest church are common; the natives still grind corn using stone mortars, the same method that their ancestors used.

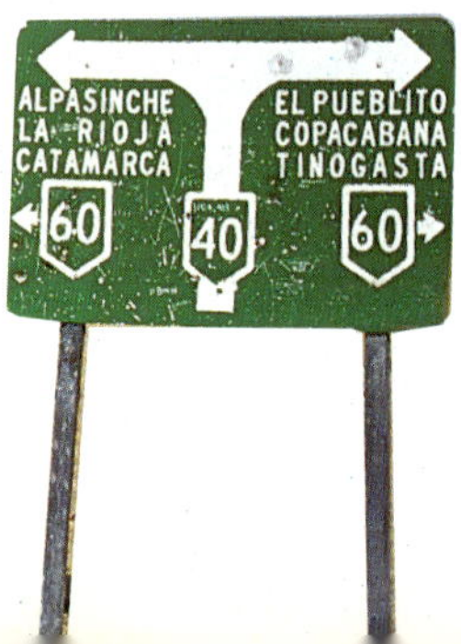

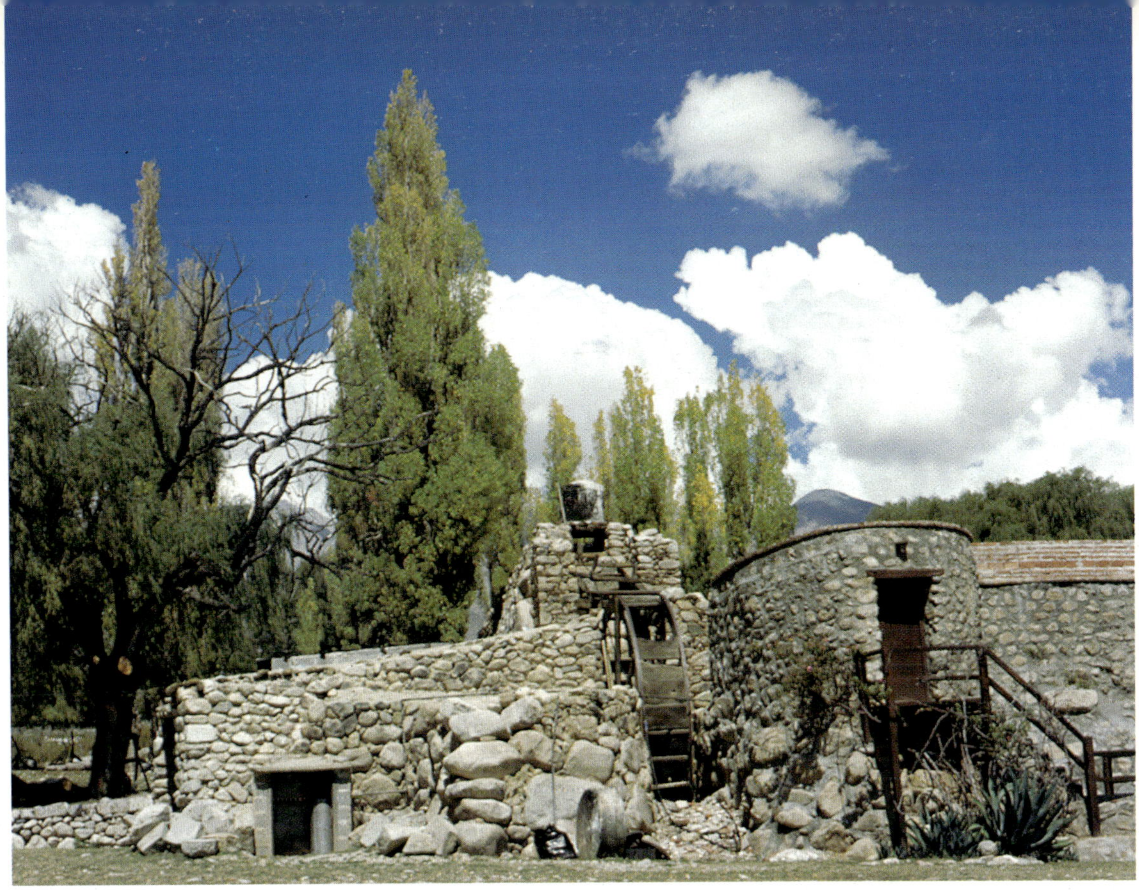

Desde Punta de Balasto pueden hacerse dos excursiones interesantes abandonando el trazado troncal de la Ruta 40. Una es por la RP 47 en dirección a Minas Capillitas hasta el paraje Ingenio del Arenal, donde un antiquísimo molino de oro, hoy parcialmente arrasado por aluviones, rememora épocas en que aquí se molía y lavaba el metal amarillo.

On the road from Punta de Balasto to Minas Capillitas you can see the historic gold mill of Ingenio del Arenal.

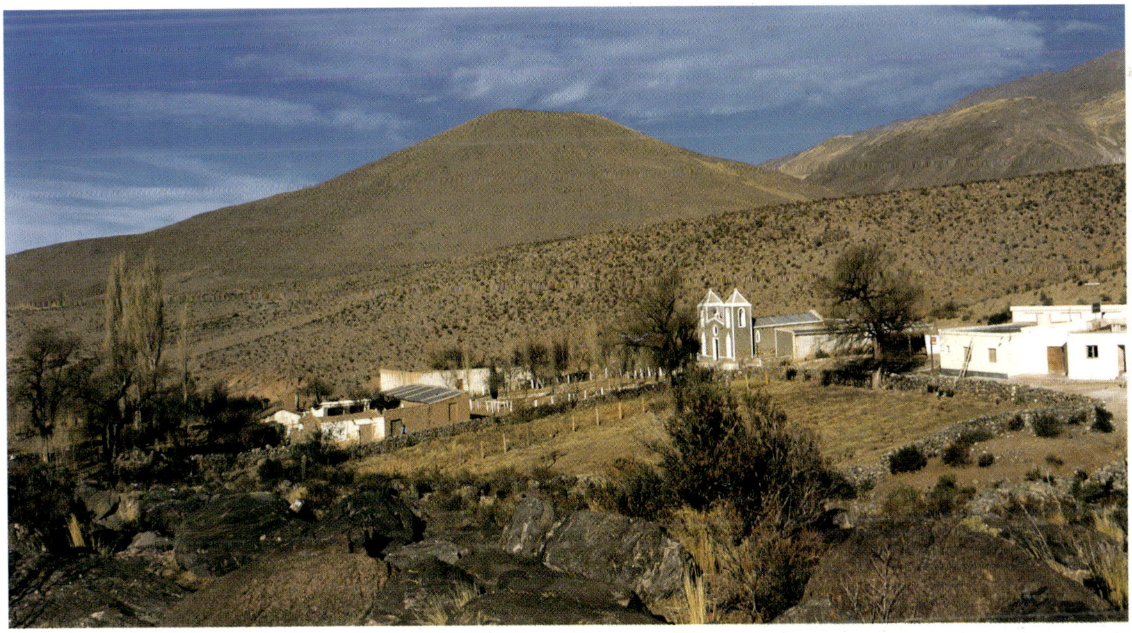

Continuando por la Ruta 40, pero un poco más adelante, se aparta otro camino que conduce a La Hoyada en cuyas cercanías curiosas cuadrículas de piedra de los primitivos, llamadas "ravioleras", confunden hasta hoy a los arqueólogos ya que se ignora su verdadera finalidad.

In La Hoyada, a little away from Ruta 40, you can see extensive archealogical sites of strange architecture.

Por la cuesta de Zapata a los médanos más altos

Over Zapata pass on the highest dunes

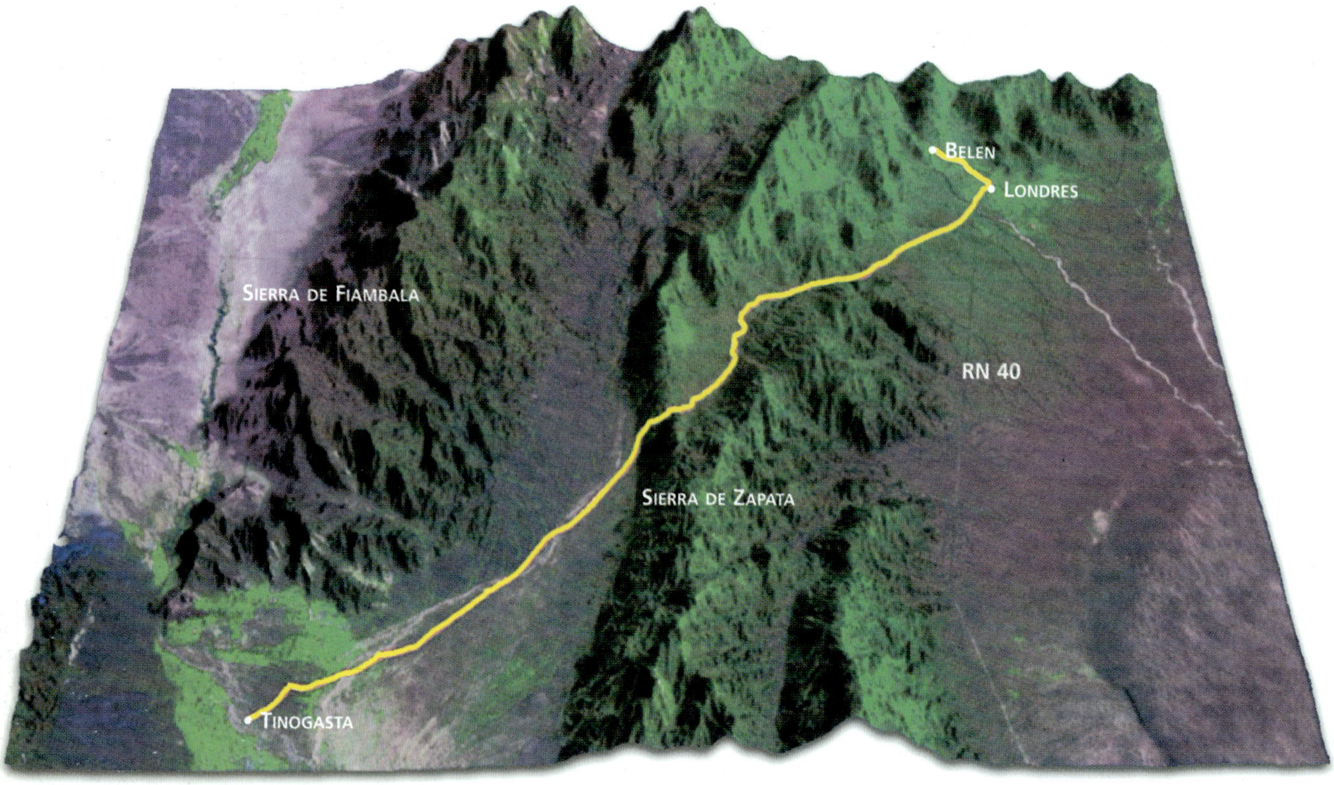

Desde el pueblo de Londres arranca el camino viejo de la Ruta 40 que pasa por las cuestas El Tambillo, Palitos Labrados y Zapata. El audaz camino de cornisa fue hecho a pico y pala y con curvas muy cerradas. La pintoresca cuesta de Zapata se encuentra hoy en un estado de conservación regular. (Recreación satelital en 3D.)

The old Ruta 40 daringly crossed the Cuesta de Zapata uniting London with Tinogasta.

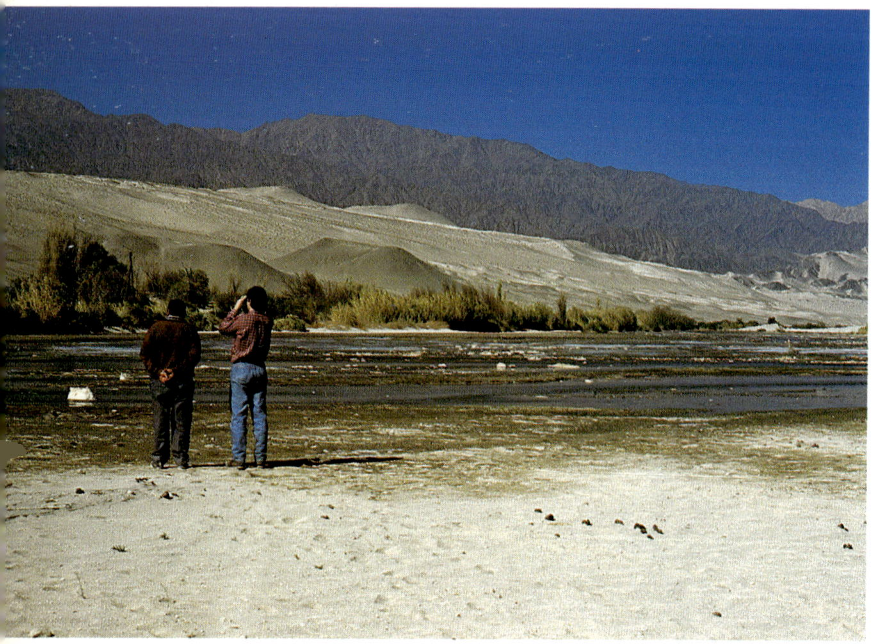

En el extremo sur de la cuesta de Zapata está Tinogasta. De aquí se accede por Ruta 60 a Fiambalá, sito en el bolsón epónimo, donde se encuentran los médanos más altos del mundo. Alcanzan los 800 metros y en algunas partes las dunas gigantes pasan la cresta de las montañas y son visibles del lado de Belén y de Londres.

Beyond Tinogasta, in the Bolsón de Fiambalá, the highest dunes in the world rise.

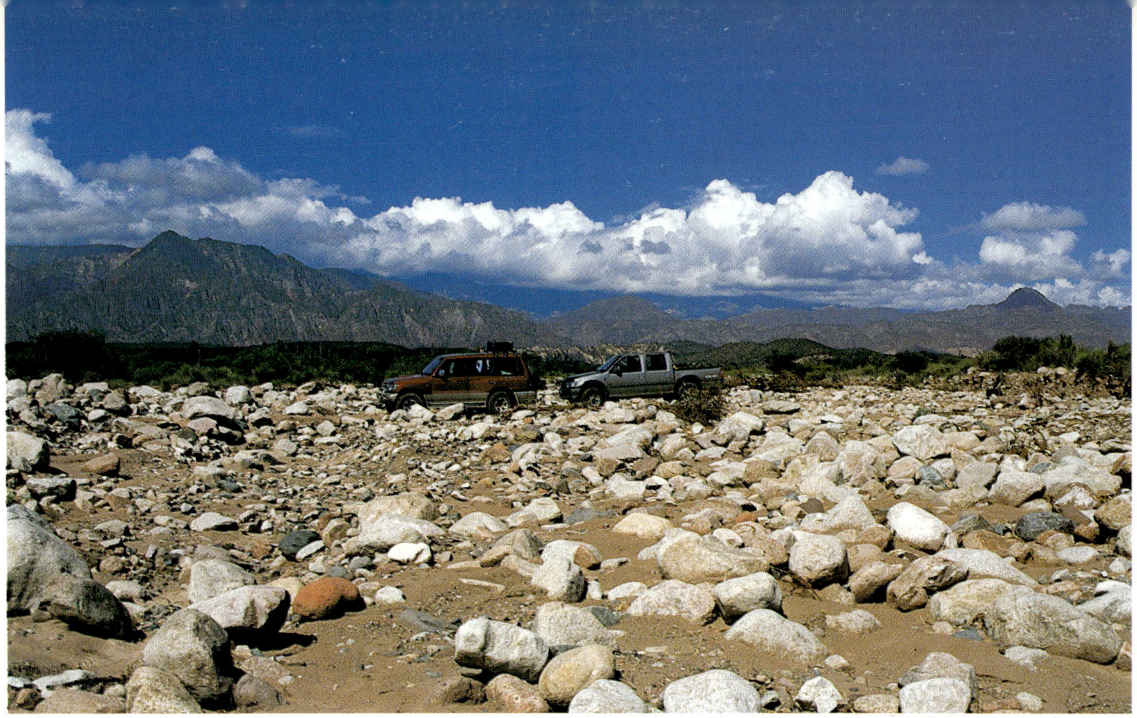

En verano los ríos, al desbordar, pueden cortar el camino o provocar desprendimientos de grandes rocas.

The summery rains can cut the road off and cause rockfalls.

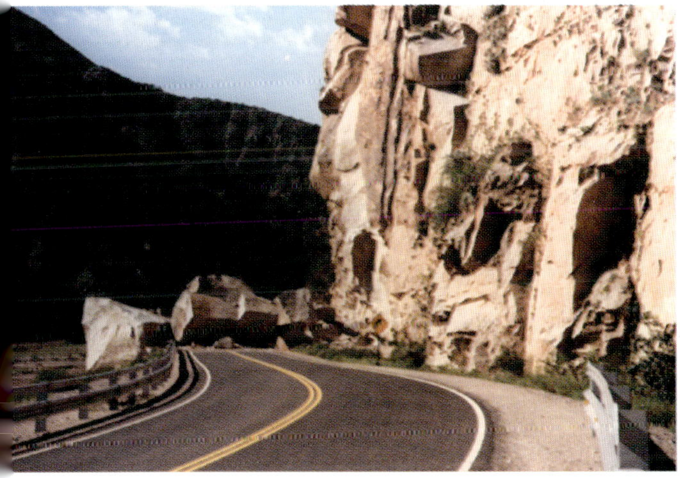

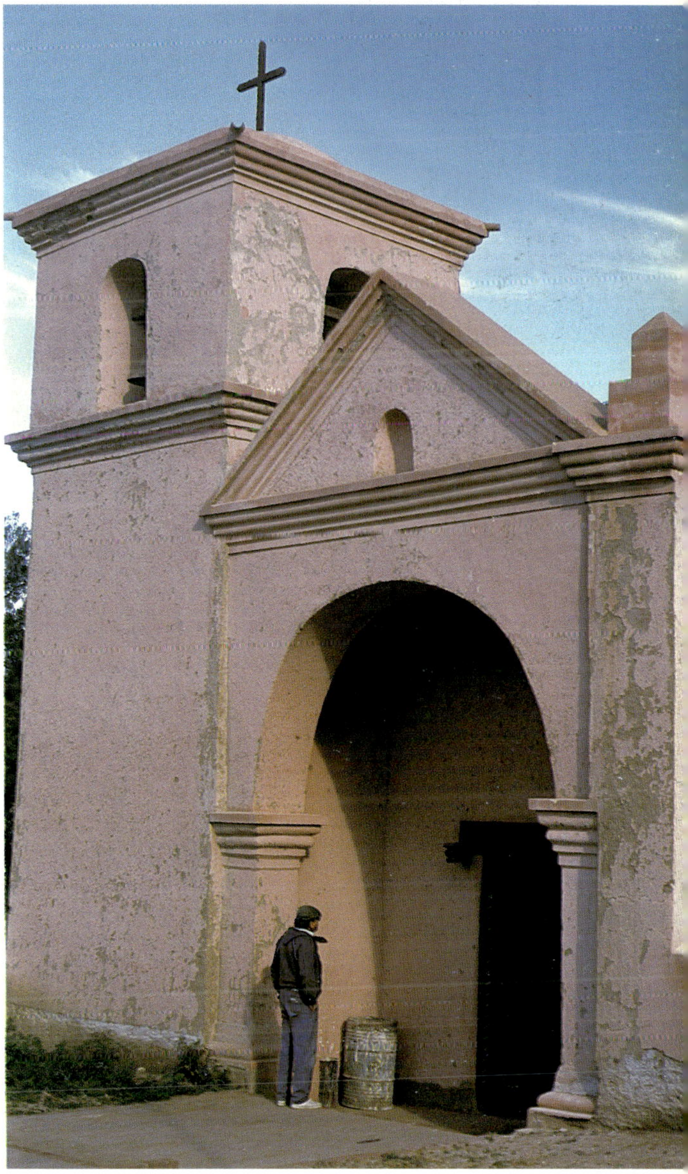

Camino a Belén la Ruta 40 atraviesa el desolado Campo del Arenal o de los Pozuelos y pasa frente a la histórica capilla de Hualfín, uno de los más antiguos oratorios cristianos de la región, hecho de adobe y madera de cardón.

In Hualfin, an old indian seat, Ruta 40 passes in front of the historical chapel.

Por senderos pedregosos al Cristo de la Peña

Along stony paths to the Lord of the Rock

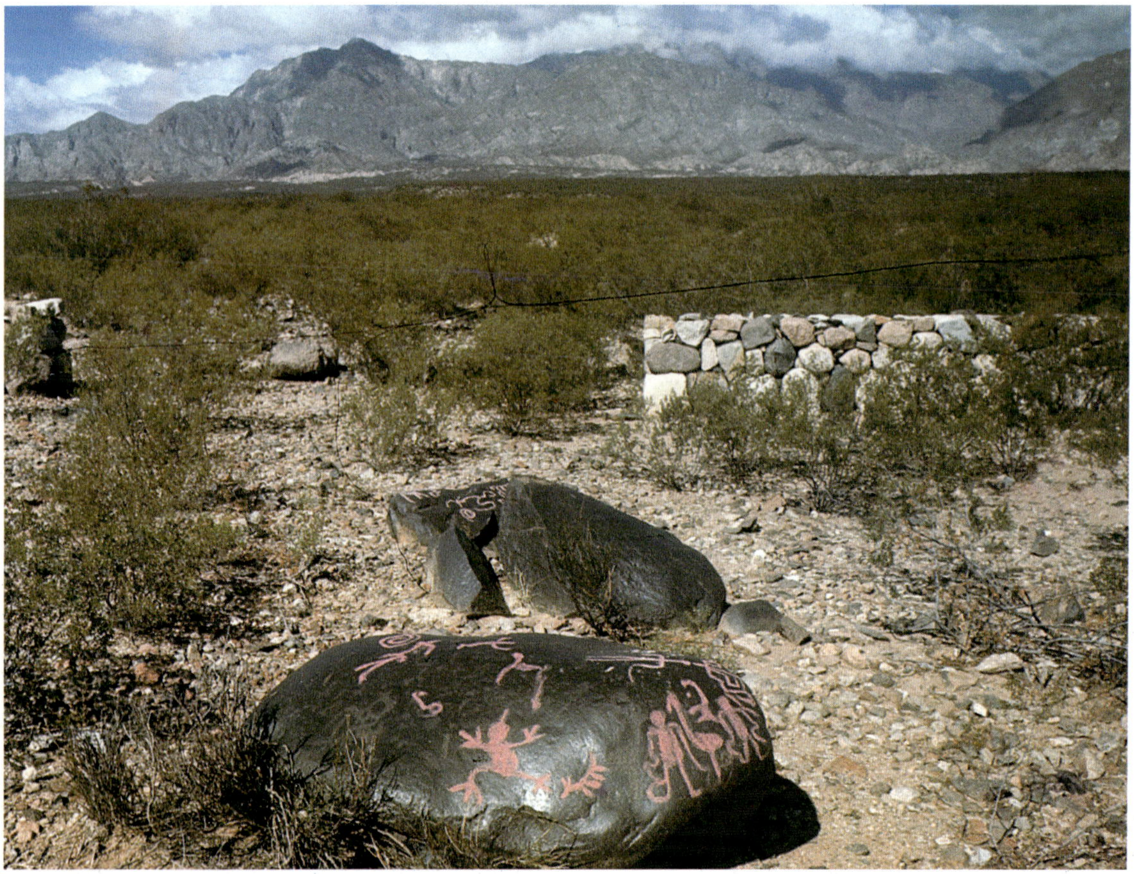

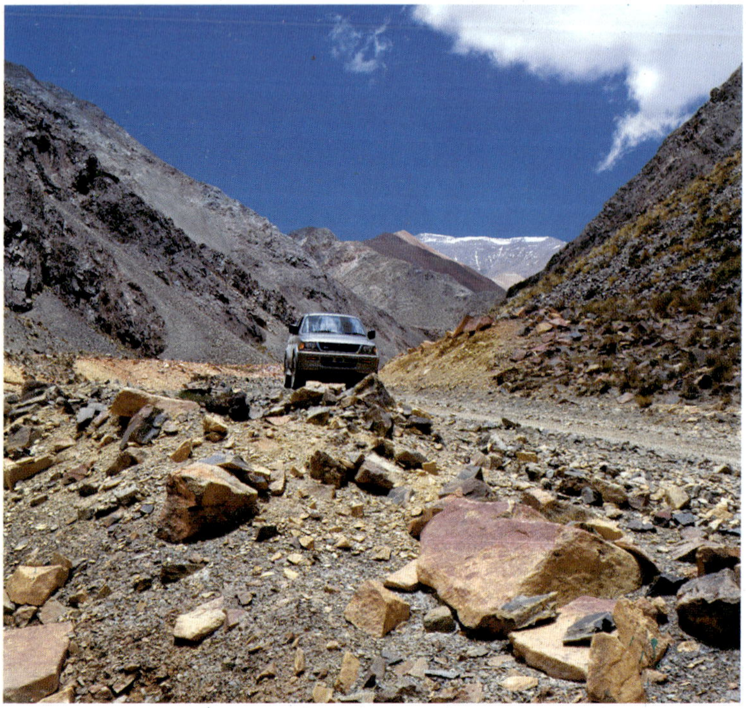

Desde Tinogasta hacia el sur puede tomarse por el pavimento de la actual Ruta 40 pasando por San Blas y Pituil, o bien por el camino viejo, tocando pueblitos olvidados y atravesando un verdadero túnel del tiempo. Se cruzan o vadean varios ríos y se pasa por las localidades de Campanas y Ángulos, y el Parque Diaguita con sus famosos petroglifos. Finalmente aparece a mano derecha el macizo del Famatina, a menudo nevado.

From Tinogasta to the south Ruta 40 passes through Parque Diaguita with its petroglyph covered rocks, while the colossal Nevado de Fatima peaks.

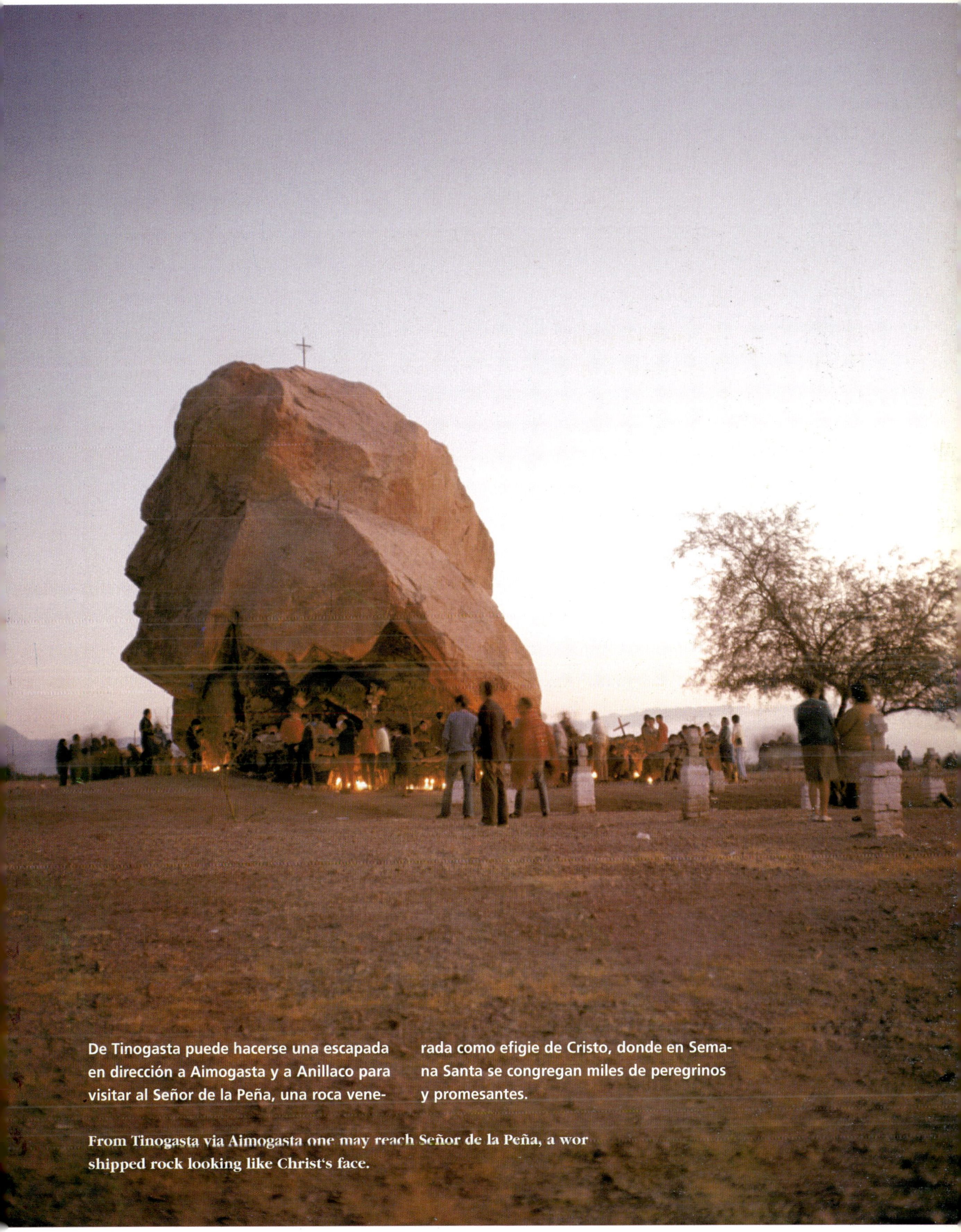

De Tinogasta puede hacerse una escapada en dirección a Aimogasta y a Anillaco para visitar al Señor de la Peña, una roca venerada como efigie de Cristo, donde en Semana Santa se congregan miles de peregrinos y promesantes.

From Tinogasta via Aimogasta one may reach Señor de la Peña, a wor shipped rock looking like Christ's face.

Hacia el cerro de oro y plata

Towards the mountain of silver and gold

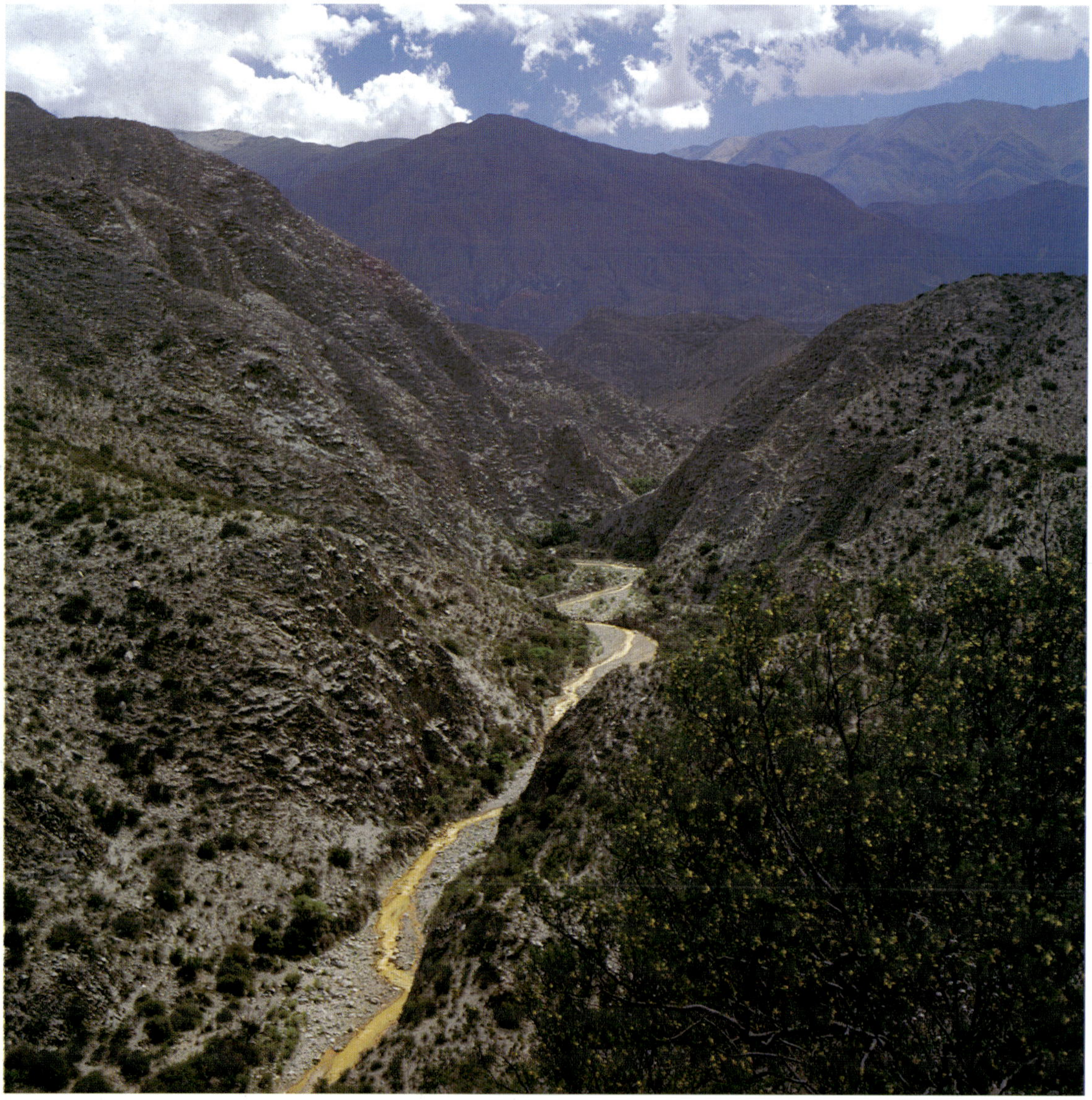

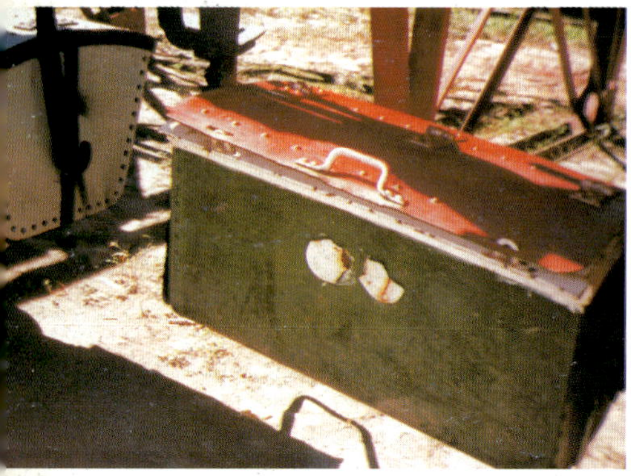

Desde el pueblito Famatina, pasando por Carrizal y Los Corrales, es posible subir por un camino, que en rigor es poco más que una senda de herradura, hasta la mina La Mejicana, a 4.500 metros de altura. Fue otrora un importante yacimiento de cobre y oro en las entrañas del Famatina. Se bordea el río Amarillo (portador de ocre) para alcanzar por fin la terminal del cablecarril procedente de Chilecito, de 35 kilómetros de largo, que funcionó a comienzos del siglo XX.

From the tiny hamlet of Famatina, a dirt road climbs to the gold mines high up in the Famatina massif.

En las afueras de Chilecito la Ruta 40 pasa por debajo del bicable de la línea ferroaérea a La Mejicana. Desde la cercana estación intermedia Número Dos puede apreciarse la magnitud de esta obra de ingeniería. En la antigua fundición Santa Florentina, con su gran chimenea, aún se encuentra la escoria de antaño.

A funicular cableway connected Chilecito with the gold mines of La Mejicana; this is station Two (out of a total of nine).

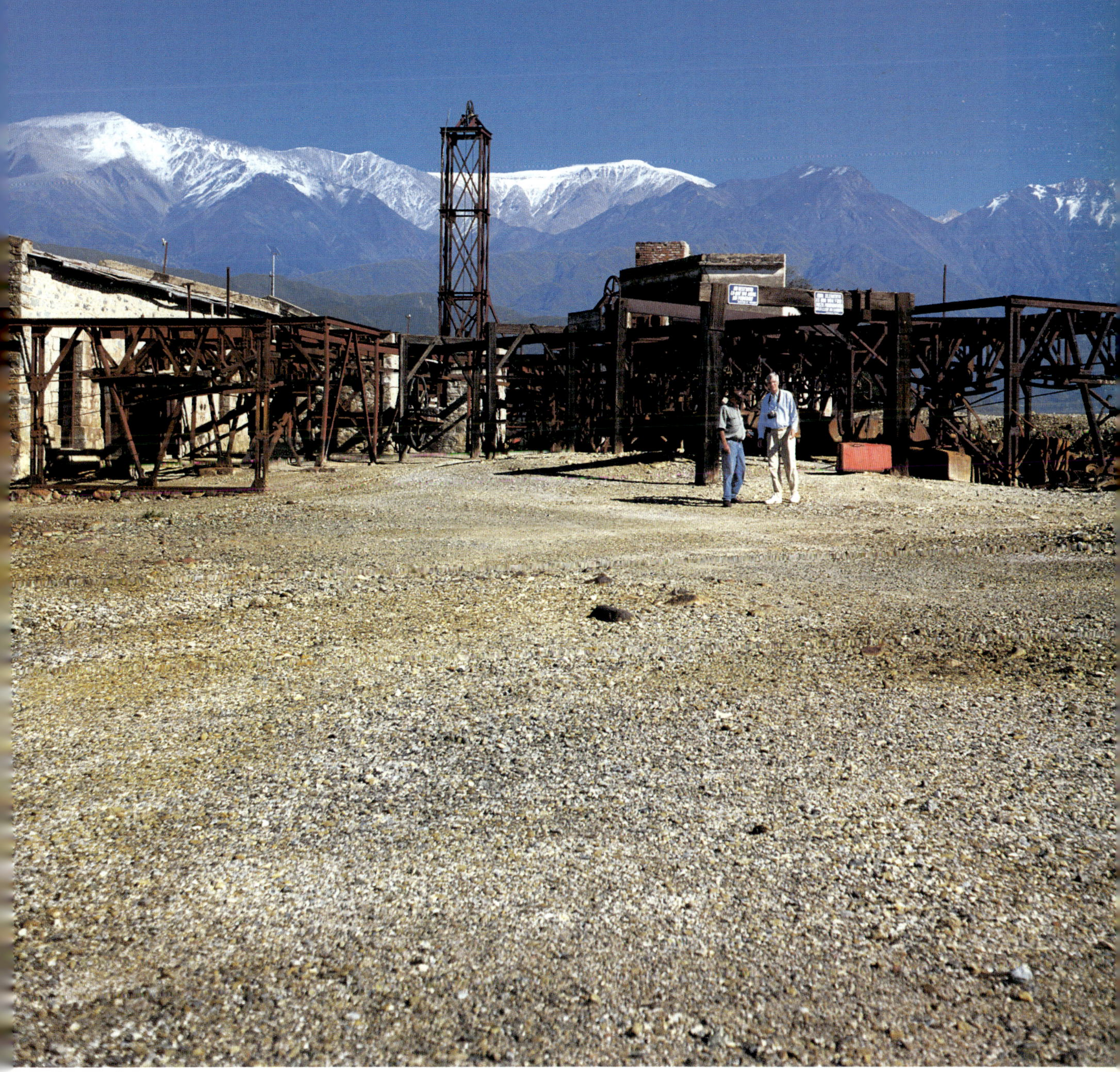

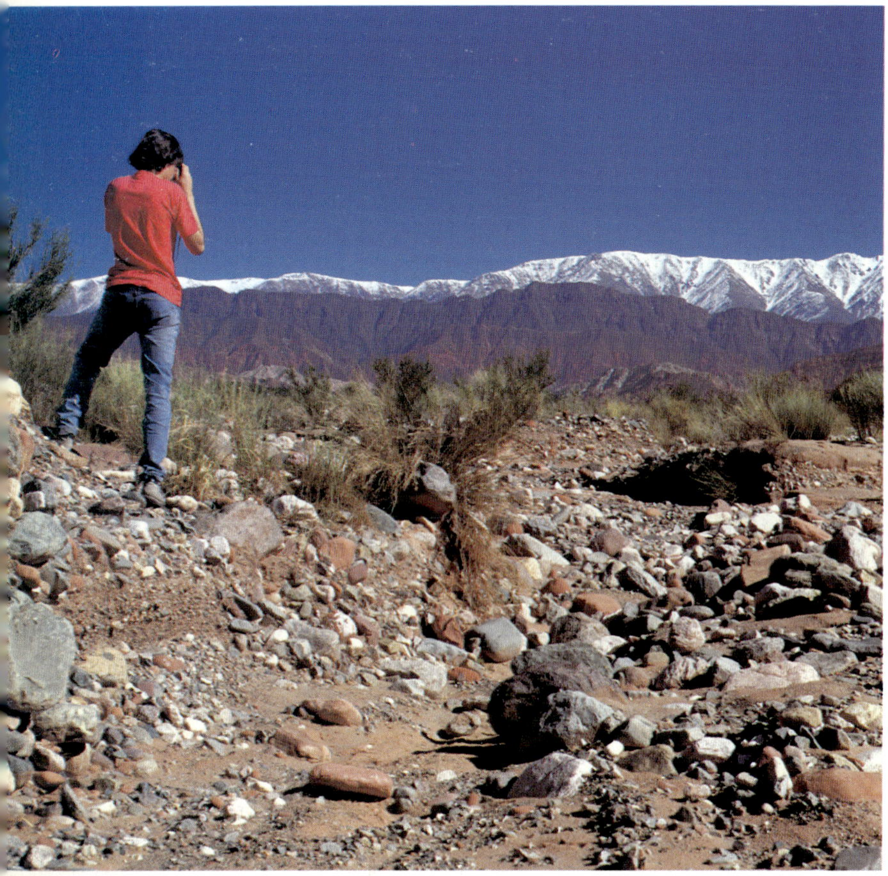

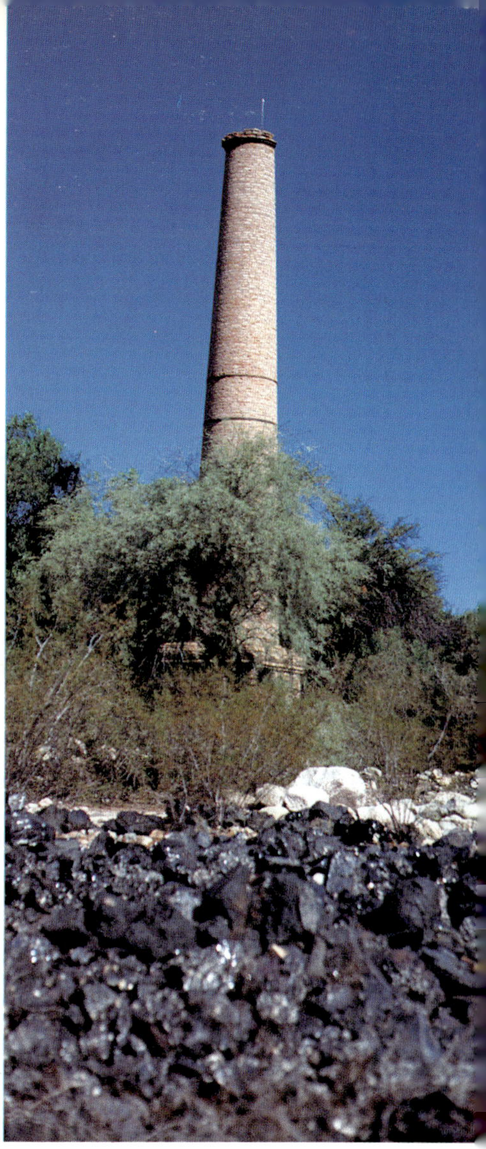

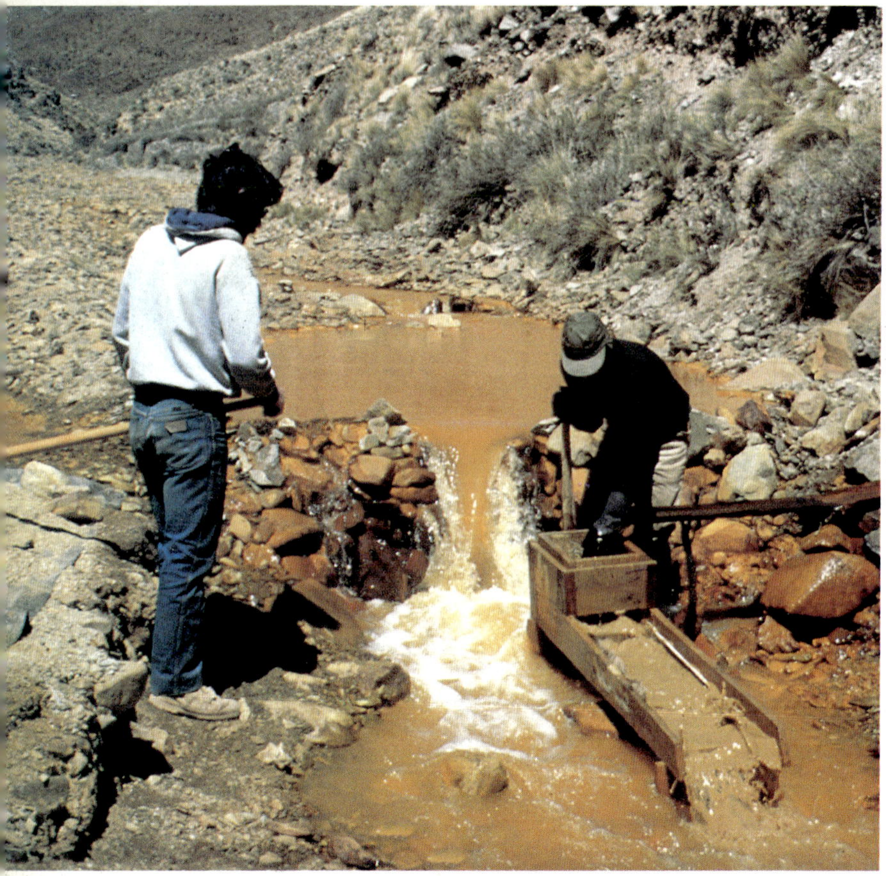

En tiempos en que el oro se cotiza bien, a orillas del río Amarillo y afluentes pueden verse buscadores de oro particulares, llamados pirquineros. Extraen la arena aurífera, la tamizan y lavan hasta que el agua arrastra el cuarzo; el metal amarillo, más pesado, se decanta. También pueden verse algunos de los antiguos hornos de fundición de metales.

At the foot of the majestic Famatina you can still see gold rinsers and various antique ovens for metal founding.

Chilecito, donde el sol pasa el invierno

Chilecito, where the sun spends the winter

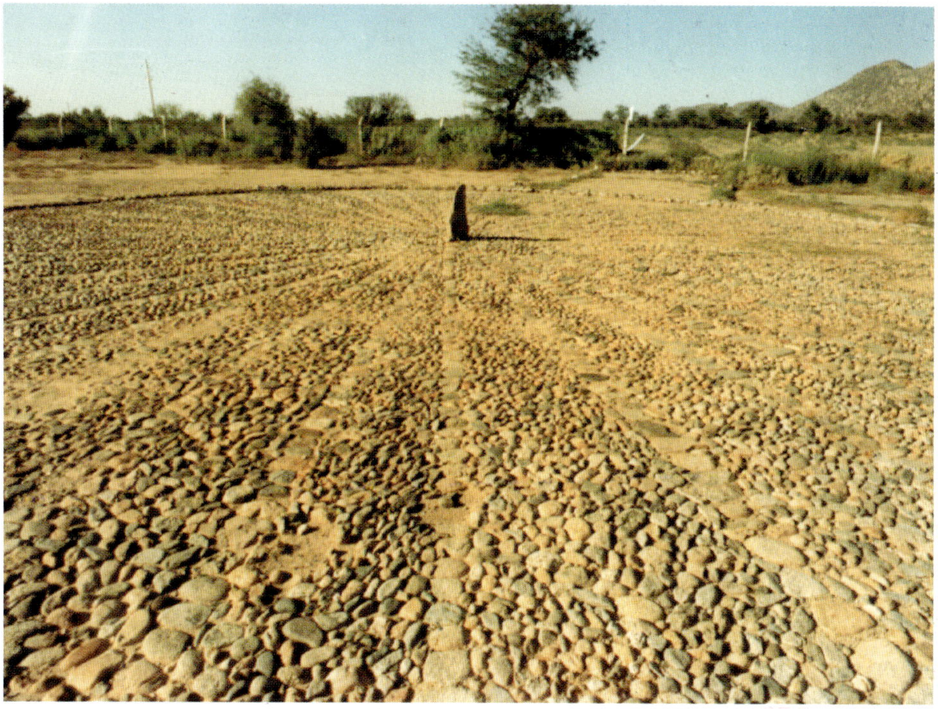

Al llegar a Chilecito desde el norte por el pavimento de la actual RN 40 se pasa, en el paraje San Pedro, por una construcción circular de adoquines con líneas radiales; los pobladores locales la consideran el "reloj de sol de los indios".

To the north of Chilecito this circular mosaic is believed to be a prehispanic sun dial.

Antes de entrar en Chilecito puede desviarse un corto trecho para ver la capilla de Los Sarmientos, que cuenta con un portón de algarrobo artísticamente tallado por los indios, luego de que éstos fueran evangelizados.

The historic Los Sarmientos chapel with its carob wood door, handcarved by the indigenous people.

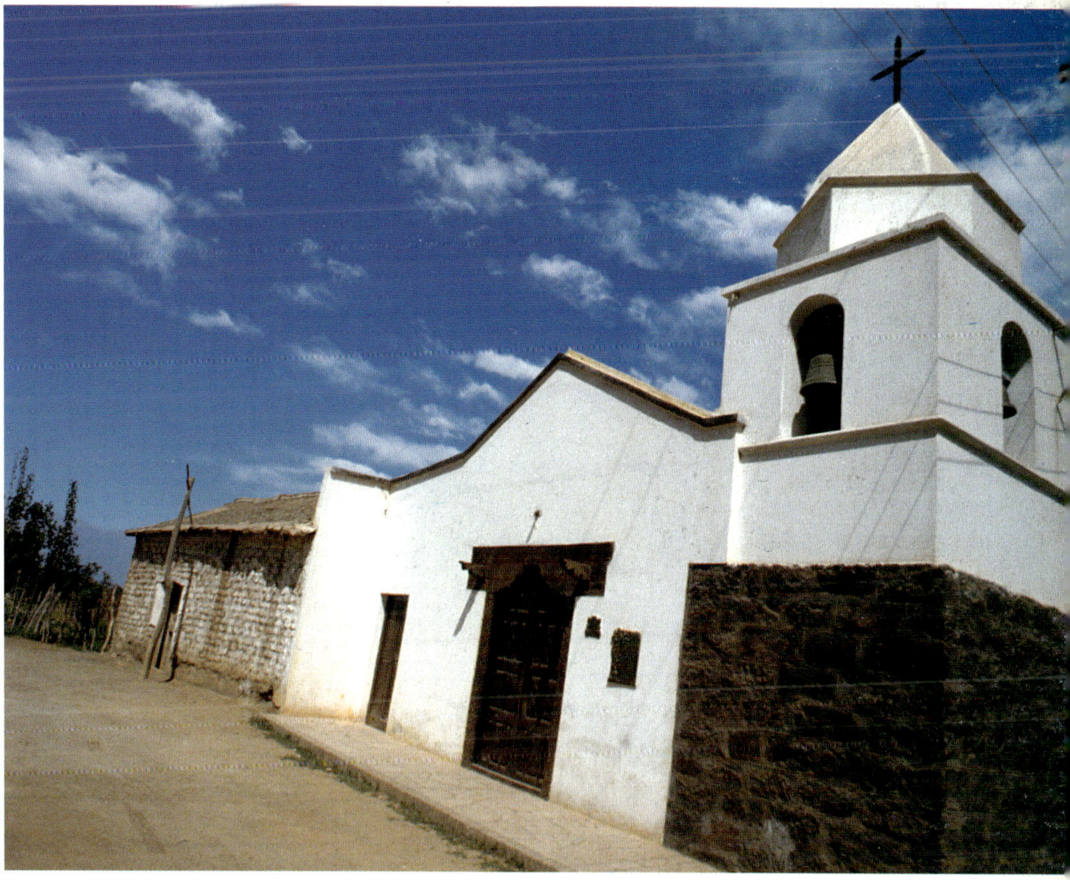

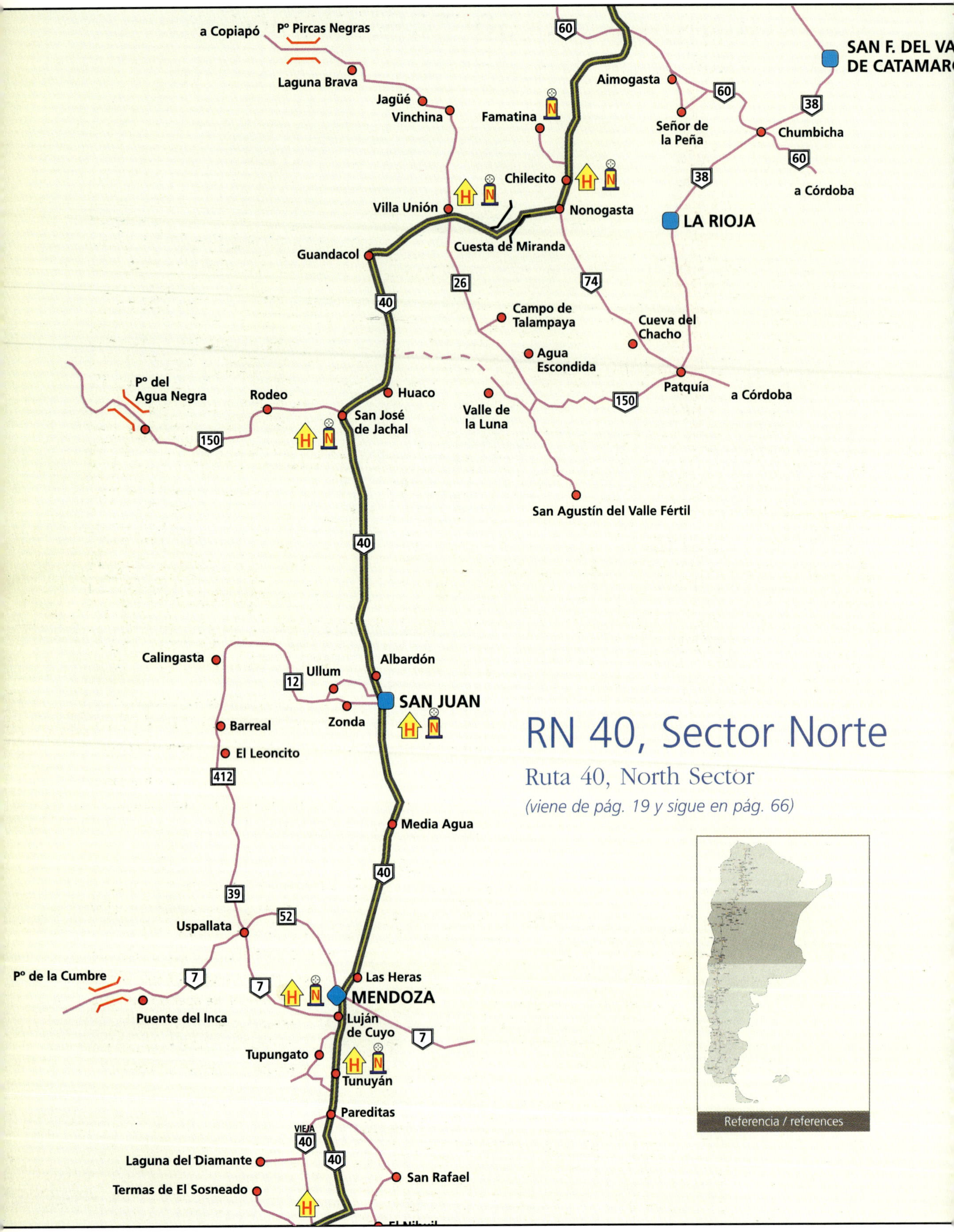

RN 40, Sector Norte

Ruta 40, North Sector

(viene de pág. 19 y sigue en pág. 66)

Referencia / references

Miranda, la cuesta de los tres colores

Miranda, the three colours pass

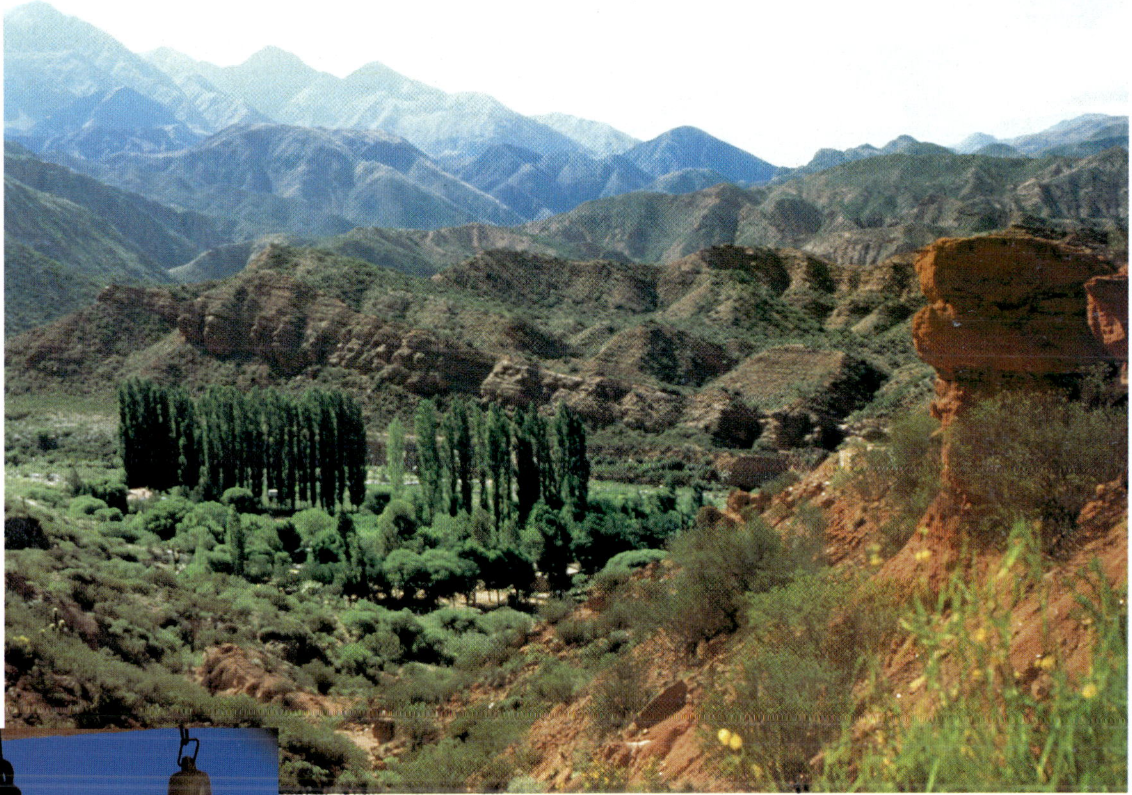

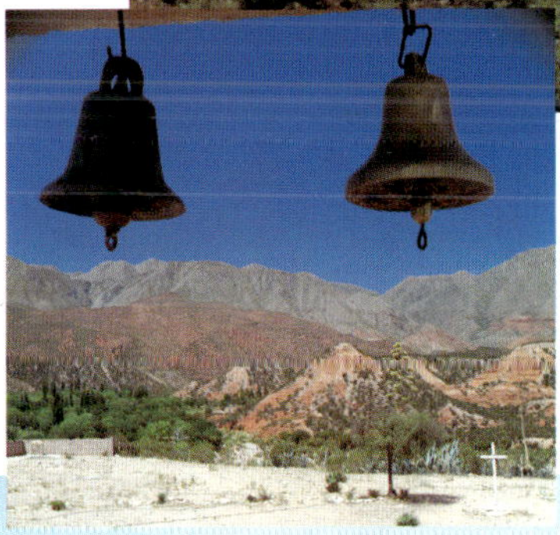

La cuesta de Miranda con sus 11,5 kilómetros de extensión, sus 320 curvas y una altura de 2.020 metros en Bordo Atravesado, une Los Llanos con el oeste de La Rioja. Es una sinfonía de colores: el rojo de la arenisca, el verde de la vegetación y el azul eterno del cielo.

Along the Cuesta de Miranda three colours predominate: the red, the green and the blue of the sky leaving the main road one arrives at Aicuña with its historic chapel.

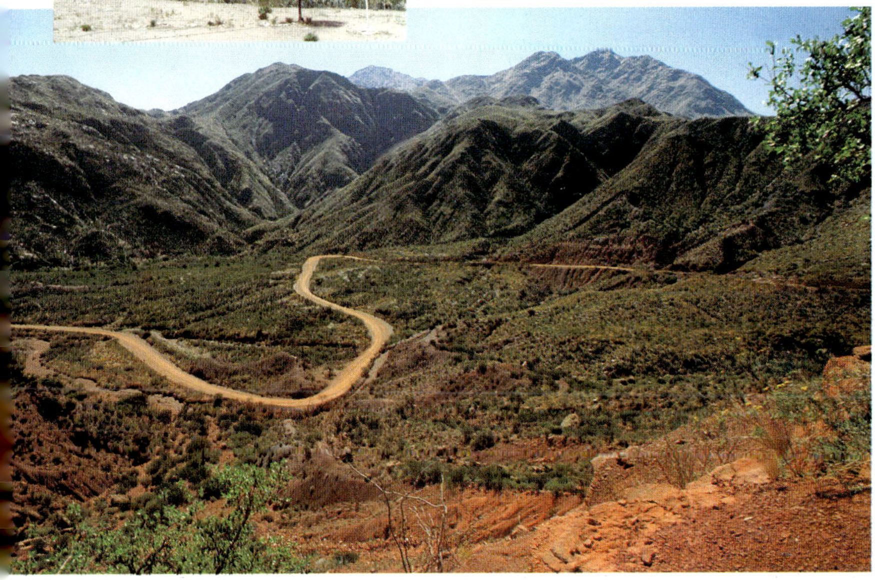

Desde el pie de la cuesta se tiene acceso a Aicuña, localidad que por haber quedado durante siglos aislada del tránsito general cuenta con un elevado porcentaje de albinos entre sus habitantes, la mayoría de apellido Ormeño. Desde la torre de la capilla se tiene una vista del pueblo, donde la principal actividad es el cultivo de nueces.

Villa Unión:
punto de partida para muchas aventuras

Villa Unión: setting off point of many adventures

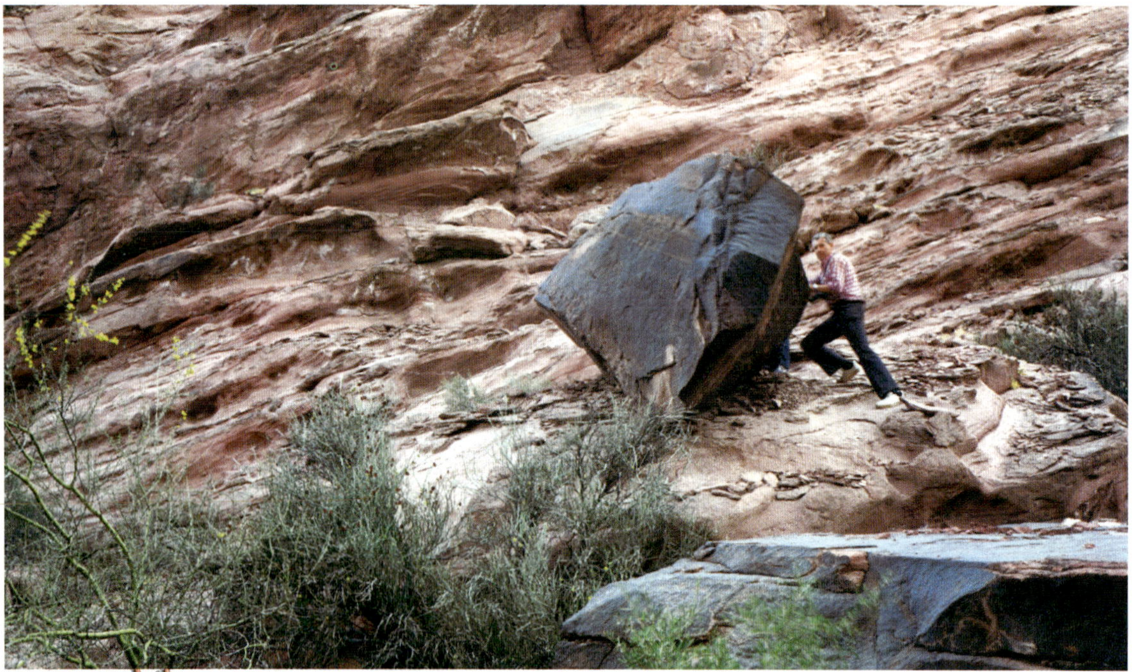

La piedra movediza de Villa Unión es prácticamente desconocida por el gran público. Según parece, la mole era venerada por los indígenas, pues está cubierta por petroglifos. Cuando se la empuja, oscila sobre su base.

Close to Villa Unión, there is a moving rock, covered in petroglyphs drawn by the native inhabitants.

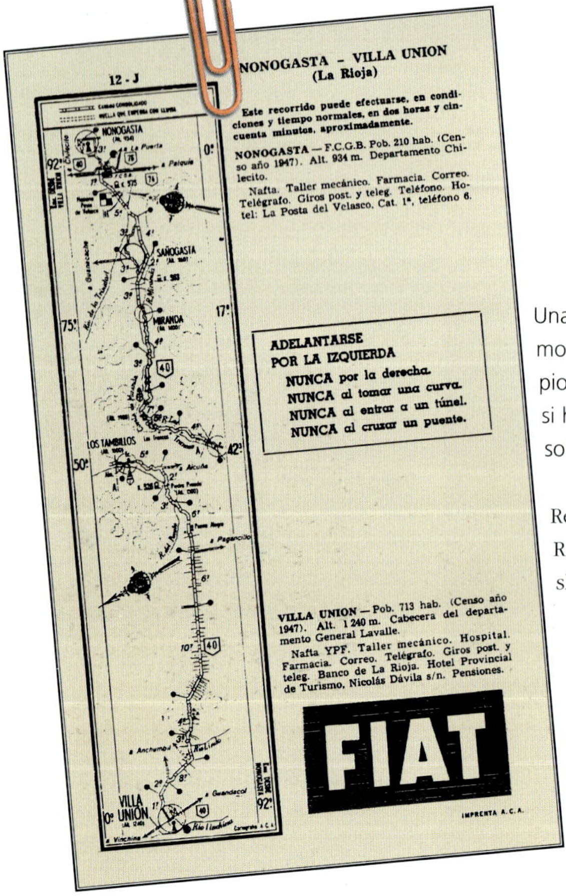

12 - J

NONOGASTA - VILLA UNION
(La Rioja)

Este recorrido puede efectuarse, en condiciones y tiempo normales, en dos horas y cincuenta minutos, aproximadamente.

NONOGASTA — F.C.G.B. Pob. 210 hab. (Censo año 1947). Alt. 934 m. Departamento Chilecito.

Nafta. Taller mecánico. Farmacia. Correo. Telégrafo. Giros post. y teleg. Teléfono. Hotel: La Posta del Velasco, Cat. 1ª, teléfono 6.

ADELANTARSE
POR LA IZQUIERDA
NUNCA por la derecha.
NUNCA al tomar una curva.
NUNCA al entrar a un túnel.
NUNCA al cruzar un puente.

VILLA UNION — Pob. 713 hab. (Censo año 1947). Alt. 1 240 m. Cabecera del departamento General Lavalle.

Nafta YPF. Taller mecánico. Hospital. Farmacia. Correo. Telégrafo. Giros post. y teleg. Banco de La Rioja. Hotel Provincial de Turismo, Nicolás Dávila s/n. Pensiones.

FIAT

IMPRENTA A.C.A.

Una hoja de ruta que refleja las peripecias que debió afrontar el automovilista hace medio siglo. El camino –a veces tan sólo huella– de ripio o arena era atravesado por incontables badenes o vados (según si había llovido o no). Los surtidores eran escasos, y las pinchaduras solían ser frecuentes.

Reproduction of a page from the Argentinean Automobile Club Route Guide (Hoja de Ruta del Automóvil Club Argentino), which shows how difficult it once was for traffic on Ruta 40.

Al norte de Villa Unión se encuentra Vinchina, donde sobrevive el mosaico de una estrella de piedras multicolores construida por los naturales con fines propiciatorios. Más allá de Vinchina el camino continúa por la Quebrada de la Troya a Jagüe, y de aquí a la Laguna Brava y al paso internacional Pircas Negras.

From Villa Union a road runs to mysterious Laguna Brava; at Vinchina the indigineous people built multicoloured, star shaped mosaics.

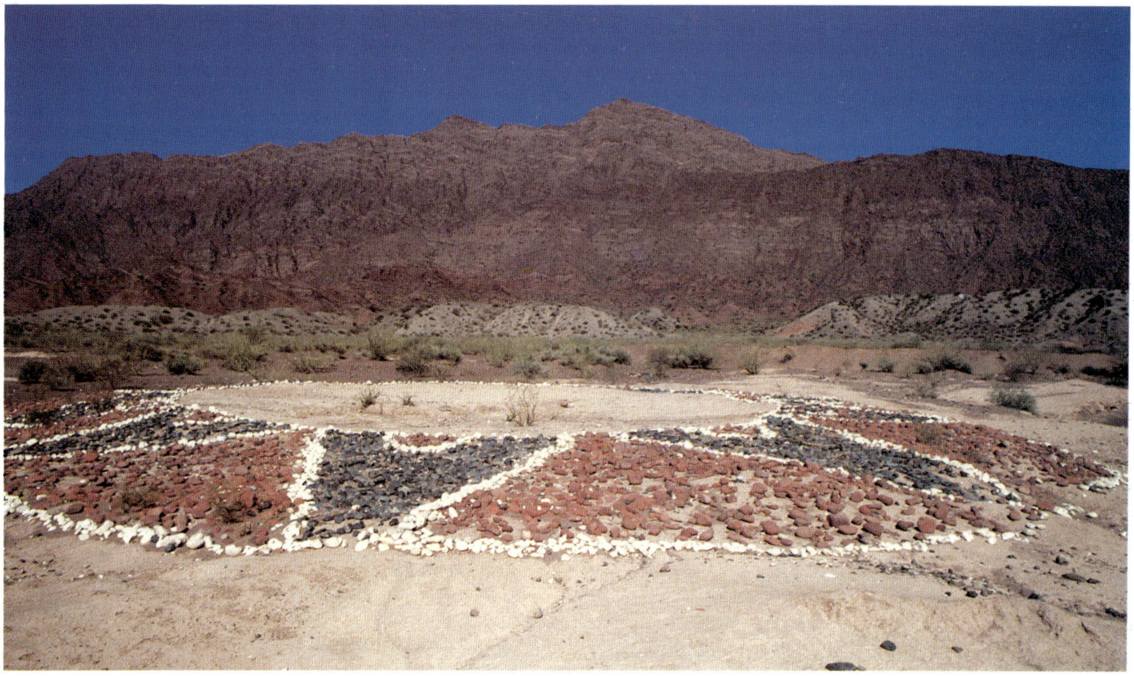

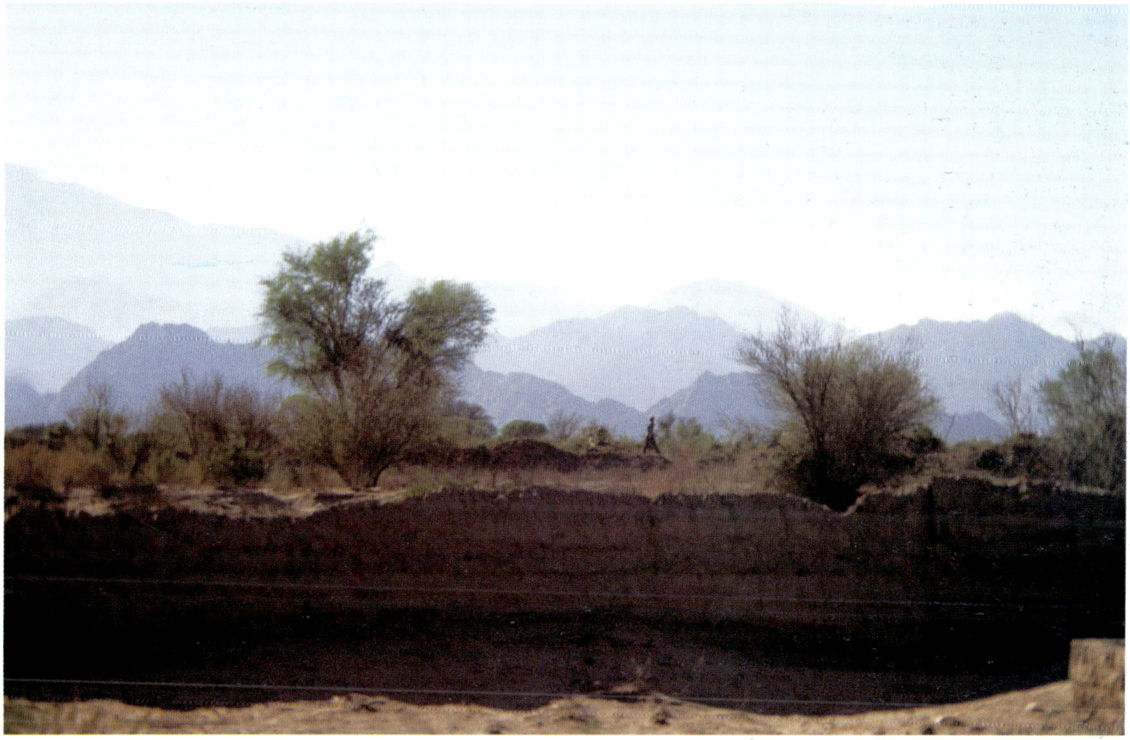

Majestuoso y sempiterno: el colosal macizo del Famatina acompaña al viajero en los vastos bolsones del sudoeste de La Rioja.
The Famatina massif as seen from the west face.

El Cañadón del Diablo

The Devil's Canyon

Aún desde el aire impresiona el Cañón de Talampaya, cuyos paredones tienen una altura de hasta 145 metros. En la boca del cañadón se encuentra ahora el Centro de Interpretación, desde donde salen excursiones por diferentes circuitos.

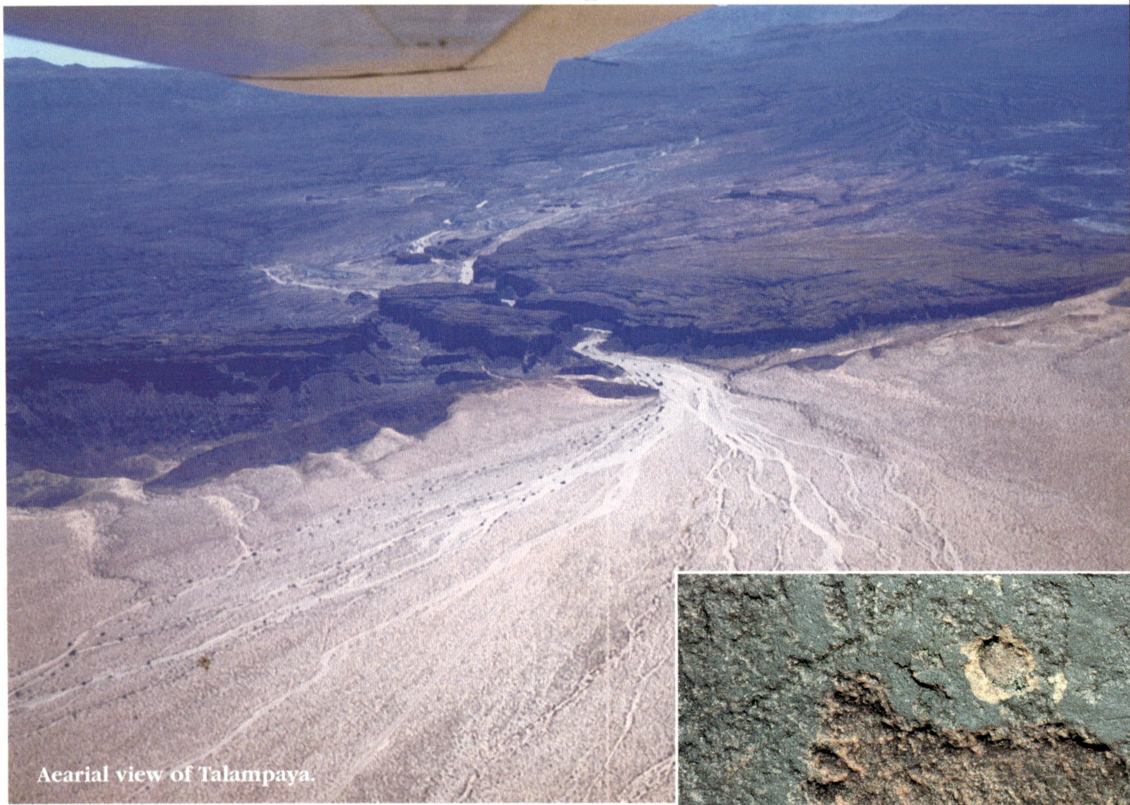

Aearial view of Talampaya.

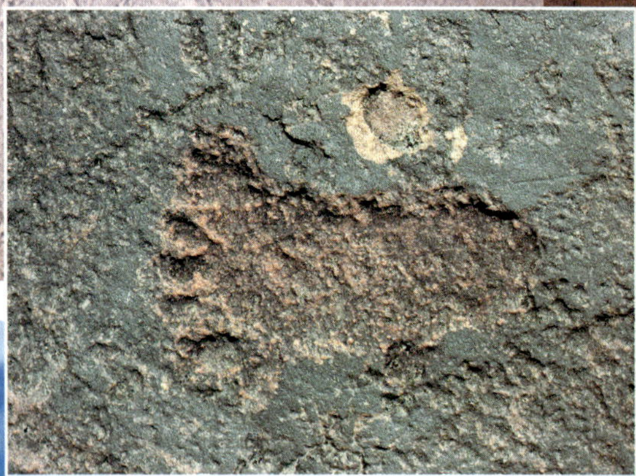

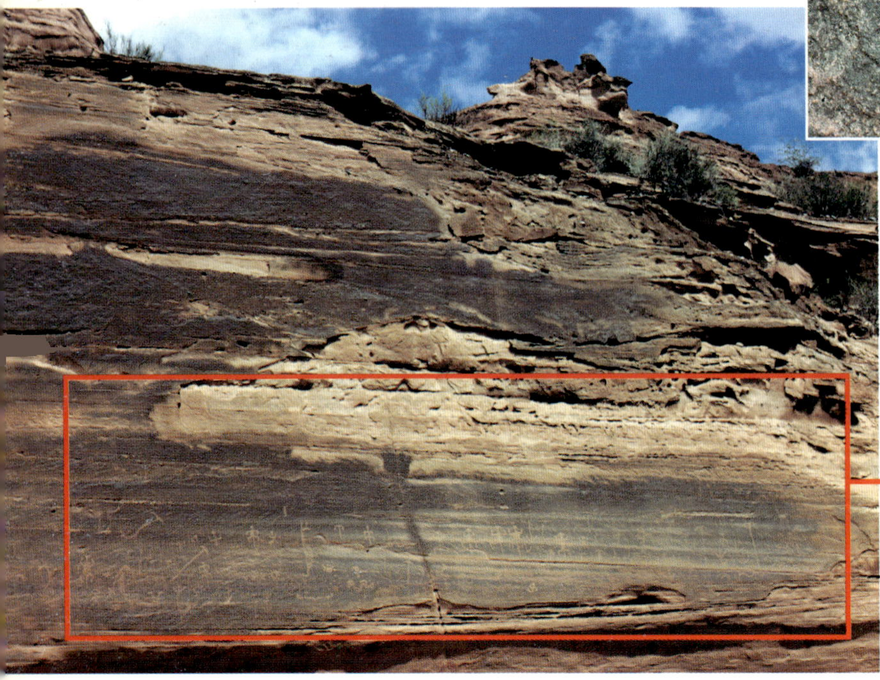

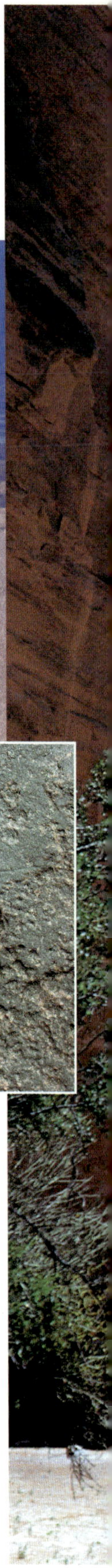

En la entrada del cañadón hay morteros, y varias rocas llevan grabados (petroglifos) de los indígenas. Entre los motivos más curiosos figura un pie humano con seis dedos.

Among many engravings of the indigenous people is this six toed foot.

Camino a Los Cajones, que en parte sólo pueden recorrerse a pie, se encuentra una pared de roca plana que ha servido a los naturales para grabar diferentes motivos realistas o abstractos; se denomina El Pizarrón.

At the base of Talampaya, an enourmous natural blackboard filled with hundreds of petroglyphs.

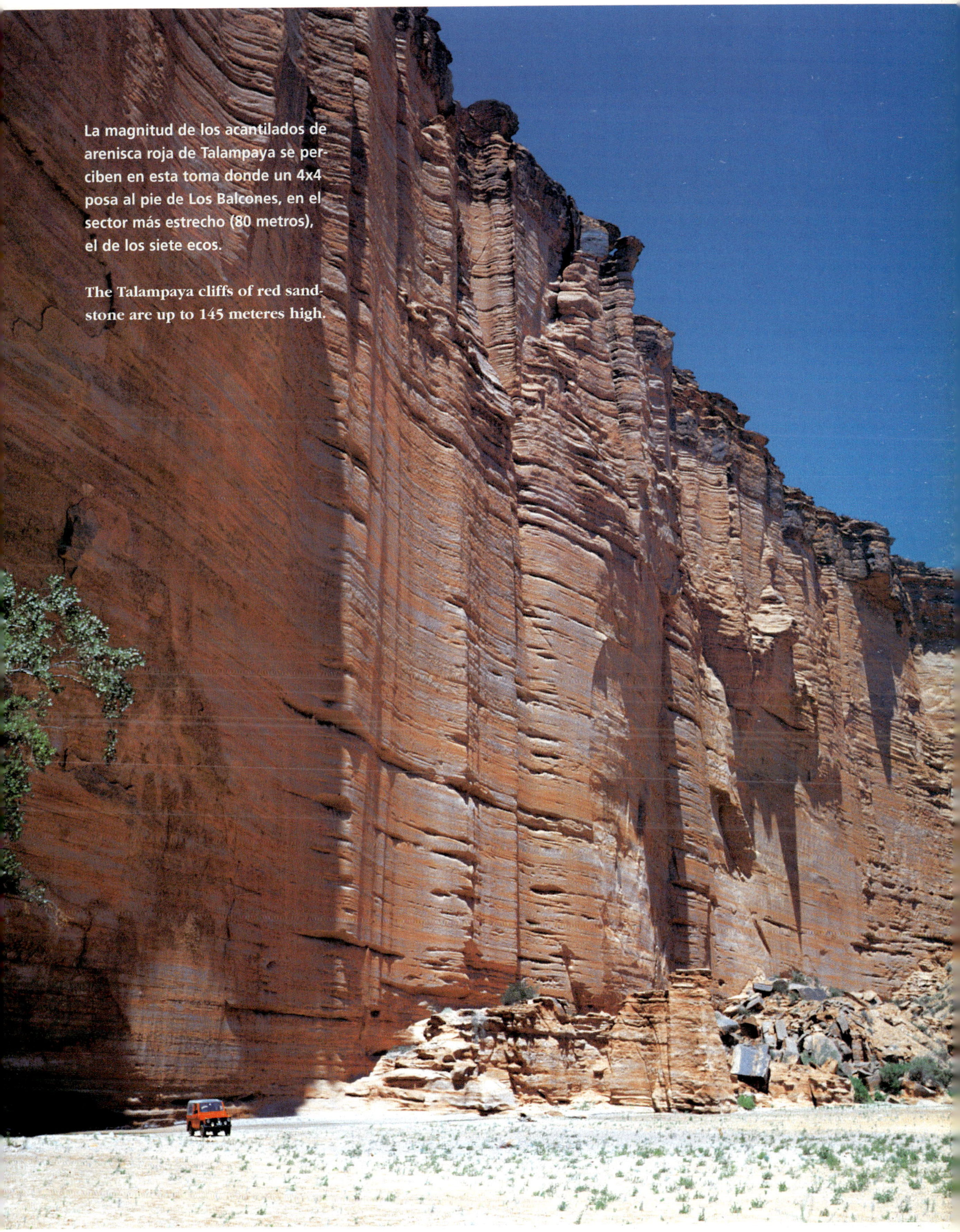

La magnitud de los acantilados de arenisca roja de Talampaya se perciben en esta toma donde un 4x4 posa al pie de Los Balcones, en el sector más estrecho (80 metros), el de los siete ecos.

The Talampaya cliffs of red sandstone are up to 145 meteres high.

Curiosidades a la vera de la Ruta 40

Curiosities to see along Ruta 40

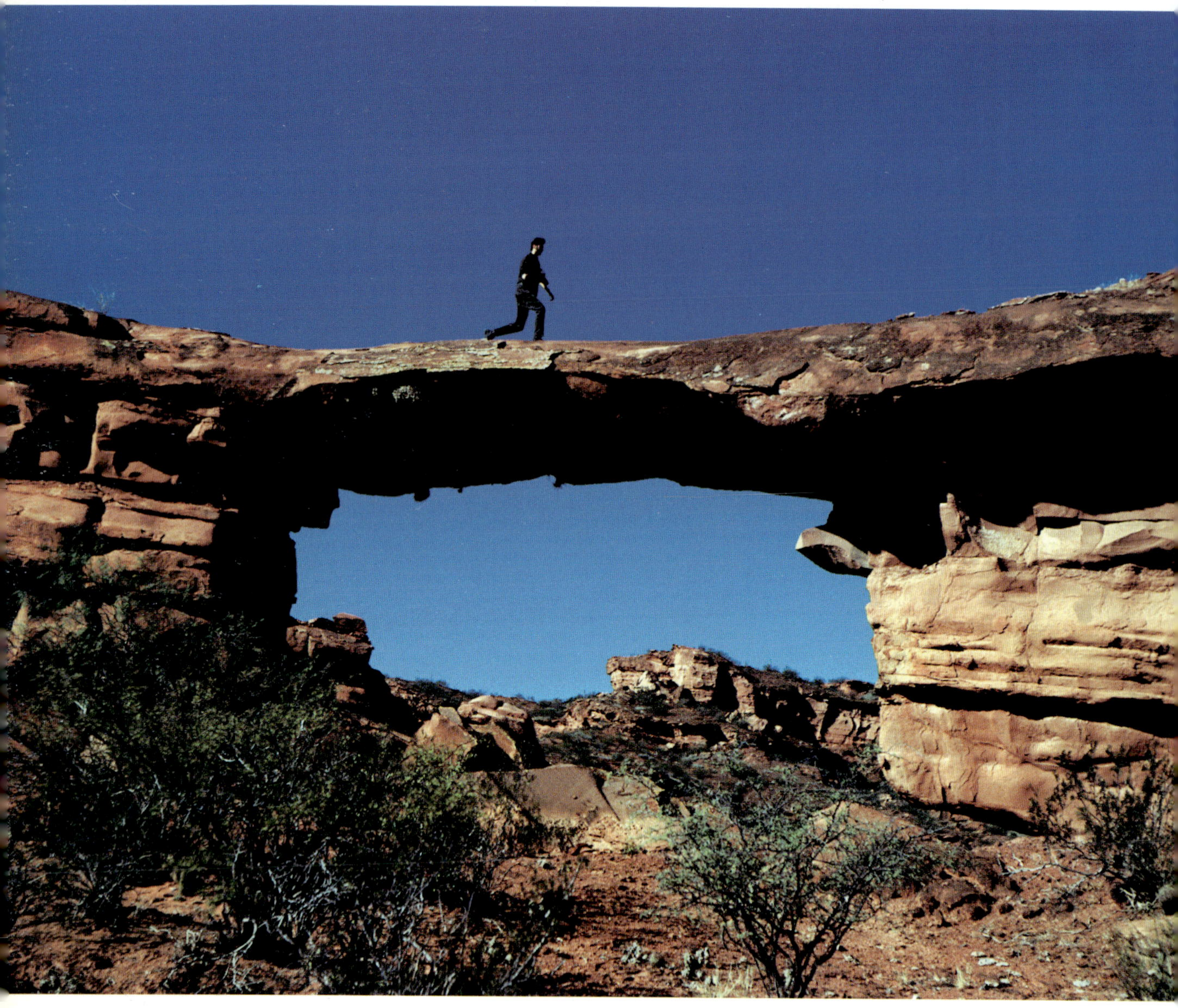

Desde Villa Unión se accede tanto a Talampaya como a Agua Escondida y al Valle de la Luna (Ischigualasto). Una de las atracciones más espectaculares —aunque menos visitada por su difícil acceso— es el Portal de los Huarpes, un puente natural de unos 40 metros de largo y diez de alto, en la Sierra de Vilgo.

This great arch is called Portal de los Huarpes, an unusual natural formation.

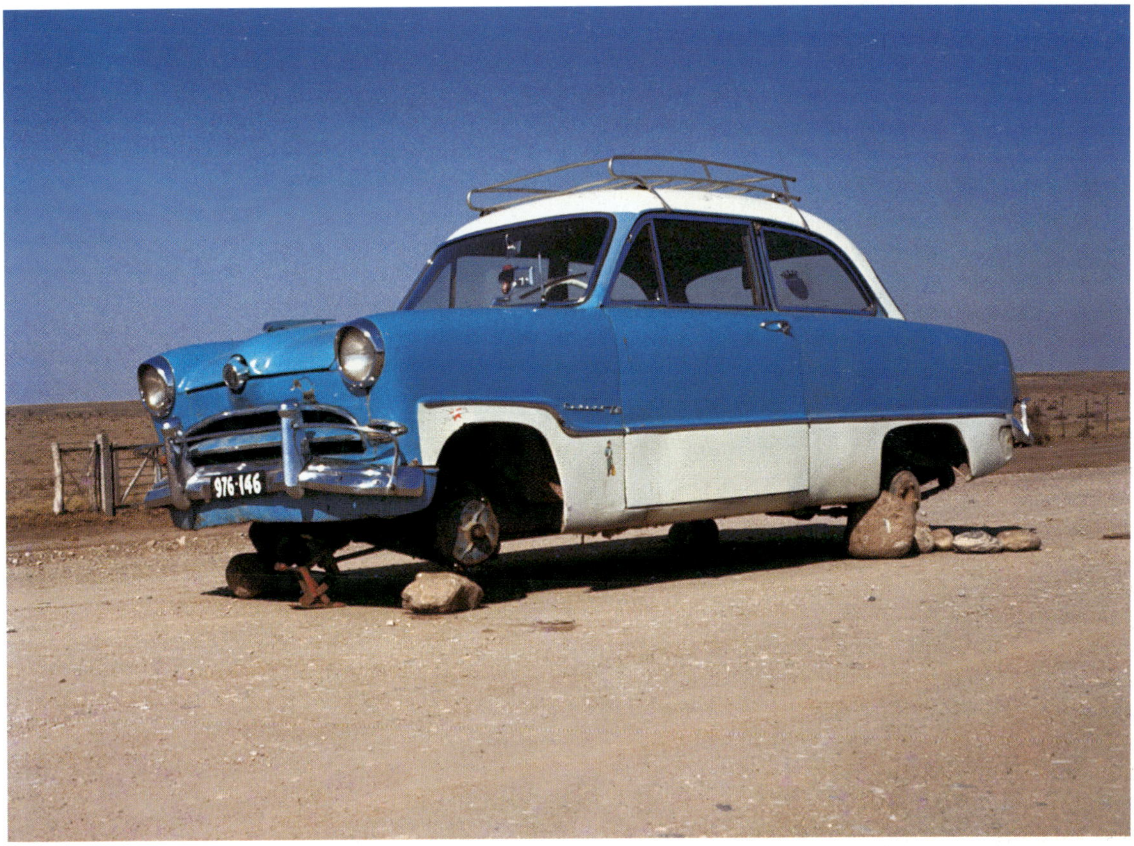

Cuando se construye un camino pavimentado, una vez aplicado el asfalto, éste requiere cierto tiempo para "curarse". Por ello, durante tal período, los automóviles tienen que circular por el desvío. Para impedir que algún desobediente pise la capa bituminosa fresca, los constructores colocan miguelitos. Quien insiste, puede terminar como este automovilista.

At any point along Ruta 40 a warning sign can appear, reading "Atención, ¡clavos!" "Warning nails!". It is best not to continue, to avoid puncturing all four tyres.

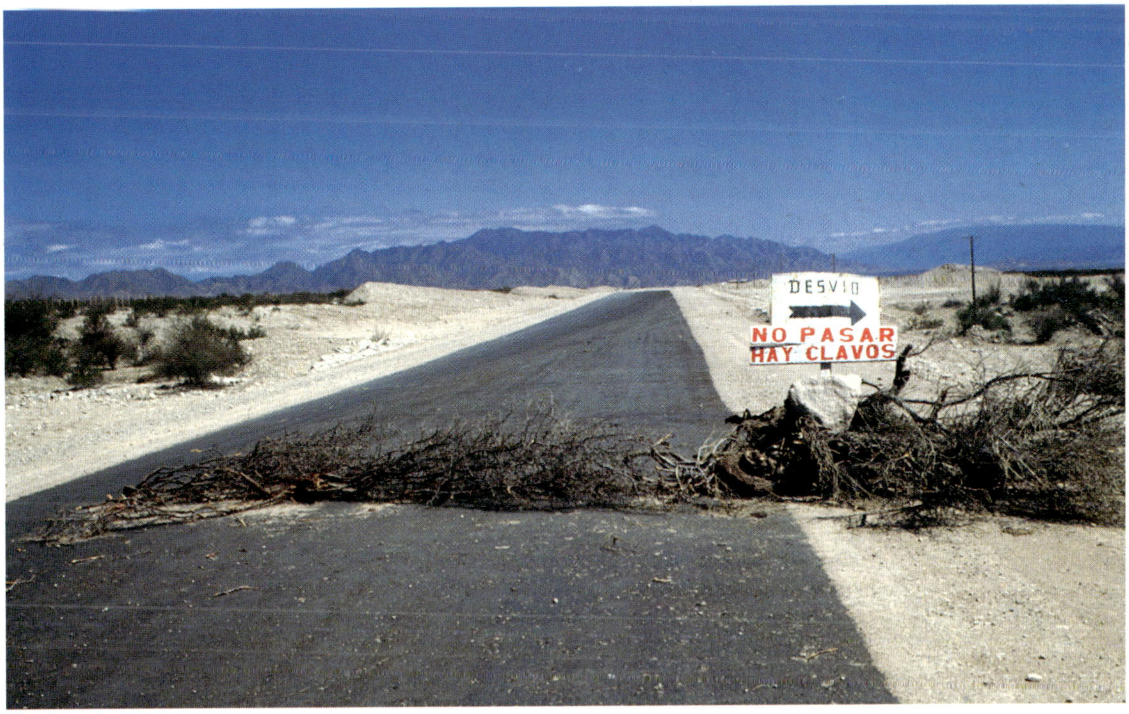

Un valle como en la Luna

A valley like the moon (Valle de la Luna)

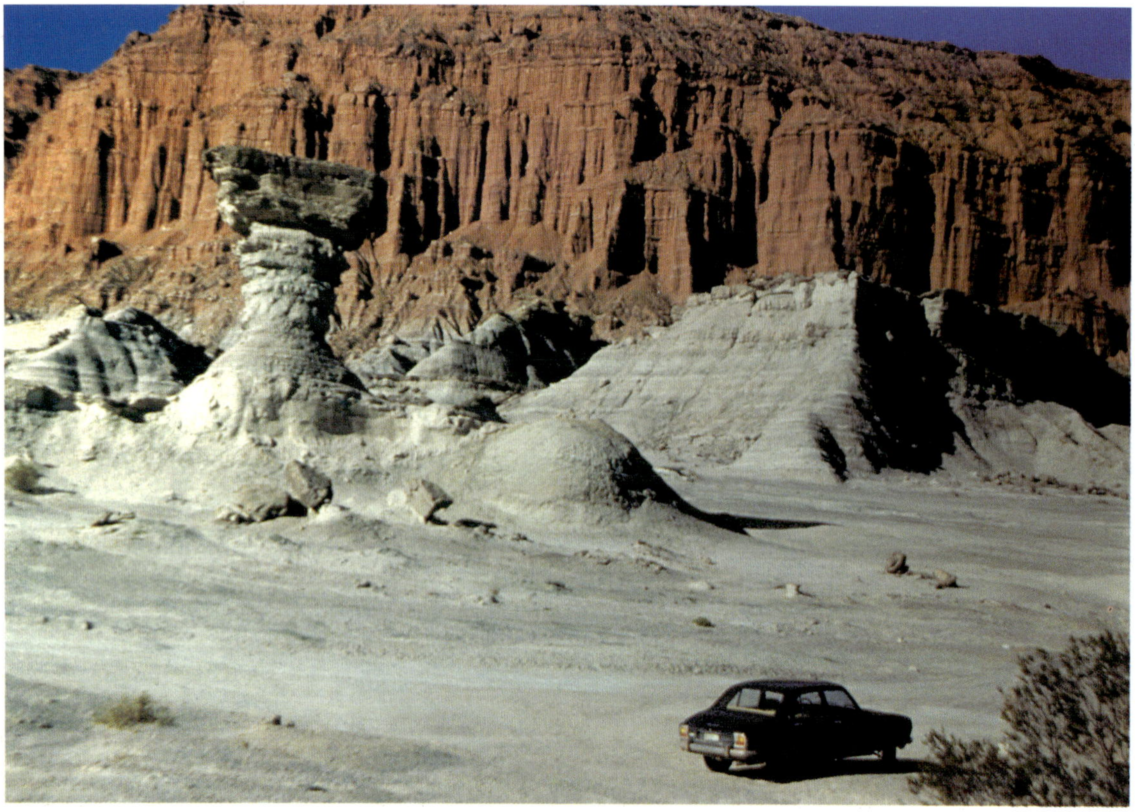

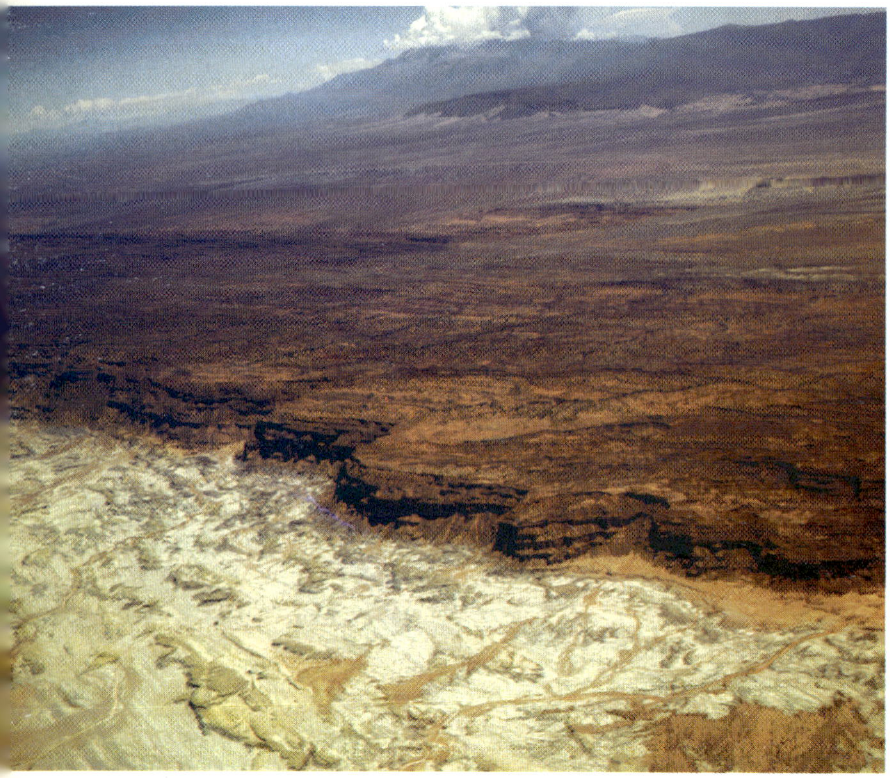

La solitaria Torre de la Bandeja con el fondo de los Farallones Colorados.

The solitary Torre de la Bandeja with the Farallones Colorados at the base.

Vista aérea de los acantilados de arenisca roja que delimitan Ischigualasto hacia el nordeste.

Aerial view of the red ravines of Ischigualasto.

Fuera de itinerario: una serie de caprichosas formaciones donde se aprecian algunas que asemejan a un vasco con boina, a un perro, una escultura natural parecida a un moai (estatua de la Isla de Pascua) y aún una roca en precario equilibrio.

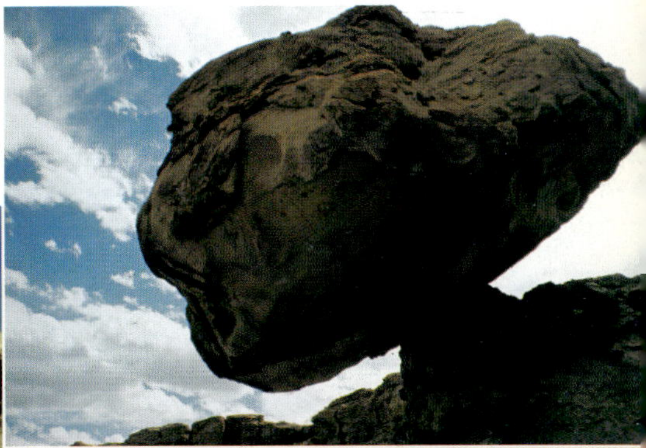

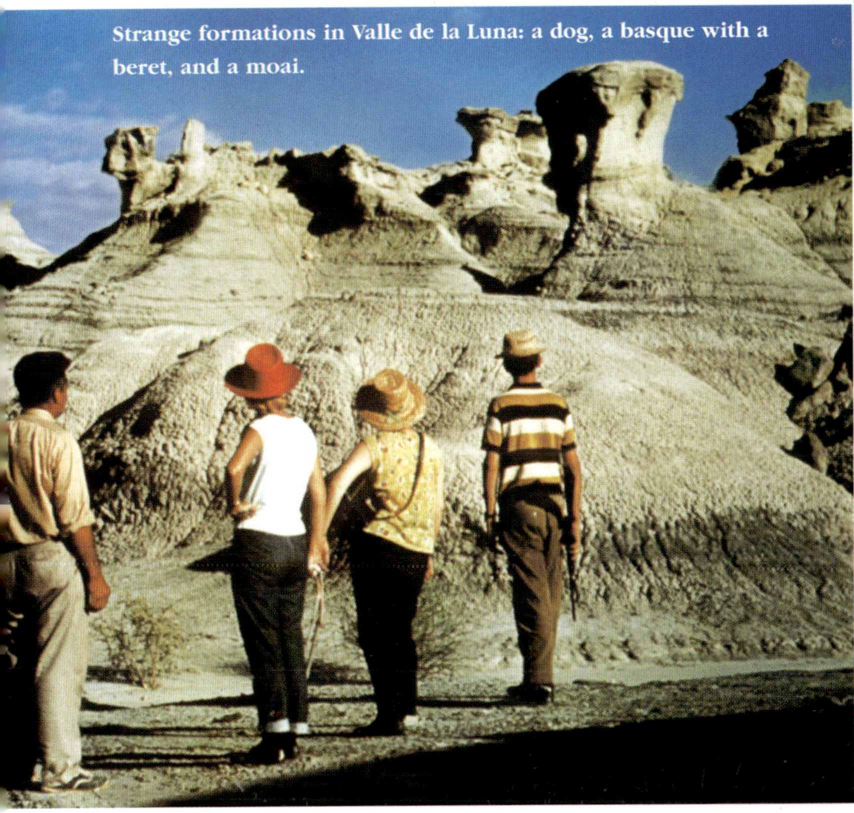

Strange formations in Valle de la Luna: a dog, a basque with a beret, and a moai.

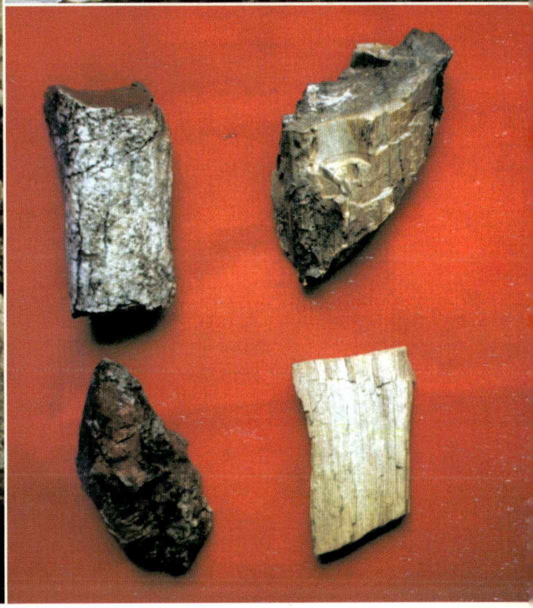

Más allá de su belleza natural, lo más valioso de Ischigualasto son los yacimientos arqueológicos de los dinosaurios más antiguos que se conocen. Sus esqueletos yacen allí, fosilizados, pero perfectamente conservados, desde hace más de 230 millones de años.

Fossilised remains from the substratum of Ischigualasto.

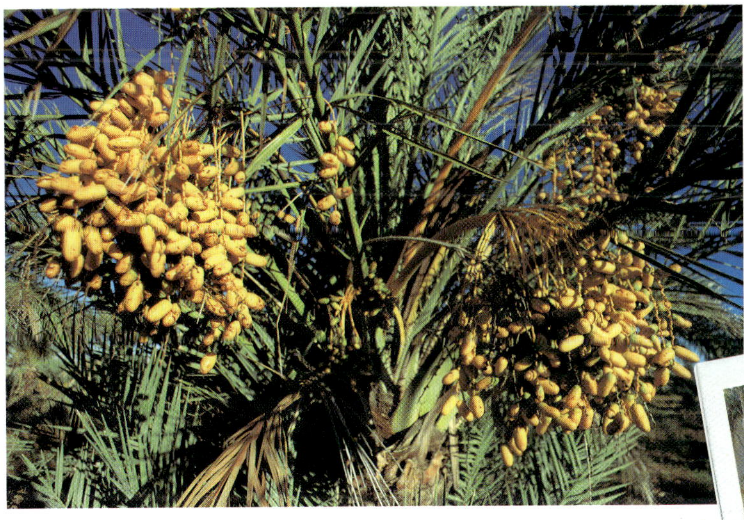

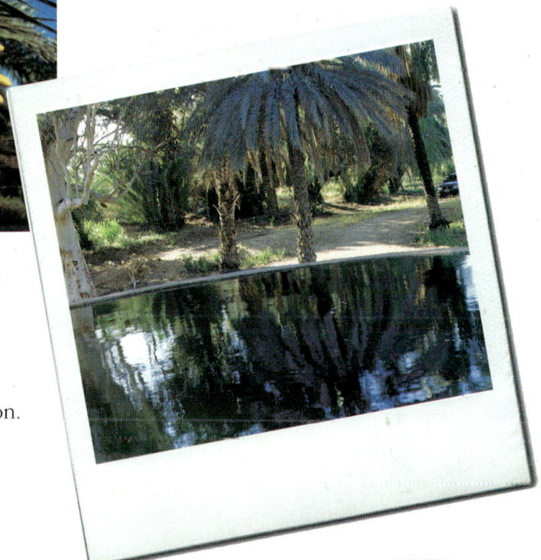

Camino de Los Baldecitos a Patquía, existe una importante plantación de dátiles. Ésta se encuentra junto a una vertiente de agua surgente que se aprovecha para el riego de las palmeras.

Way from Los Baldecitos to Patquía there is an interesting date plantation.

Entre nieves blancas y aguas negras

Between white snows and black waters

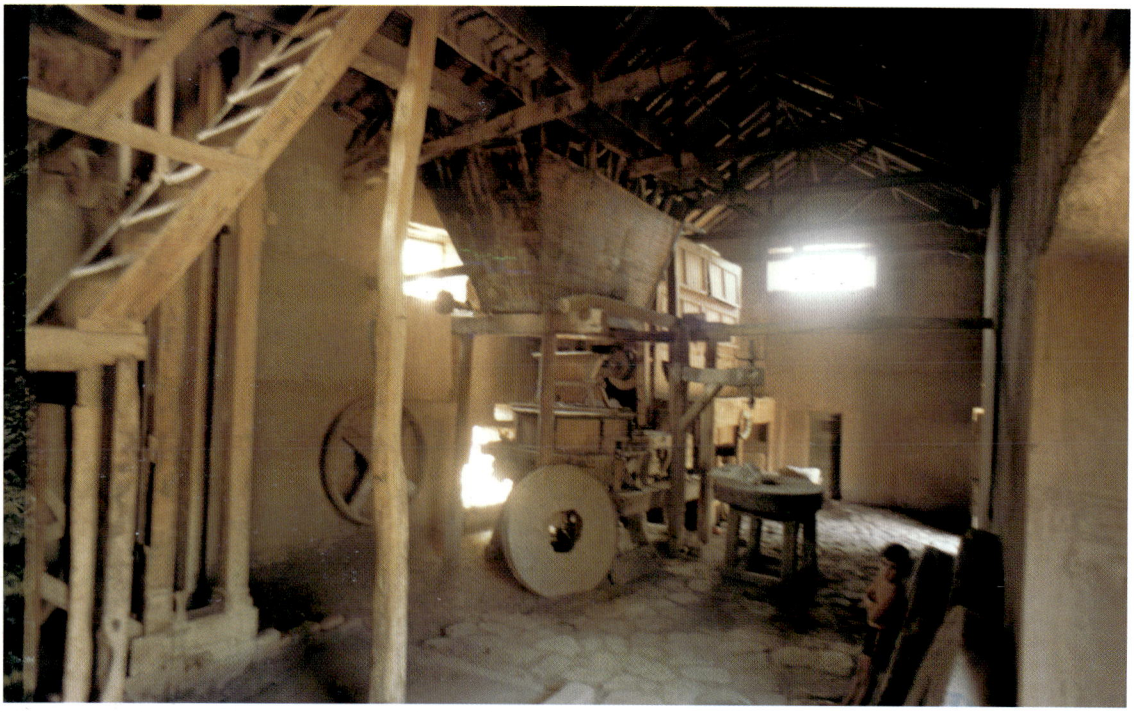

Al retornar a Villa Unión y continuando hacia el sur, la Ruta 40 cruza el río Bermejo, pasa por Guandacol y luego por Huaco. En esta localidad aún puede visitarse el histórico molino de agua, el cual hasta la década del setenta se usaba para molturar los cereales que en esta comarca se daban en abundancia.

The ancient cereal mill at Huaco, it doesn't mill anymore, but you can visit.

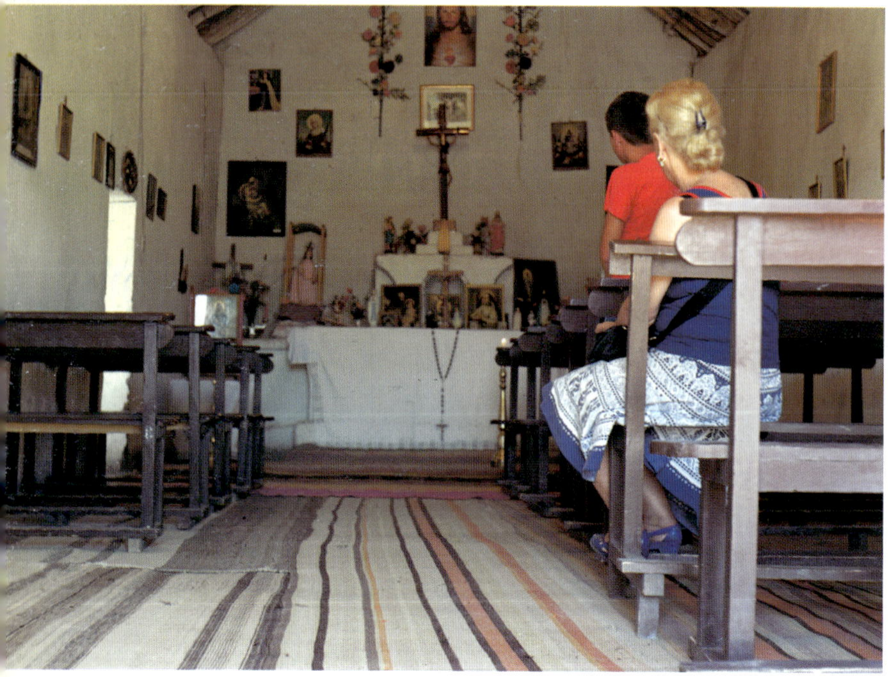

De Jáchal puede subirse a un oasis verde precordillerano formado por los pueblitos de Rodeo, Las Flores, Iglesia y los baños de Pismanta. Cerca de estas termas se encuentra la histórica capillita de Achango cuyo piso, que es de adobe, está cubierto por tapices.

In the Pismanta valley is the chapel of Achango, its earth floor is covered with tapestries.

Desde Las Flores es posible tomar el camino internacional que asciende por la quebrada de Agua Negra hasta el paso andino del mismo nombre, de 4.728 metros de altura. Antes de alcanzar la silleta se pasa por los famosos penitentes (o agujas) de hielo.

Moving a little away from Ruta 40 at Jáchal you can reach the Agua Negra pass with its famous ice penitents.

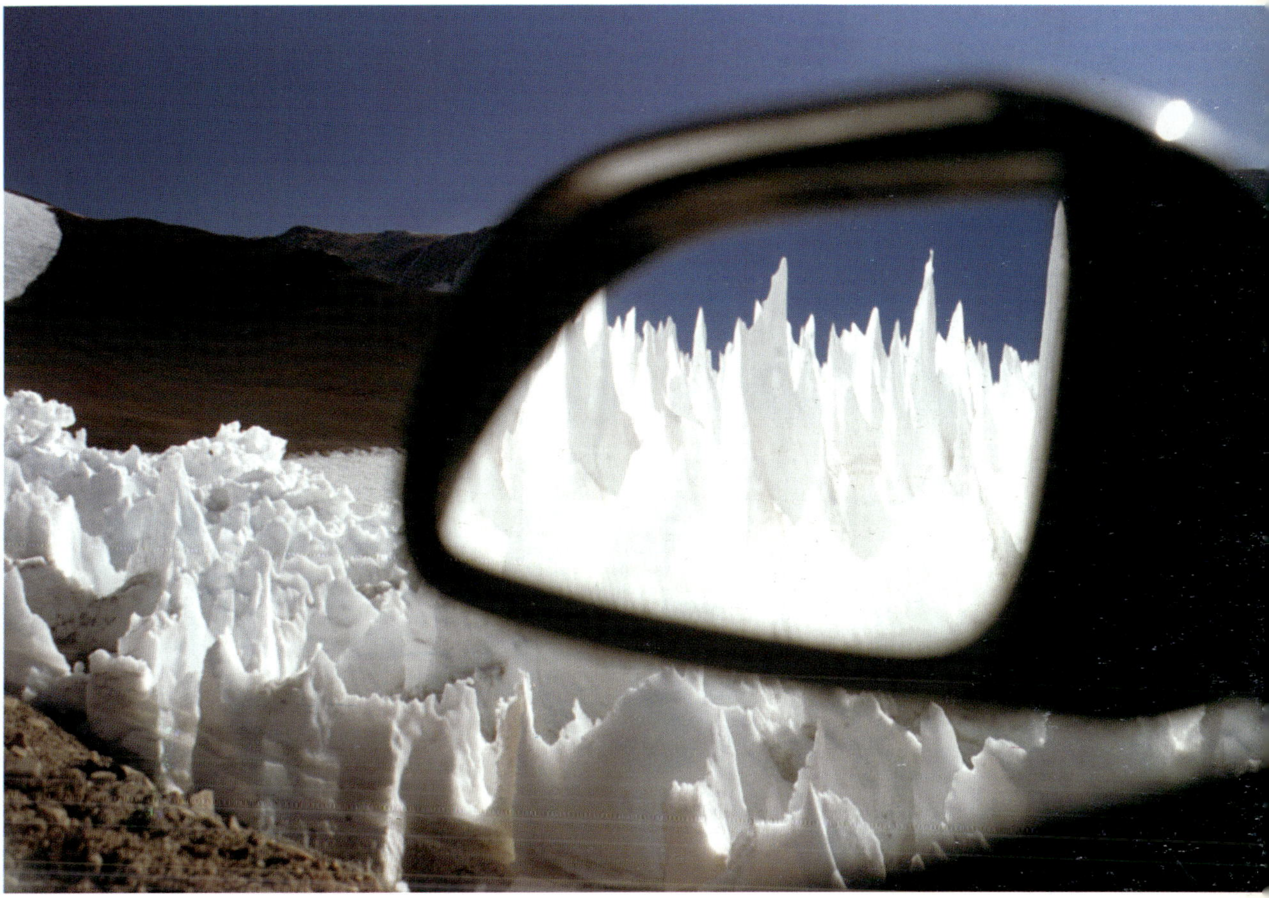

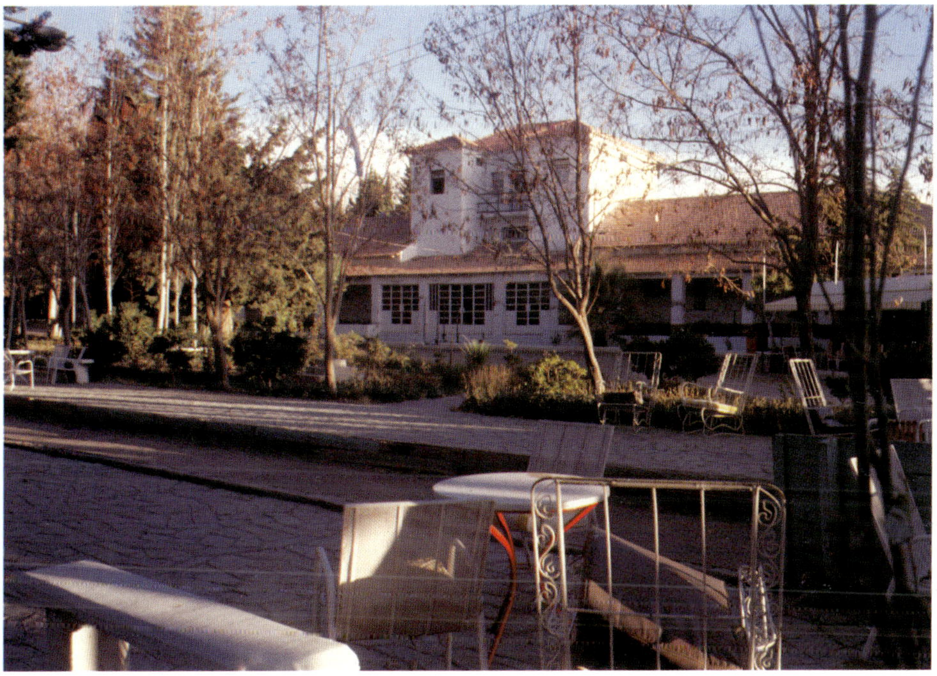

En termas de Pismanta brotan aguas minerales muy apreciadas. La zona cuenta con excelente hotelería.

Pismanta is a beautiful thermal spring, and easy to access from the RN 40.

Las travesías de San Juan

The San Juan deserts

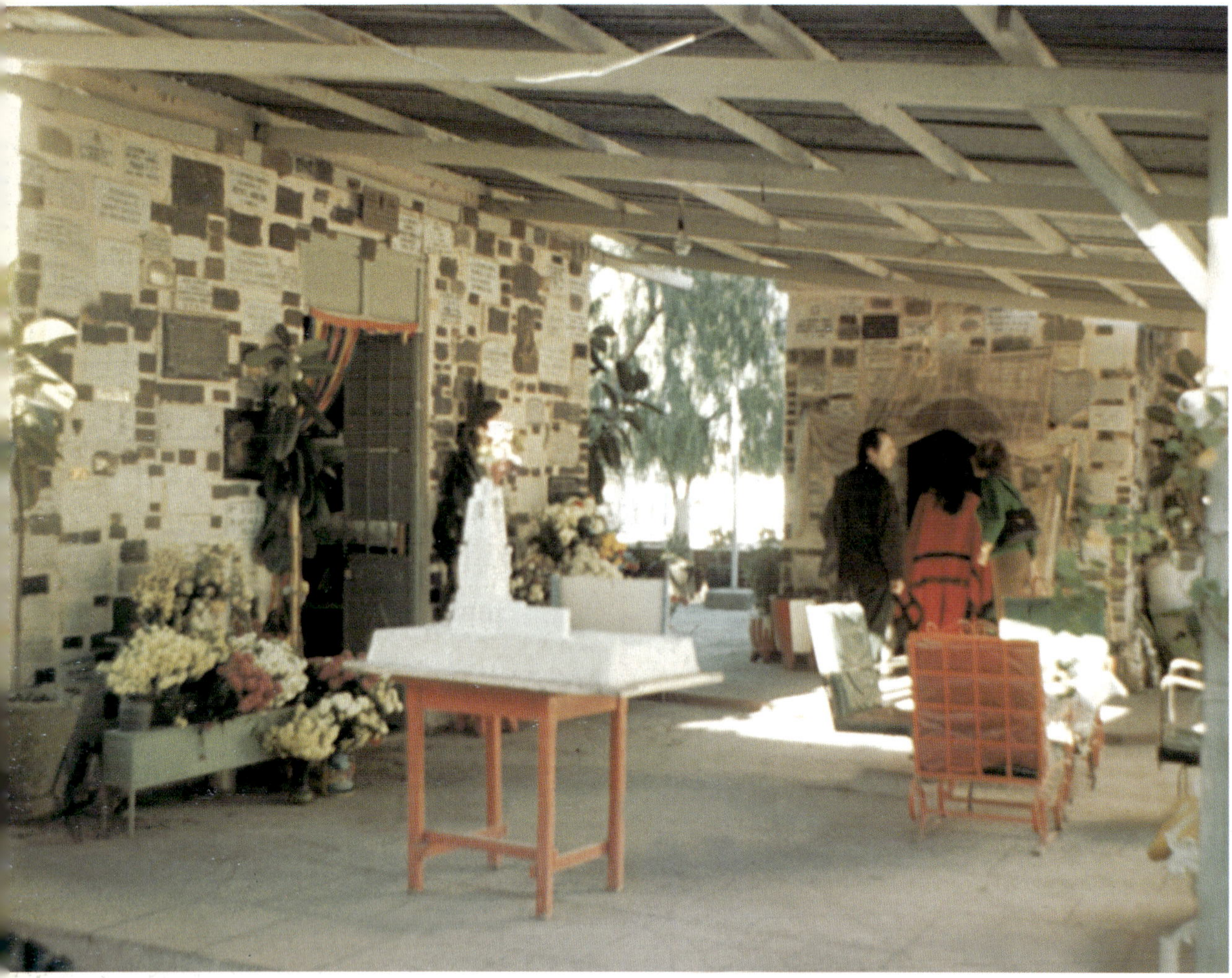

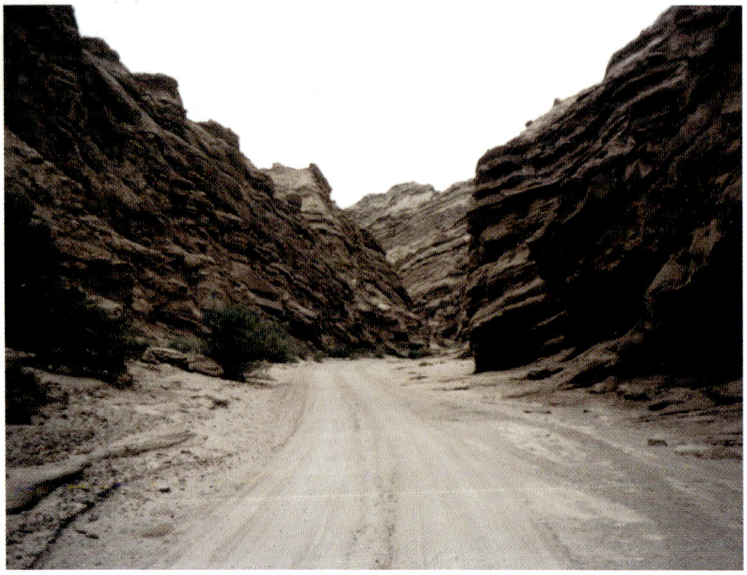

Desde San Juan se llega rápidamente a Vallecito, al pie de la sierra Pie de Palo, donde se encuentra el santuario en memoria de la Difunta Correa.

From San Juan you arrive at Vallecito, where you will find the Difunta Correa sanctuary.

Desde el mojón kilómetro 275 de la Ruta 40 se accede, a través de una pintoresca quebrada, al solitario pueblo de Mogna. Cada diciembre, es el sitio elegido por una multitudinaria procesión en honor a Santa Bárbara.

From "kilómetro 275" a dirt road runs eastward from Ruta 40 and winds its way to the solitary and forgotten hamlet of Mogna.

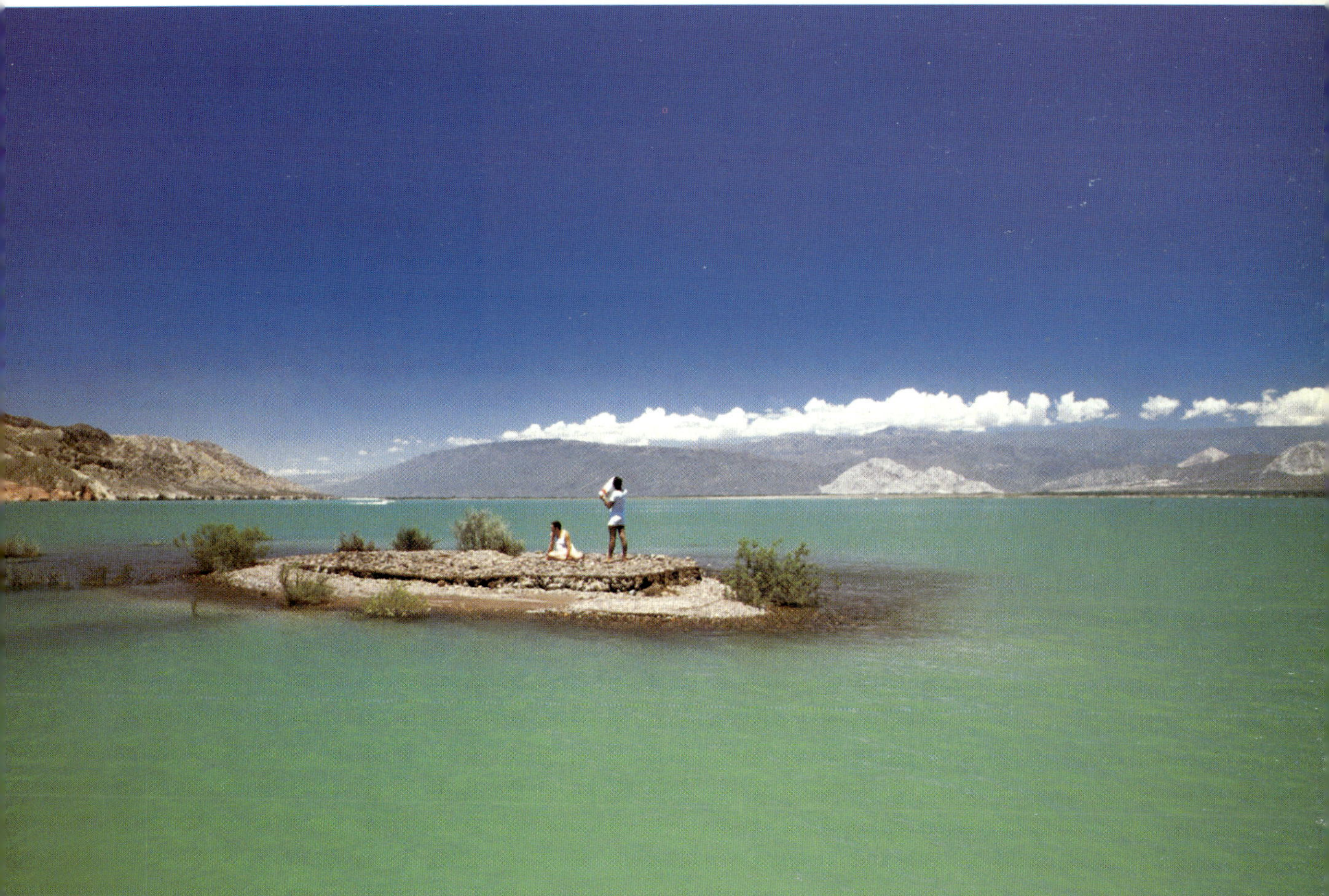

San Juan is one of the most enchanting watering holes in the region. Ullún is the largest resevoir in the region.

San Juan es uno de los más prósperos oasis de riego en el piedemonte cordillerano. Para captar y distribuir mejor el agua se construyó el gran embalse Ullún, que además de regular el líquido también produce electricidad.

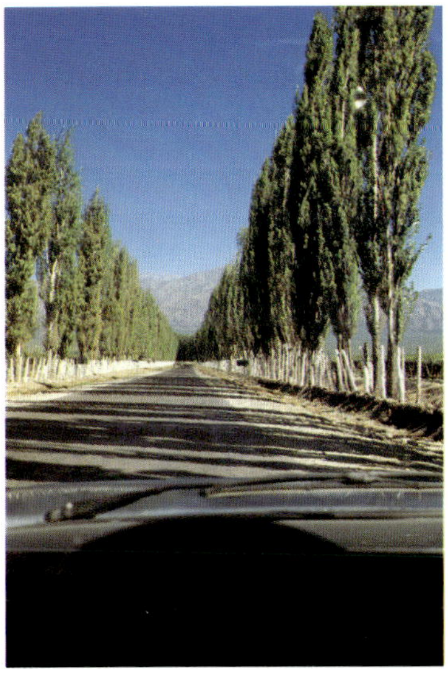

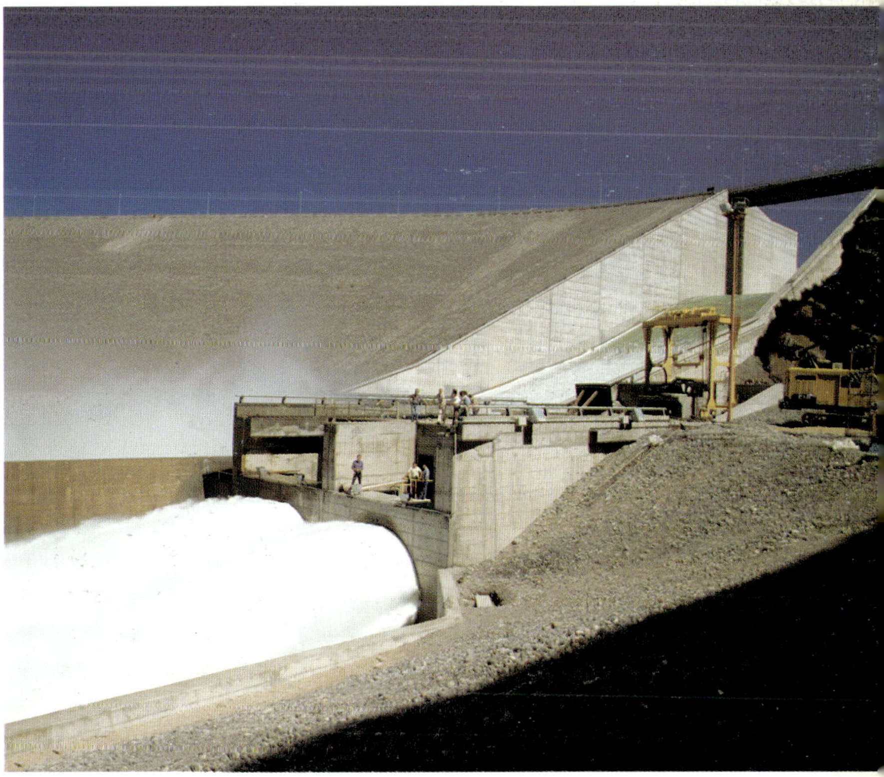

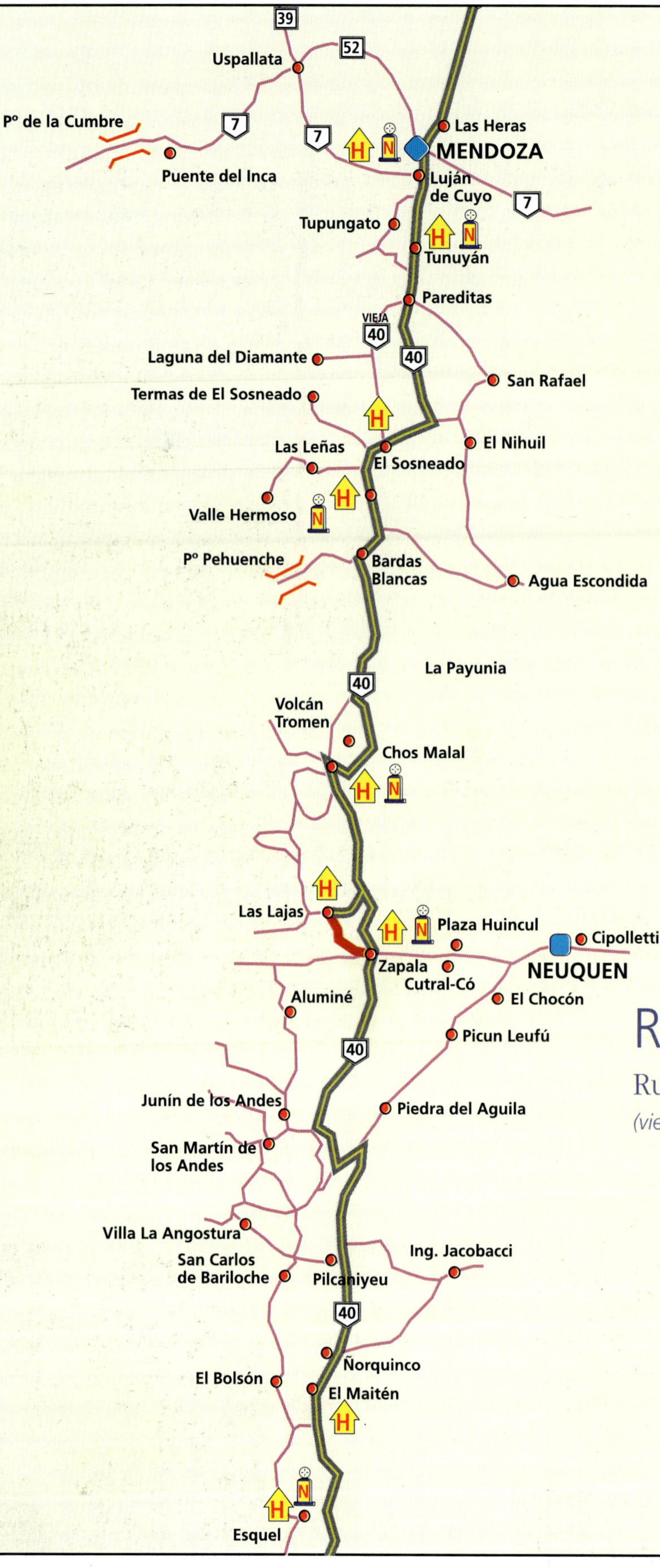

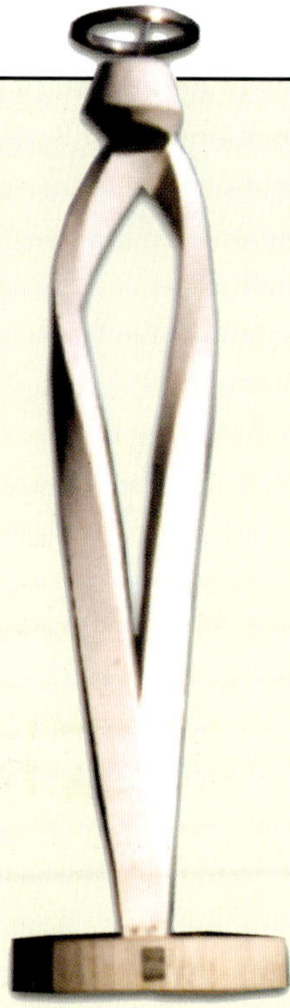

Donde hoy nacen el Sector Norte de la Ruta 40 (1.551 kilómetros) y el Sector Sur (3.115 kilómetros) se halla el único mojón Cero de los dos tramos en que se divide la extensa carretera. En este preciso punto es donde se levanta el logrado y estilizado monumento a la Virgen.

The zero kilometre point of Ruta 40 is on the outskirsts of Mendoza at the foot of a sculpture of the Virgin Mary.

RN 40, Sector Sur

Ruta 40, South Sector

(viene de pág. 52 y sigue en pág. 92)

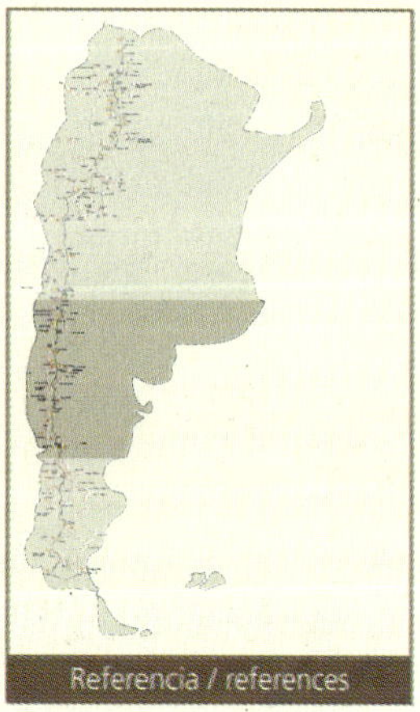

Referencia / references

En el Kilómetro Cero

At kilometre 0

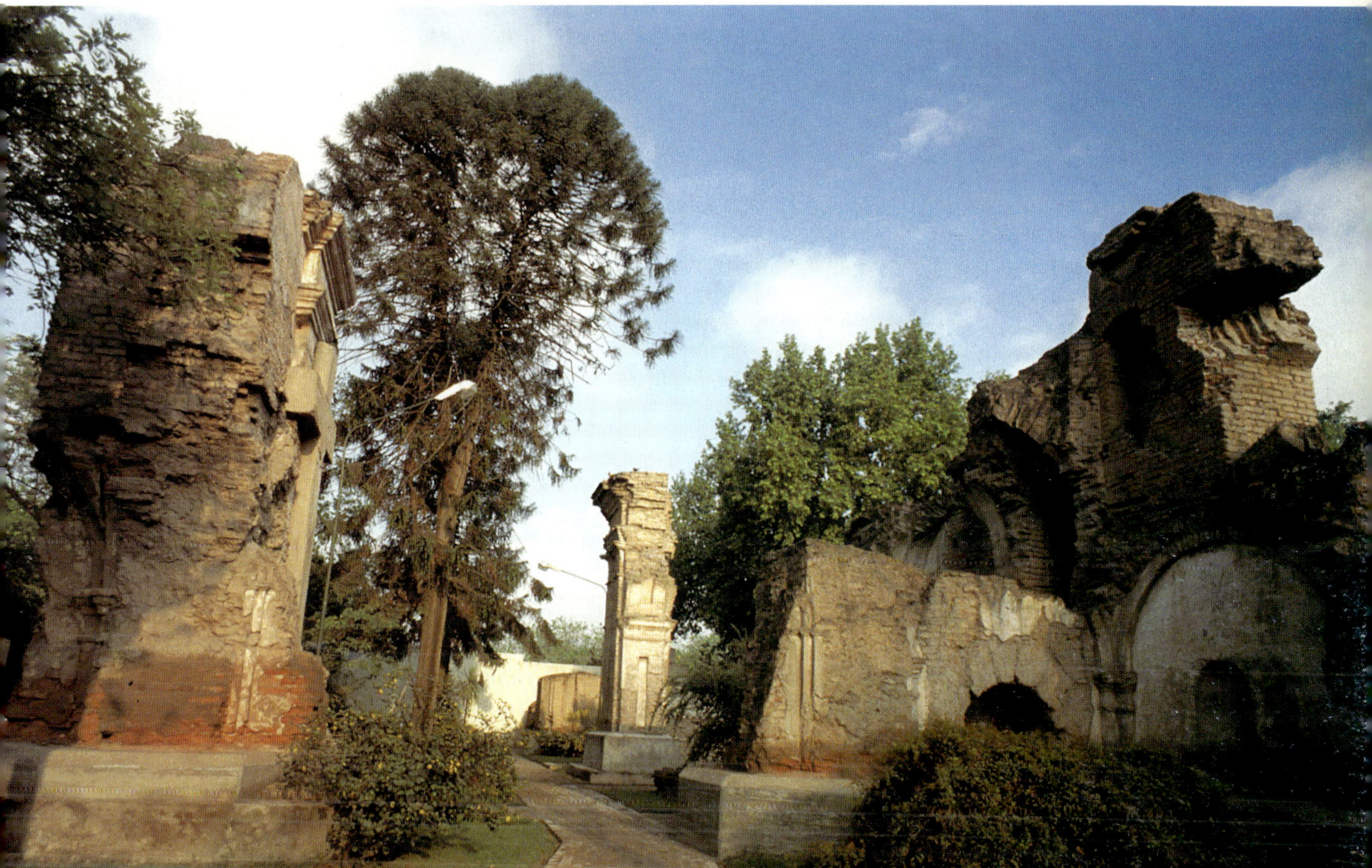

En 1861 un fortísimo terremoto destruyó toda Mendoza. De la ciudad primitiva sólo sobreviven las ruinas del templo de San Francisco.

The ruins of the San Francisco church, it is the only survivor of the earthquake that destroyed Mendoza in 1861.

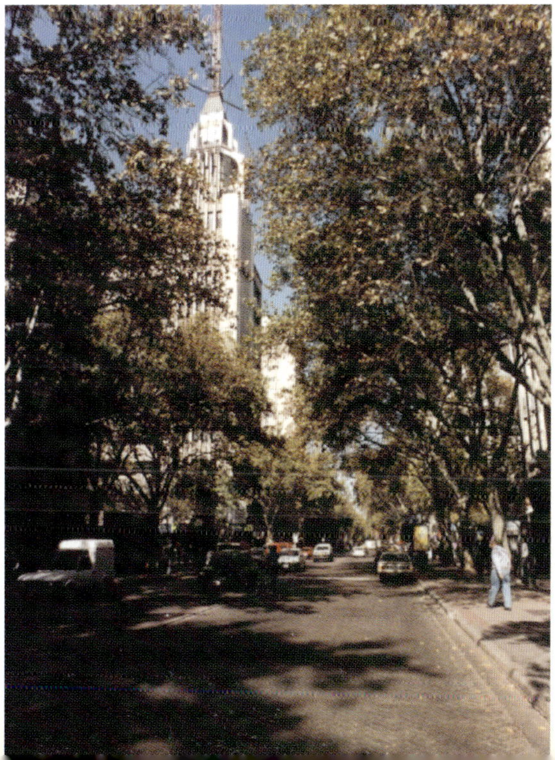

La Ruta 40 nacía antiguamente en el centro de la ciudad de Mendoza, sobre la avenida San Martín esquina Garibaldi, al pie del monumental rascacielos Edificio Gómez (1954). Todavía hoy los mendocinos se citan "en el Kilómetro Cero", aunque el mojón se encuentra ahora en las afueras, en el cruce de los accesos Sur, Norte y Este.

Formerly Ruta 40 started at the foot of the Gómez sky-scraper in the very centre of Mendoza.

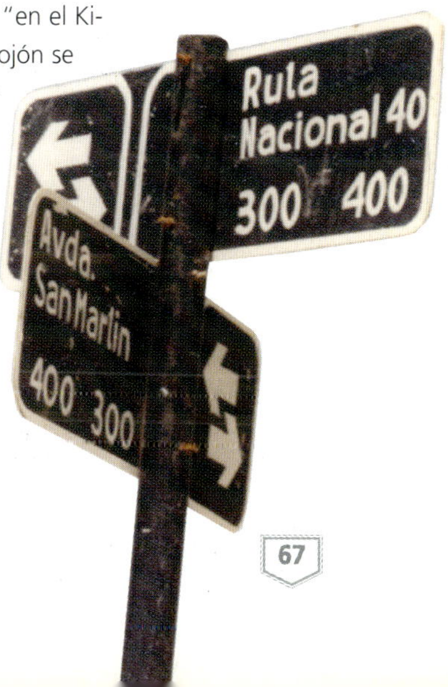

La hija predilecta de los Andes

The favourite daughter of the Andes

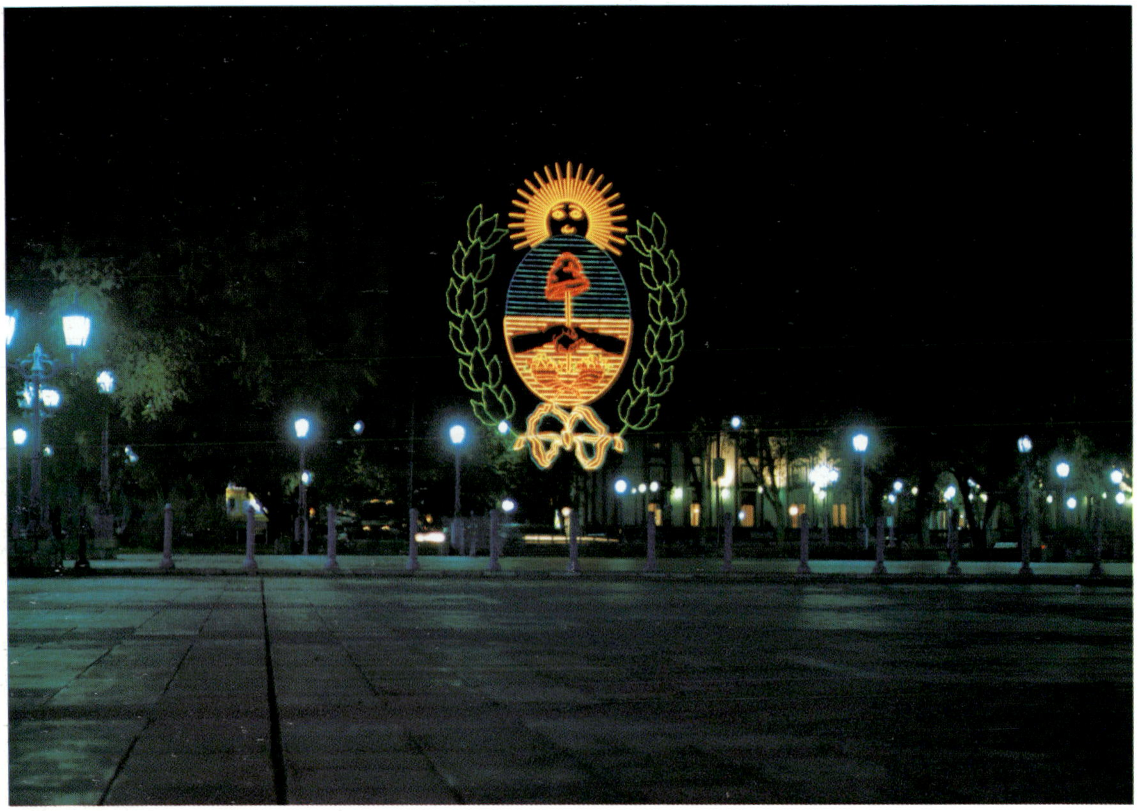

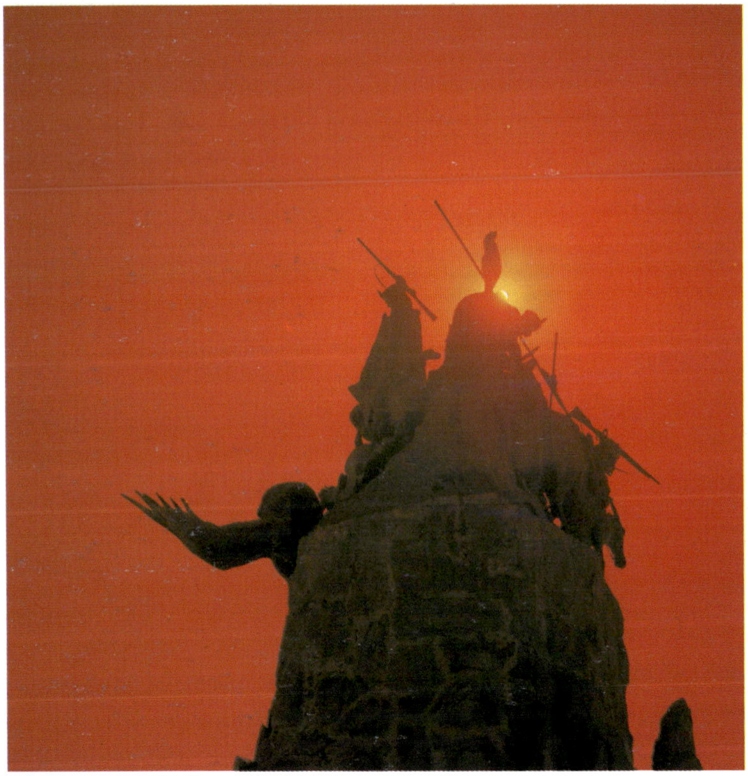

En la plaza Independencia de la ciudad de Mendoza, un gran escudo Nacional iluminado engalana la noche. En el Cerro de la Gloria se yergue gallardamente la efigie del general San Martín a caballo.

In Mendoza, General José de San Martín started his military campaign to free Chile and Peru from Spanish domination. At the Cerro de la Gloria a bronze monument remembers this feat.

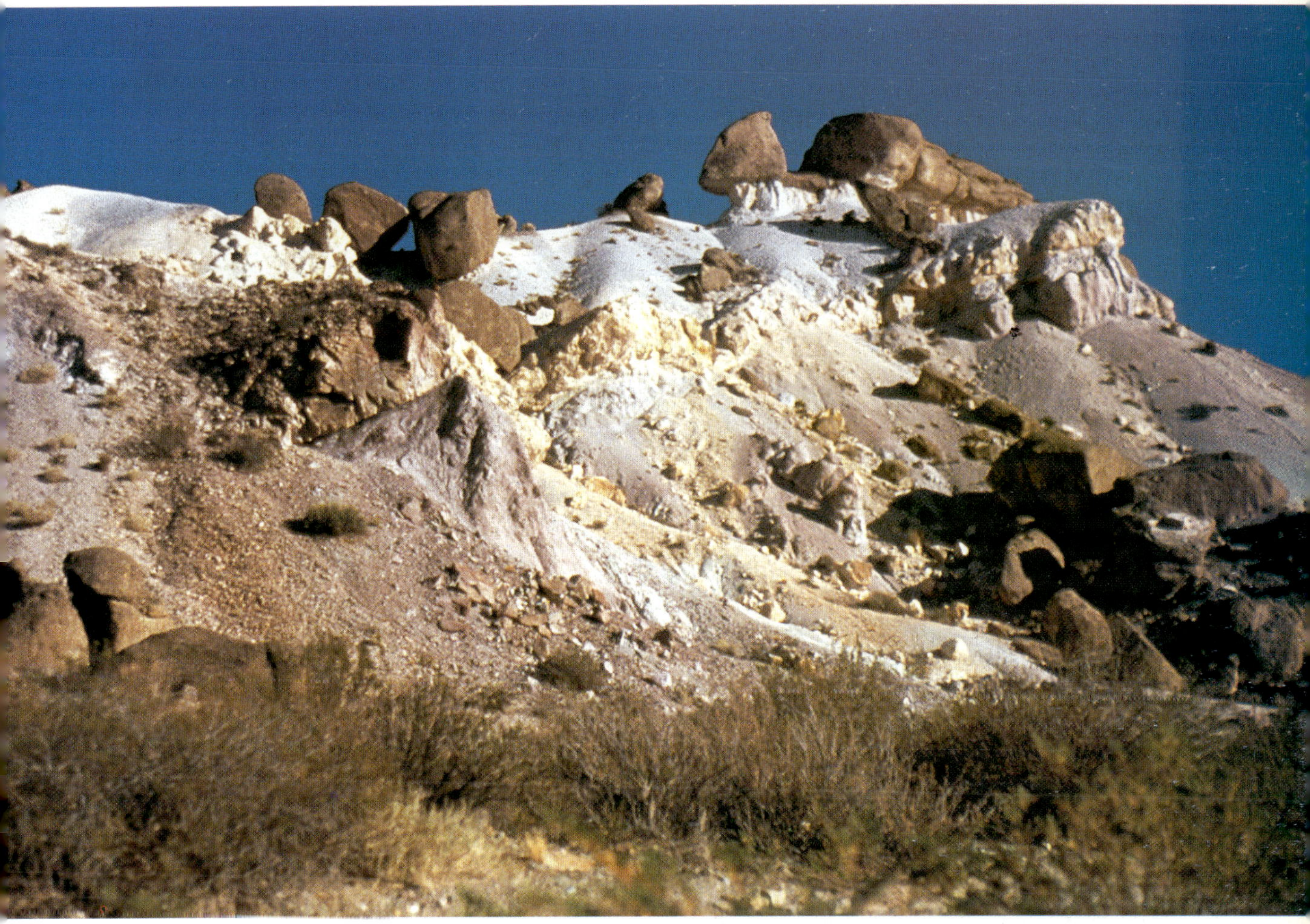

Uno de los tres itinerarios posibles de Mendoza a Uspallata para internarse en la Cordillera es el llamado Camino del Telégrafo, que pasa por Casa de Piedra y luego por un conjunto de formaciones naturales extravagantes y policromas llamado Siete Colores

From Mendoza to the border with Chile you can take the picturesque Camino del Telégrafo that goes through the Cerro de los Siete Colores (Seven Colour Hill).

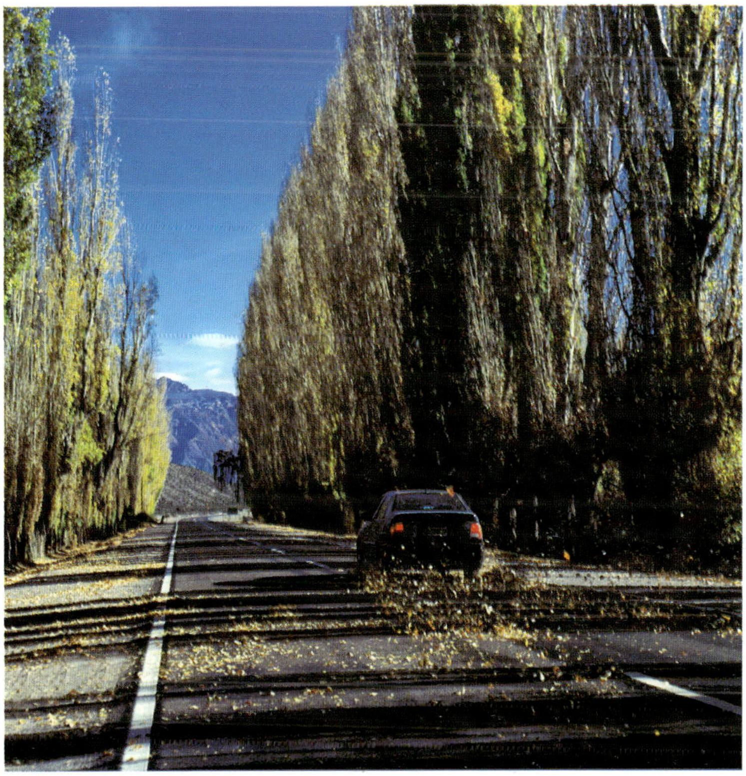

Cerca del Puente del Inca se yergue el majestuoso Aconcagua, de casi 7.000 metros, cuya impresionante pared sur se aprecia aquí desde la Laguna de los Horcones.

View of Aconcagua, from almost 21000 feet, from the Laguna de los Horcones, where its south face is contemplated.

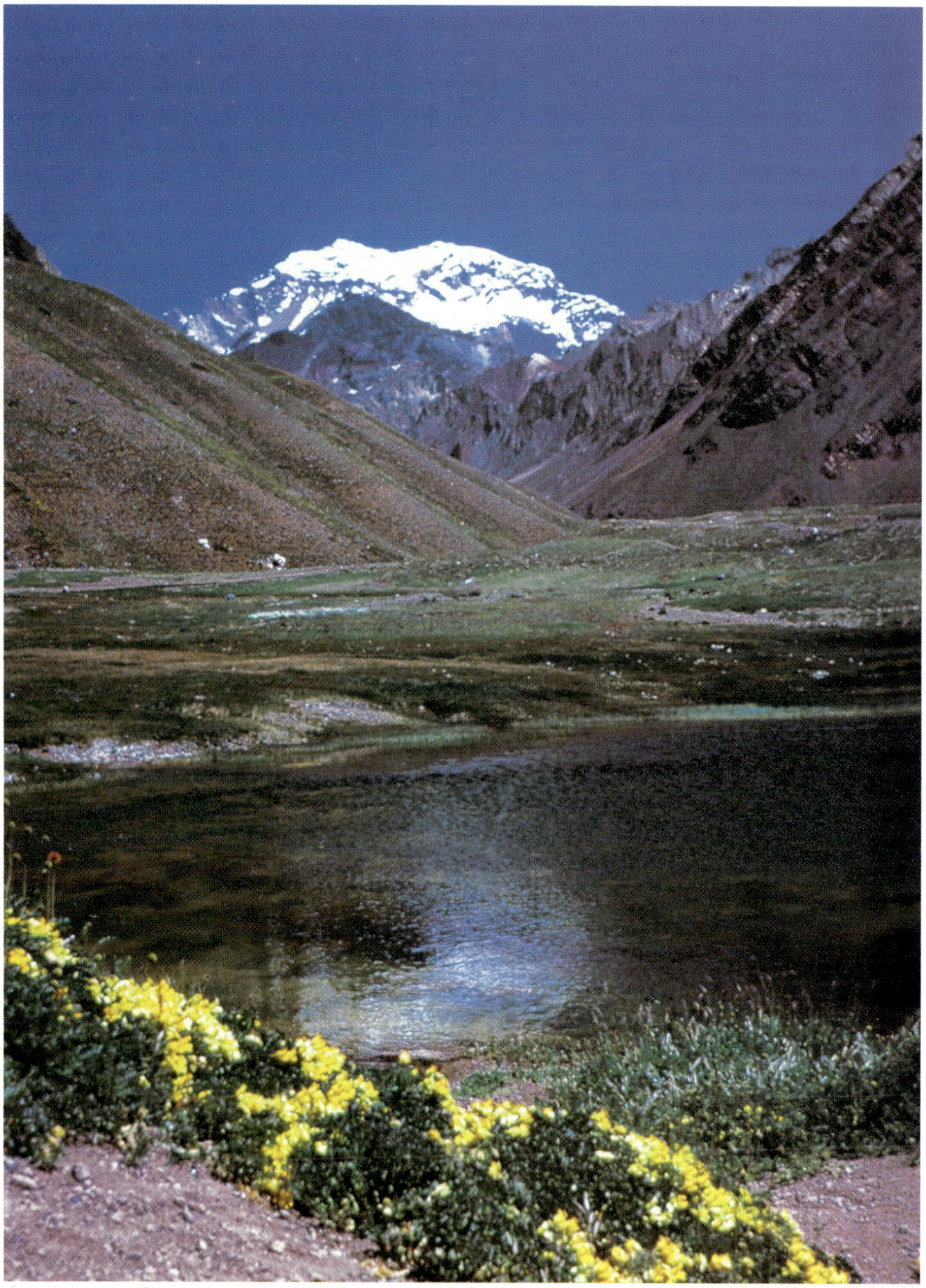

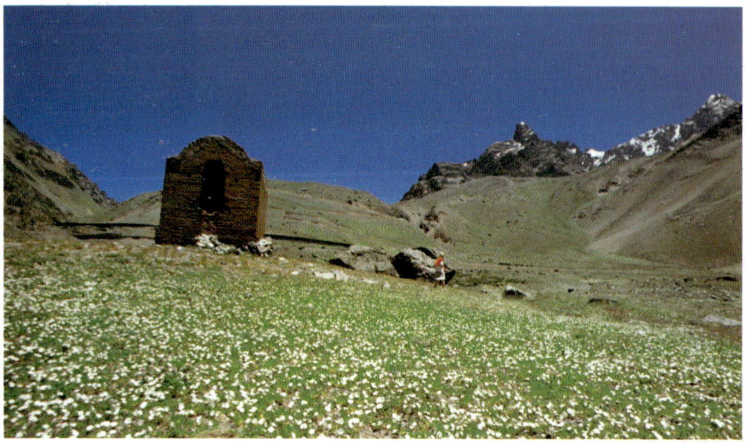

El tránsito a través de la Cordillera fue intenso desde siempre. Por ello en el siglo XVIII se construyeron entre Uspallata y Los Andes (Chile) numerosas casuchas para servir de refugio a postillones, viandantes y jinetes, como ésta, al pie del Paramillo de las Cuevas.

In the XVIII century numerous refuges were constructed between Mendoza and Santiago de Chile for horsemen and wayfarers; this one is in Paramillo de las Cuevas.

Desde la Ruta 40 hacia Chile

From Ruta 40 towards Chile

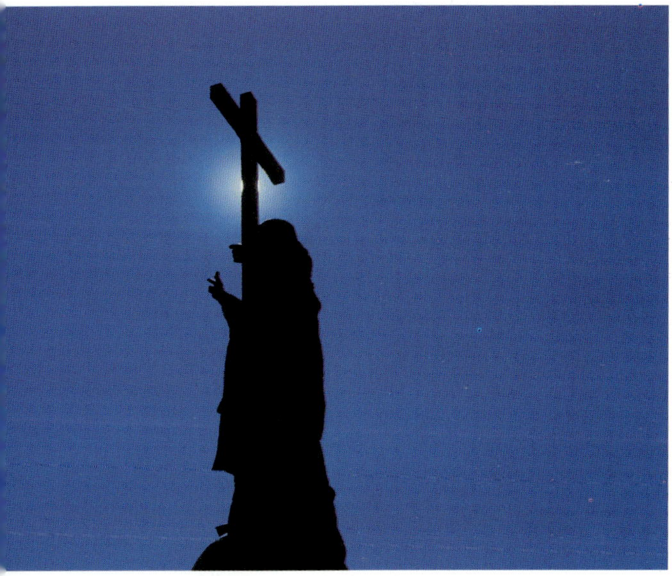

La estatua del Cristo Redentor se encuentra sobre el paso Iglesia, a 3.832 metros sobre el nivel del mar. El monumento, de fundición de bronce, pesa 3.600 kilos y fue erigido en 1904. El tránsito vehicular se desarrolla ahora a través del túnel autovial, sito a 3.200 metros.

The bronze statue of Christ the Redeemer in the dividing of the waters, stands at 3832 metres above sea level; it was inaugurated in 1904.

Magnífica vista hacia el saliente del valle, que se extiende entre Puente del Inca y el Paramillo de las Cuevas, poco antes de alcanzar la cresta que constituye la divisoria de las aguas y el límite internacional.

View of the town of Las Cuevas, with the international route that leads to the international road tunnel to Chile.

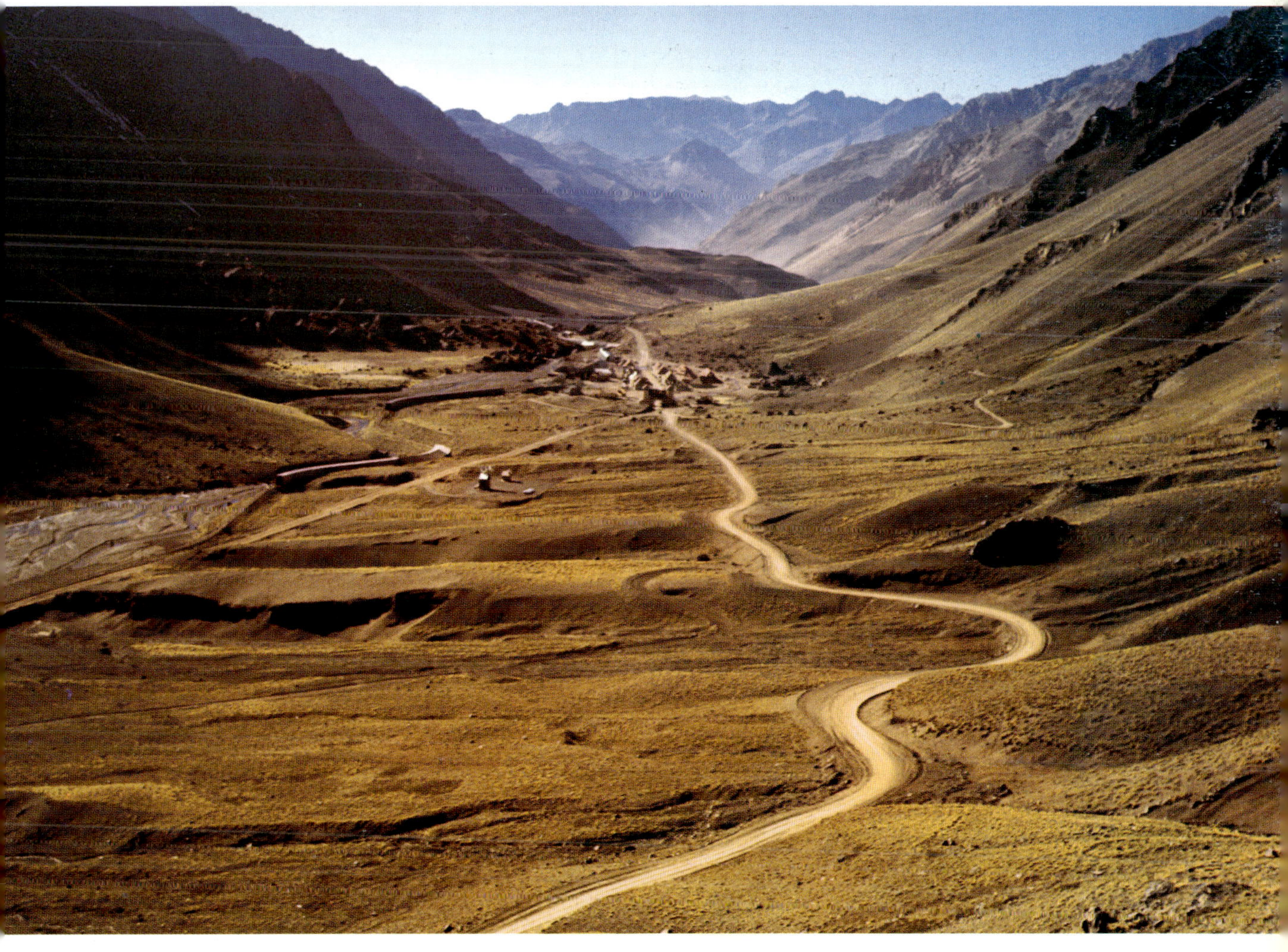

Volcanes al sur de Mendoza

Volcanoes to the south of Mendoza

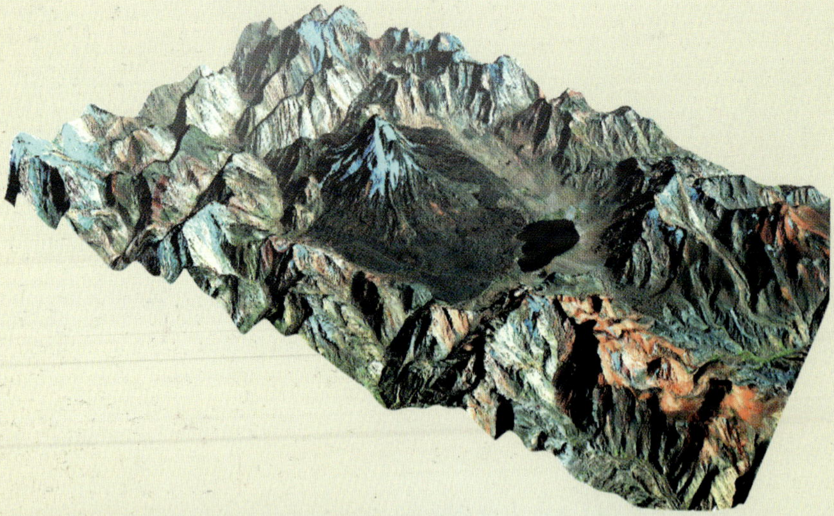

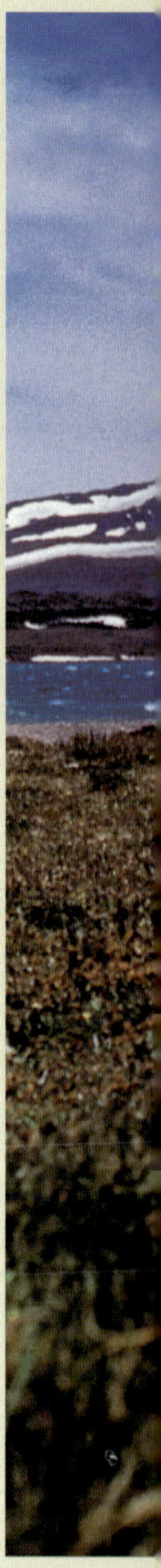

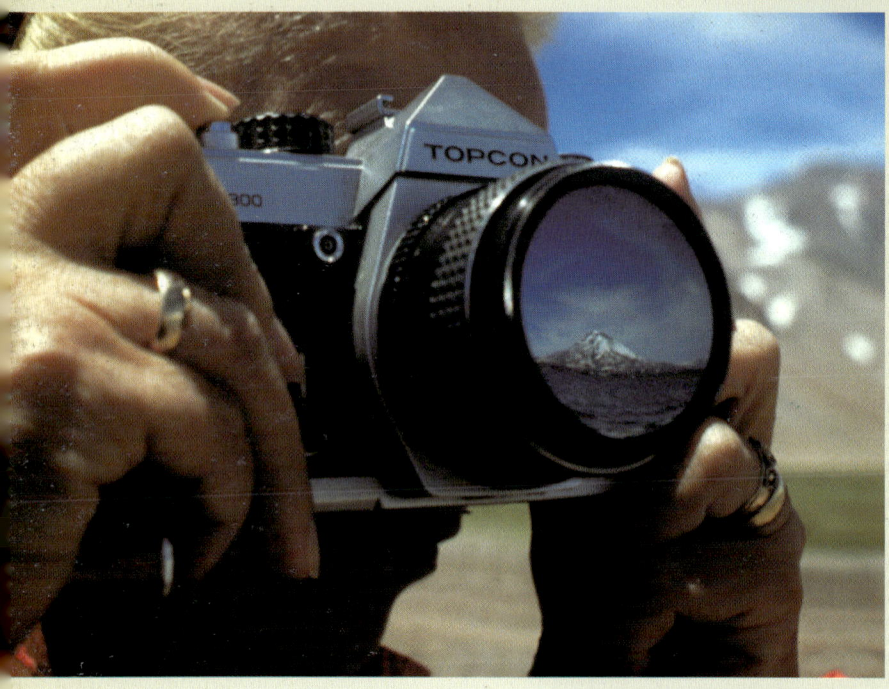

Apartándose de la vieja Ruta 40 (actual RP 101) se llega al imponente volcán Maipo, con la laguna del Diamante a sus pies. El magnífico panorama queda reflejado en la imagen satelital tridimensional, y en el objetivo de la cámara.

Moving away from Ruta 40 towards the Andes one arrives at the imposing Maipo volcano and the Diamante lagoon. The panorama is as reflective in 3D as in the lens of the camera.

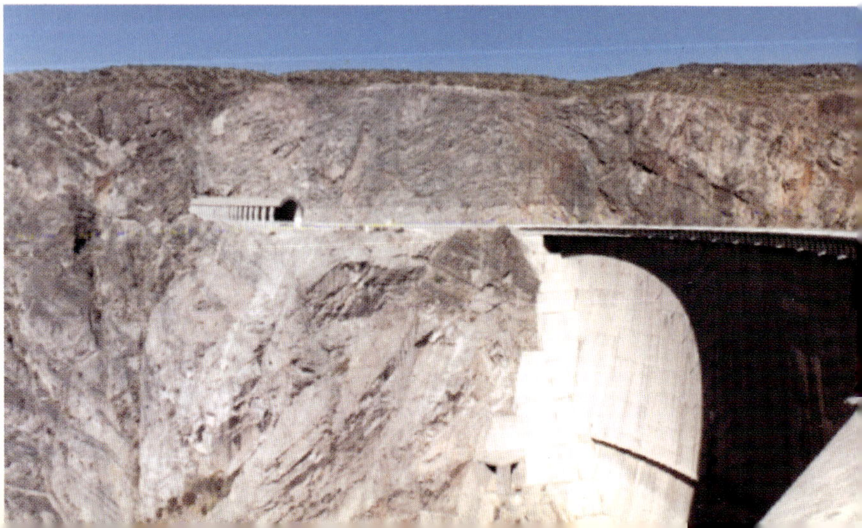

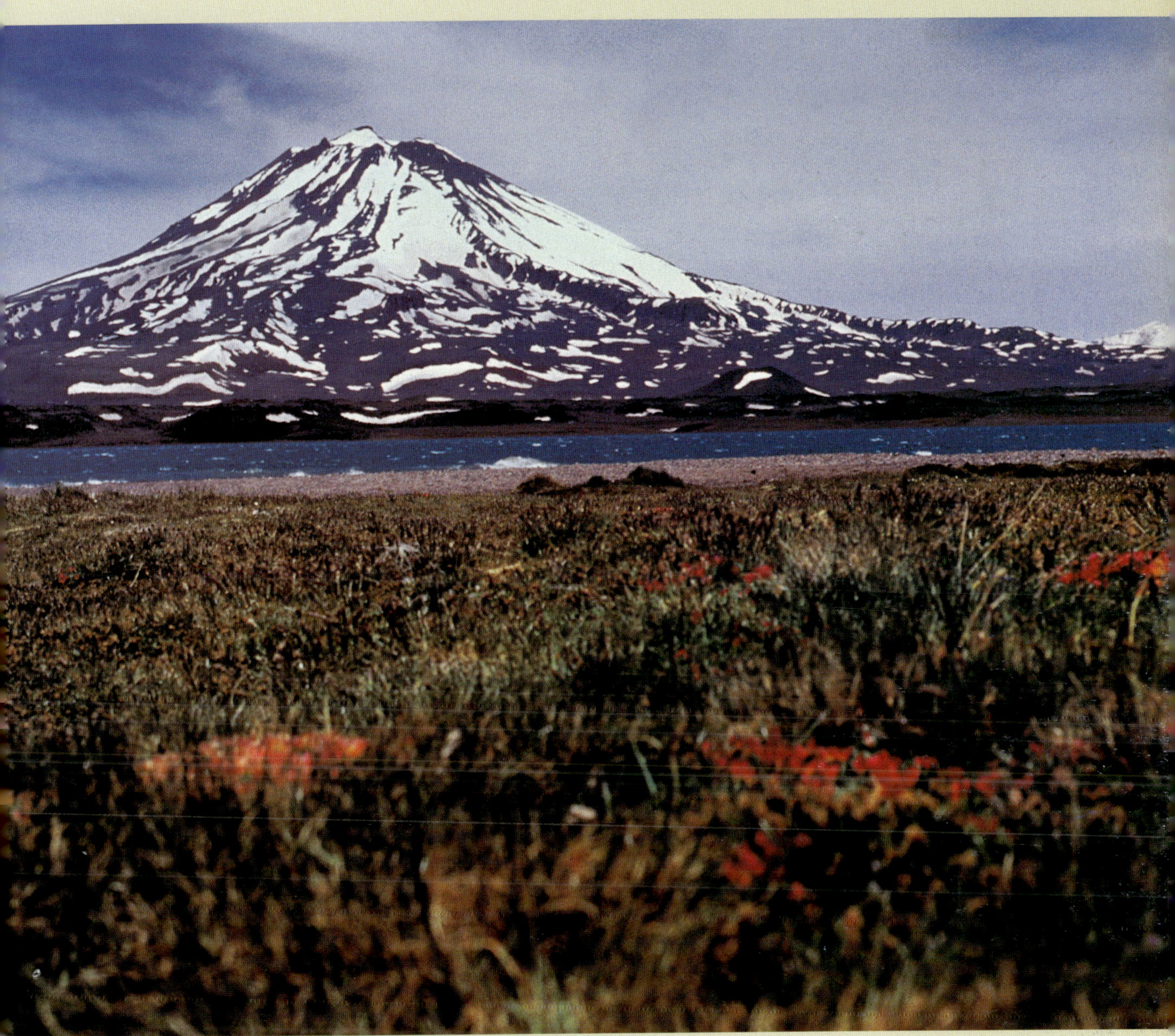

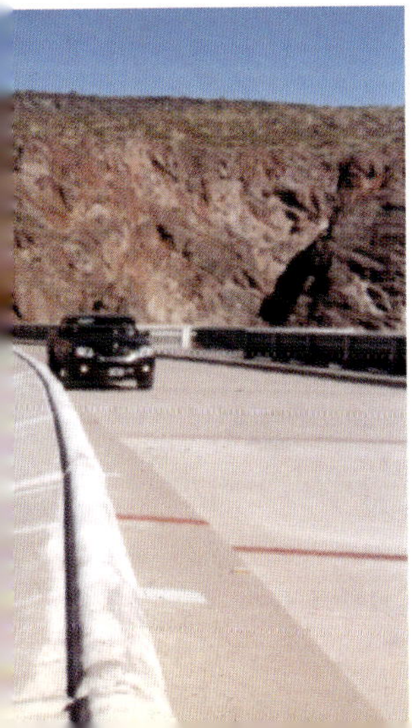

Al sur de Mendoza hay tres vías para llegar a El Sosneado: siguiendo la RN 143 hasta 25 de Mayo-San Rafael; por la "falsa" Ruta 40, que corre de Pareditas a las Salinas del Diamante, cruzando por el coronamiento de la espectacular presa del río Diamante en Agua del Toro, o bien tomar la antigua y pintoresca Ruta 40 (actualmente RP 101), por La Jaula. En el extremo sur del paredón de Agua del Toro se encuentra uno de los dos túneles que atraviesa la Ruta 40 en sus casi 5.000 km de recorrido (el otro se halla en la Cuesta de Huaco, cerca de Jáchal). Por la RP 101 se observa todavía la oxidada cartelería de cuando este camino era el principal vínculo entre Mendoza y El Sosneado.

To the south of Mendoza Ruta 40 passes over the Agua del Toro dam and crosses one of the only two tunnels that exist along the highway.

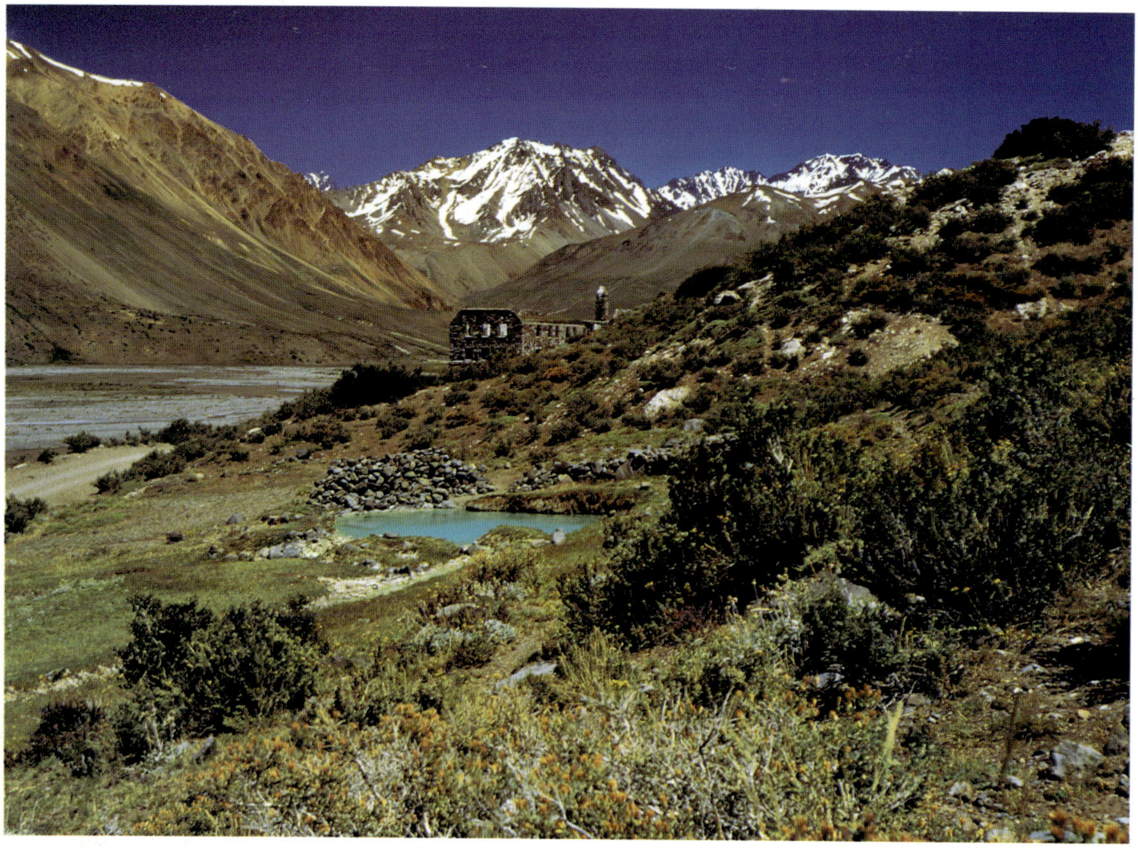

Apartándose de la Ruta 40 se puede seguir el curso del río Atuel hasta llegar a las fuentes y las ruinas del hotel termal El Sosneado. Cerca de aquí cayeron en 1972 los rugbiers uruguayos que sobrevivieron 70 días en un glaciar.

The ruins and the springs of the old El Sosneado thermal spring hotel, on the bank of the Atuel river and close to the place where the Uruguyan rugbiers survived 70 days in the snow after their plane crashed.

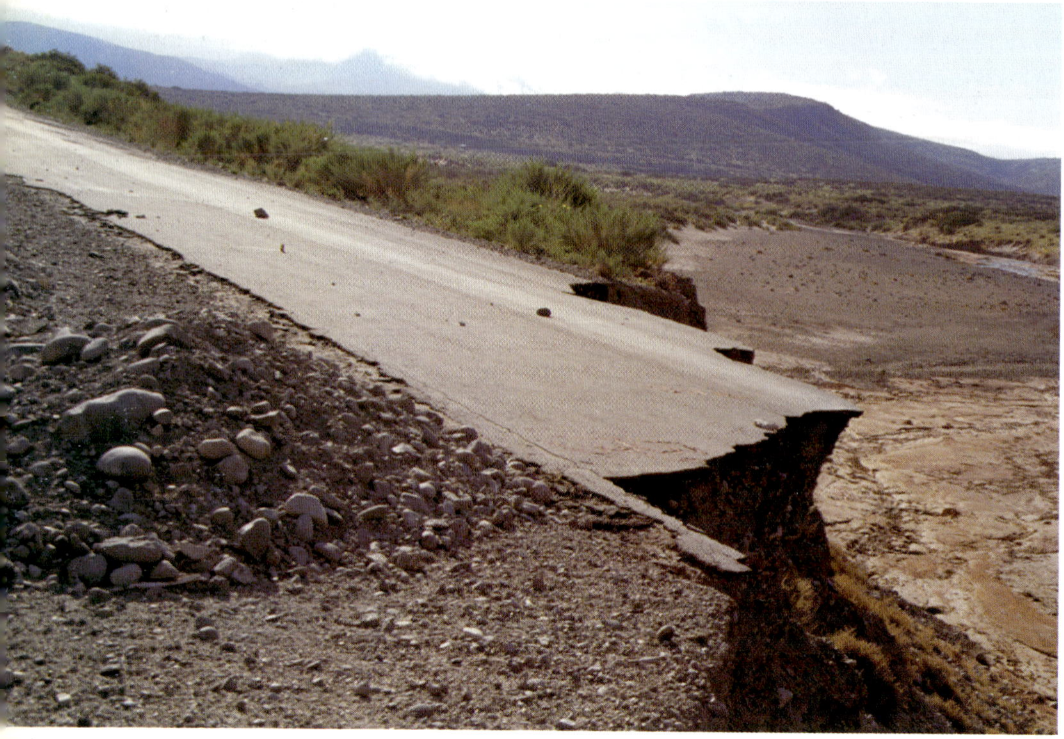

El principal enemigo de la carretera longitudinal son los aluviones que tapan la calzada o la socavan y directamente la arrasan, como en este caso.

The overflowing rivers are the main enemy of the highway, as much in the north as the south.

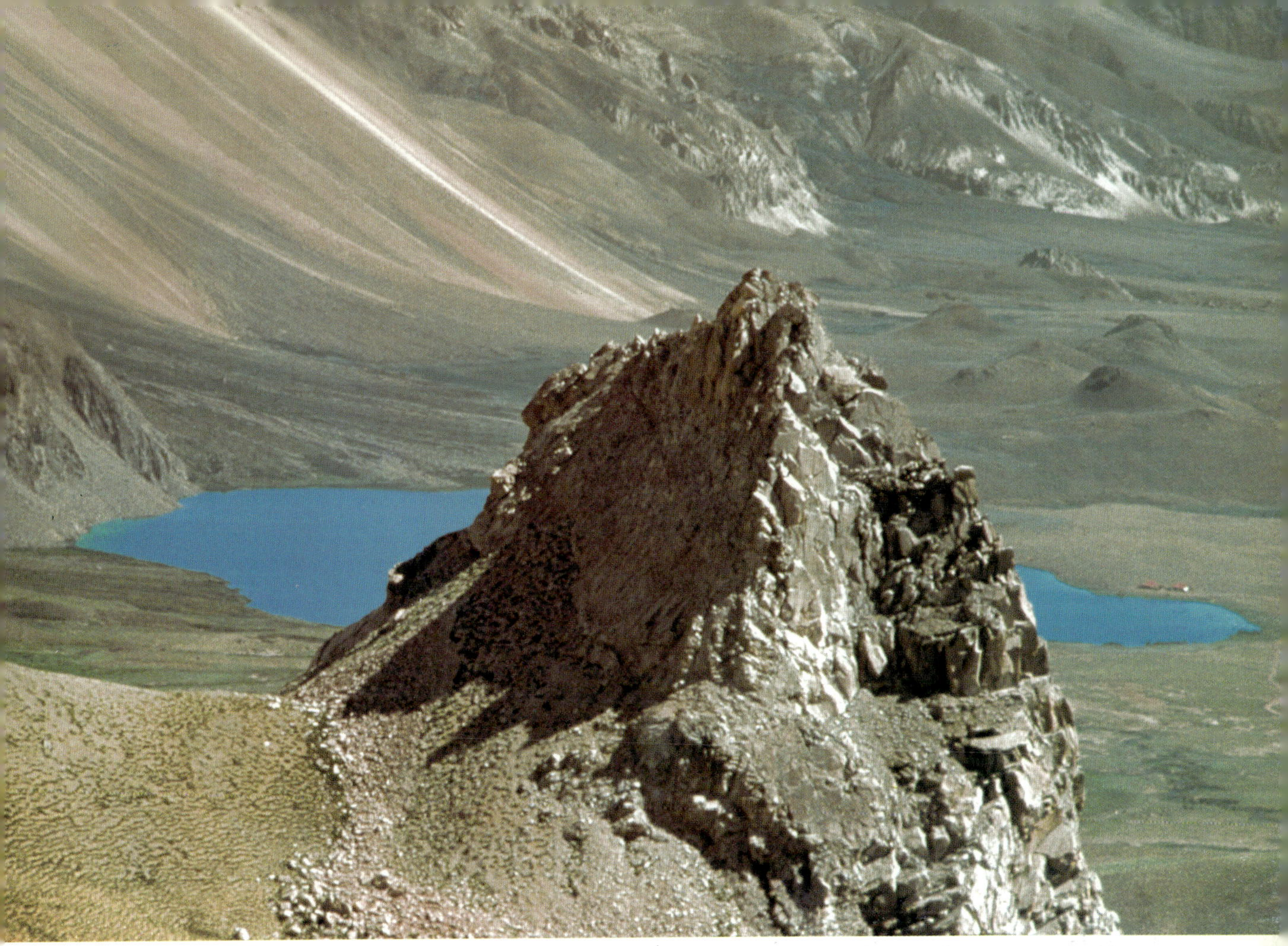

Entre El Sosneado y Malargüe sale el camino al complejo invernal Las Leñas para continuar a Valle Hermoso, lugar que merece plenamente su nombre.

Between El Sosneado and Malargüe the road runs to the winter complex Las Leñas and continue to Valle Hermoso, a district that really deserves its name.

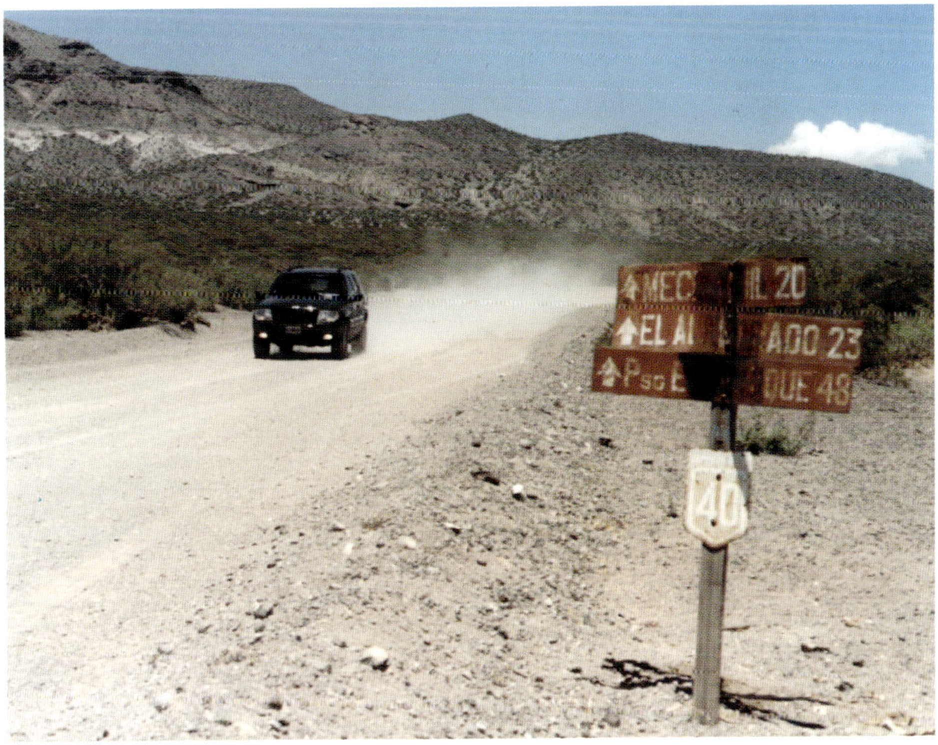

Tramo de la antigua Ruta 40 (hoy RP 101) cerca de El Sosneado, que conecta con La Jaula y Pareditas, un recorrido muy recomendable por su belleza.

A strech of the old Ruta 40 (RP 101 today), a recommended journey, for its beauty.

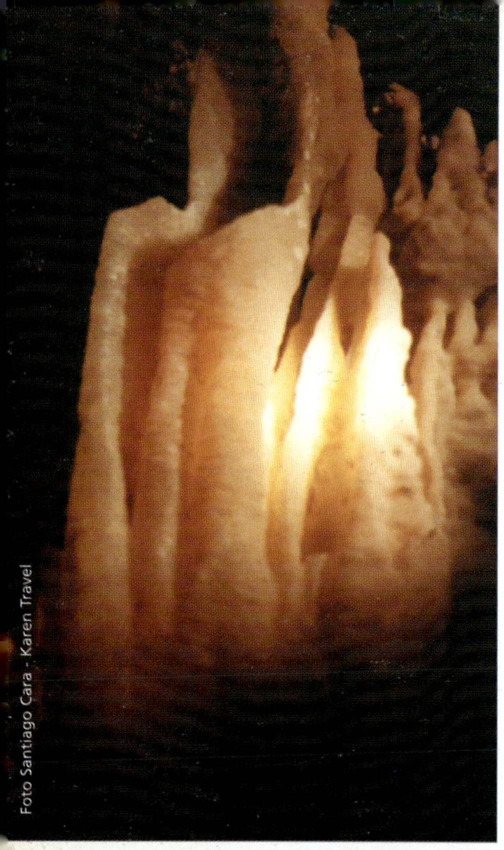

Foto Santiago Cara - Karen Travel

Pero que las hay, las hay...

But they are, they are...

Dos kilómetros antes de llegar a Bardas Blancas (y a la bifurcación al paso Pehuenche) se alcanza el acceso (8 kilómetros) a la Caverna de las Brujas. Visitarla –que no es para cualquiera– puede ser toda una experiencia. Estalactitas y estalagmitas de miles de formas y colores maravillan al atrevido que se interna en las entrañas de la Tierra.

Access to the Caverna de las Brujas ("Witches' Cave"), close to Bardas Blancas; inside you can see multi-coloured stalactites.

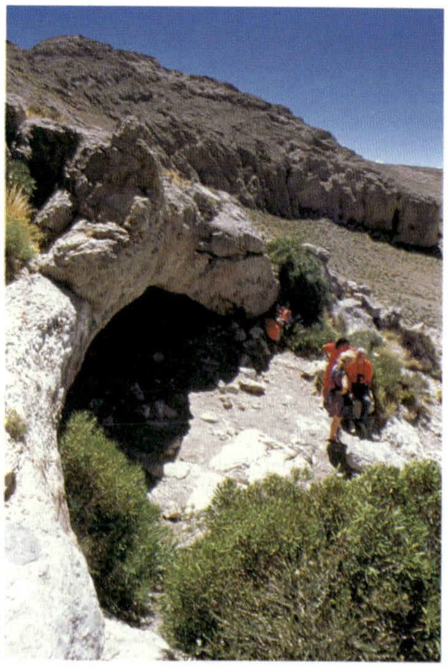

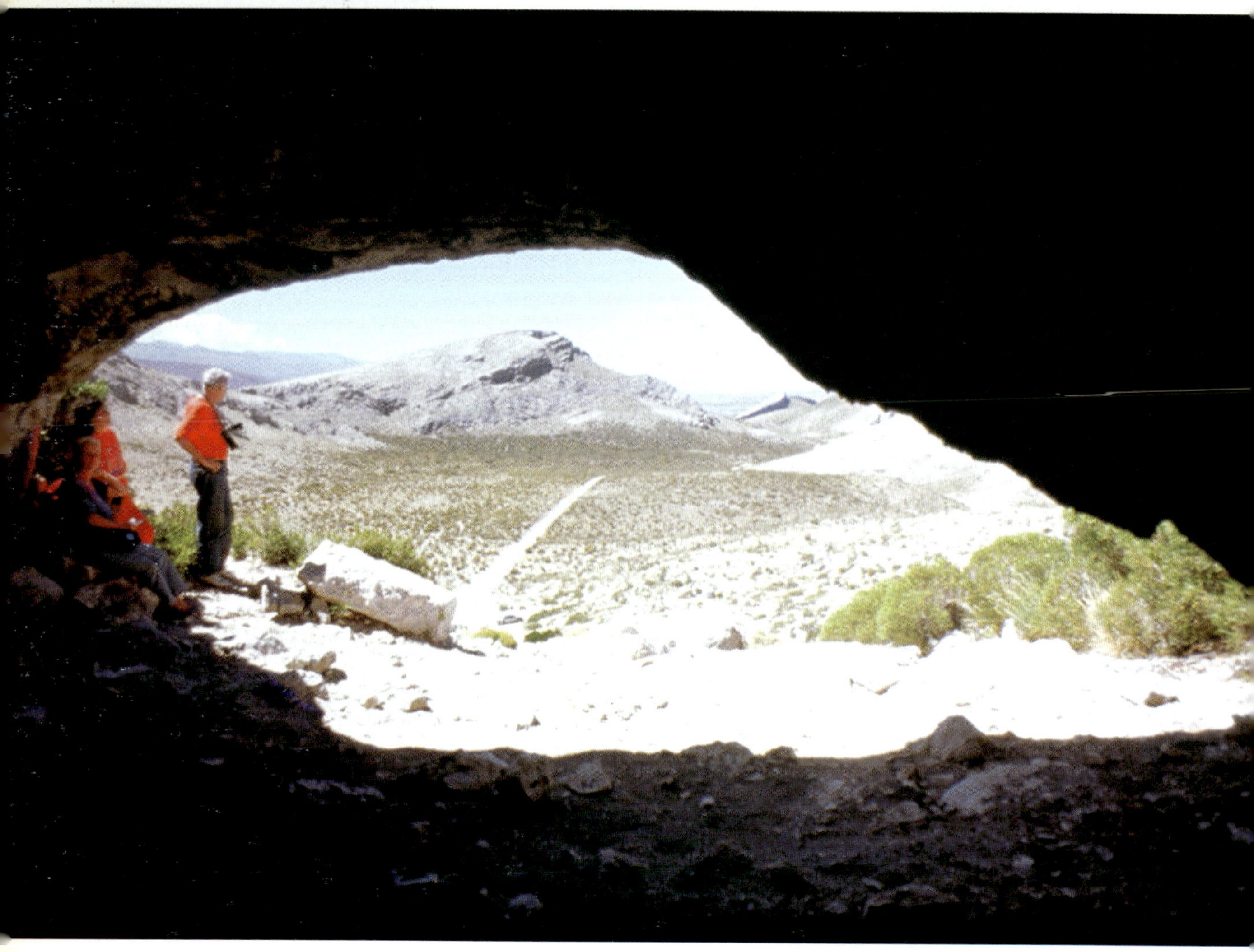

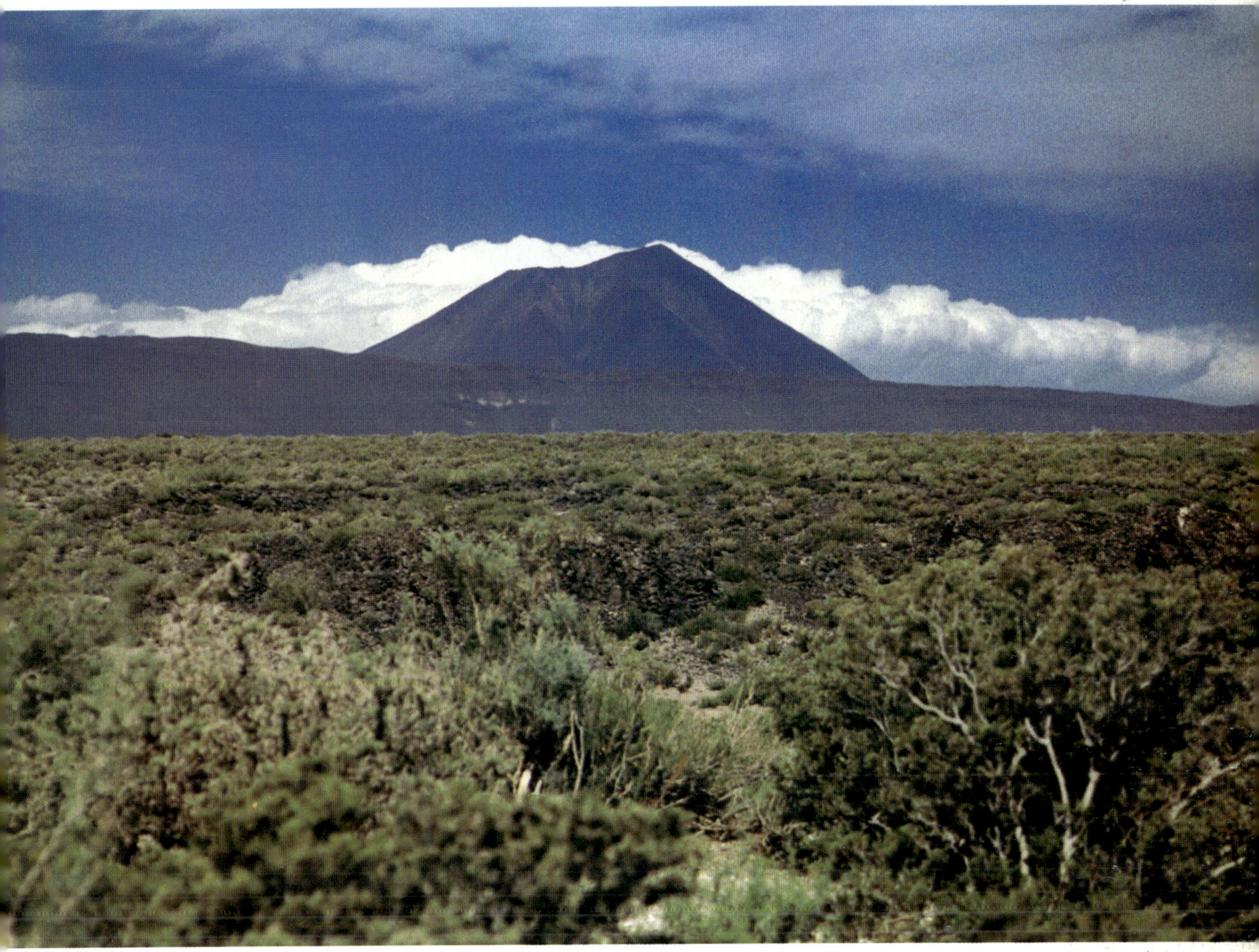

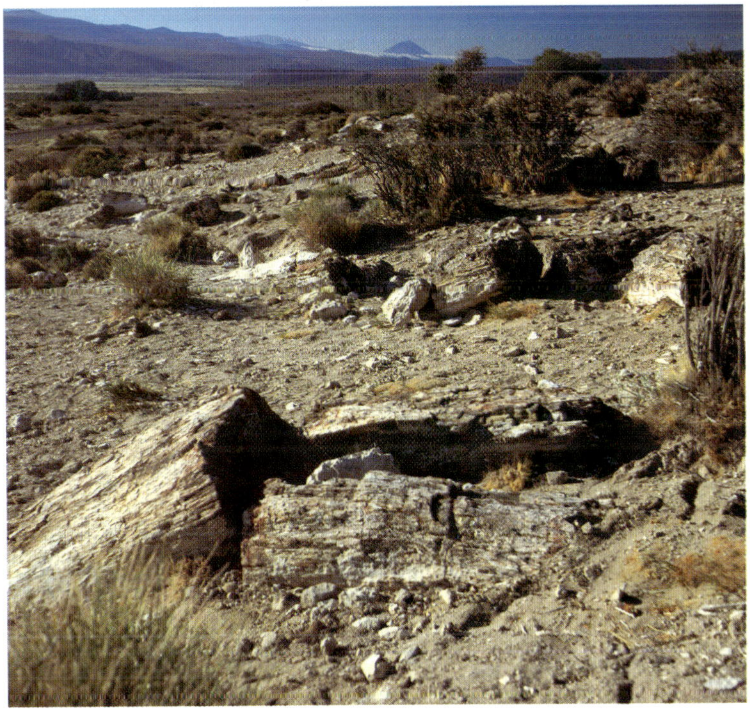

Al sur de Malargüe se extiende La Payunia, una reserva natural que toma su nombre del Payún Matrú (foto). La Payunia está poblada por unos 800 conos volcánicos y cubierta por extensos efluvios de lava negra.

View of the Payún Matrú, centre of the La Payunia natural reserve, which is populated by some 800 volcano peaks.

A corta distancia de Bardas Blancas, hacia el sur, hay un bosquecillo de troncos petrificados justo a la vera de la ruta. En lontananza aparece el cono mocho del Payún Liso, que siguiendo hacia el sur puede contemplarse desde más cerca.

Close to Bardas Blancas Ruta 40 passes close to this petrified wood.

Hacia el comienzo de la Patagonia

Toward the start of the Patagonia

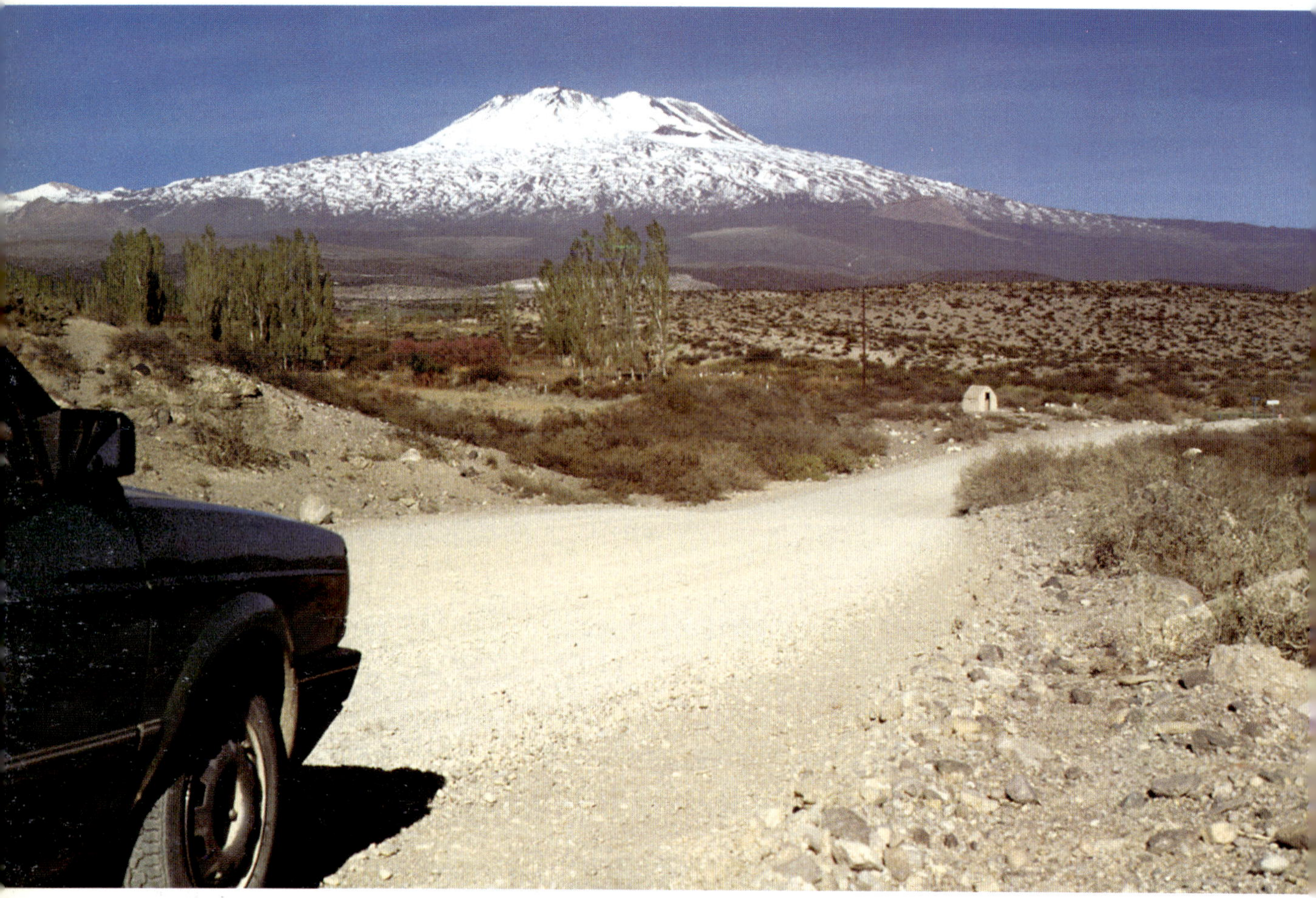

Entre Buta Ranquil y Chos Malal se yergue el Tromen (4.114 metros), un gigantesco volcán y —según los entendidos— la más reciente manifestación geológica de importancia en territorio argentino. El pavimento de la Ruta 40 lo rodea por el sur y un camino secundario, de ripio, pero bueno y más pintoresco (RP 37), por el oeste.

Between Buta Ranquil and Chos Malal Ruta 40 borders the beautiful Tromen (a volcano), one of the youngest great geological formations within the Argentinean territory.

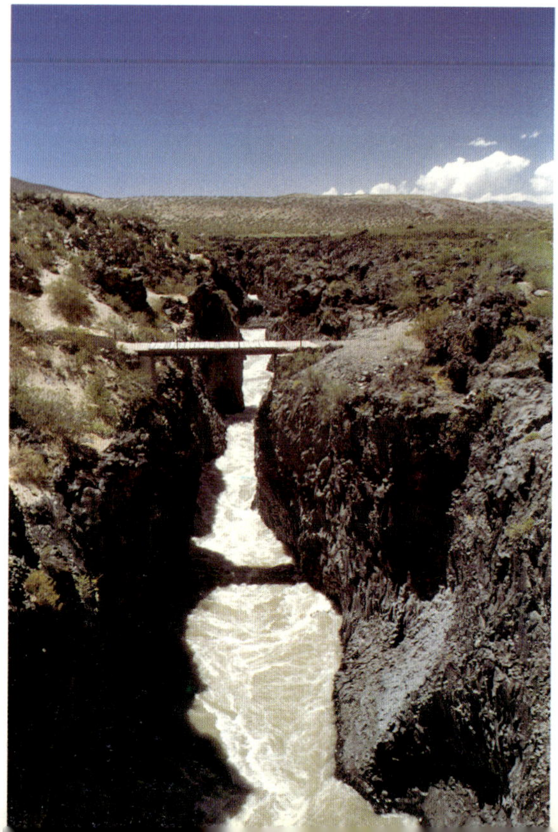

Entre Malargüe y Barrancas la Ruta 40 bordea –y en partes atraviesa– una de las regiones volcánicas más extensas de la Tierra: la Payunia. La Pasarela es un punto característico de la comarca, donde el río Grande ha cavado un profundísimo cañón atravesando las antiguas coladas de lava.

The Rio Grande wore a long, deep canyon through a basaltic formation in La Payunia; a bridge called La pasarela crosses it.

Chos Malal fue la primera capital del otrora Territorio Nacional del Neuquén. Aún se conserva el edificio fortificado de la Cuarta División del Ejército de la Conquista del Desierto y asiento de la antigua Gobernación. En los barrios periféricos de Chos Malal la Ruta Nacional 40 se convierte en calle.

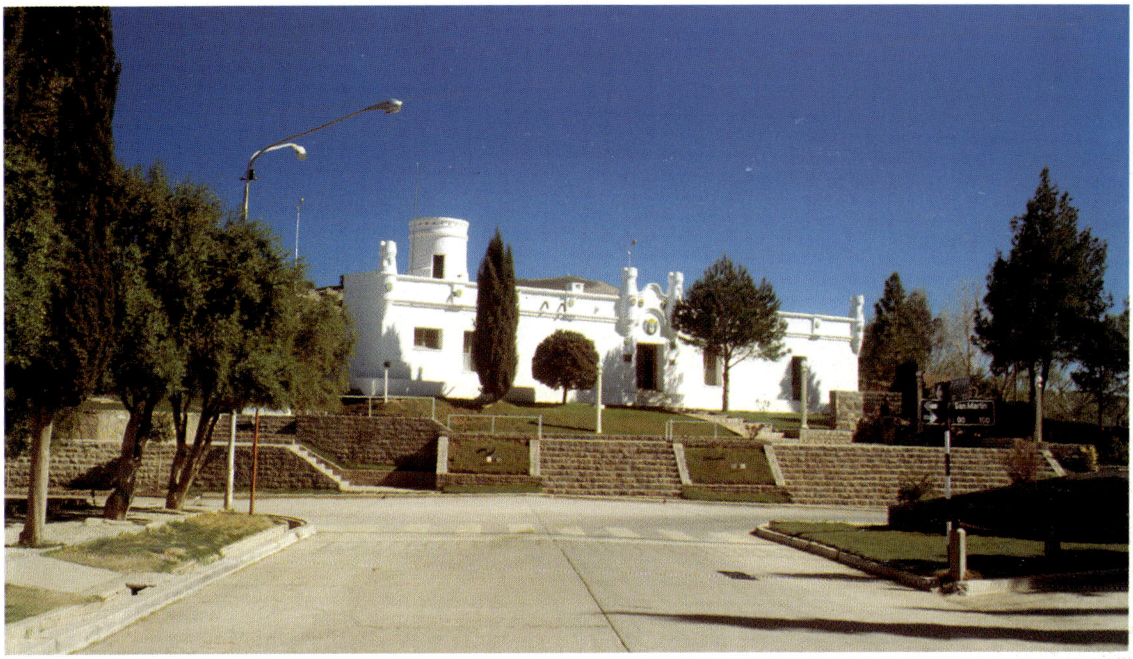

Chos Malal was the first capital in Neuquén; the fort that was constructed during the war against the indians, still stands.

En el primitivo recorrido de la Ruta 40, en dirección a Zapala, encontramos lo que de ninguna manera podía faltar: el almacén Ruta 40. Como para no detenerse y pedir un sandwich de mortadela y una Crush con Fernet Branca...

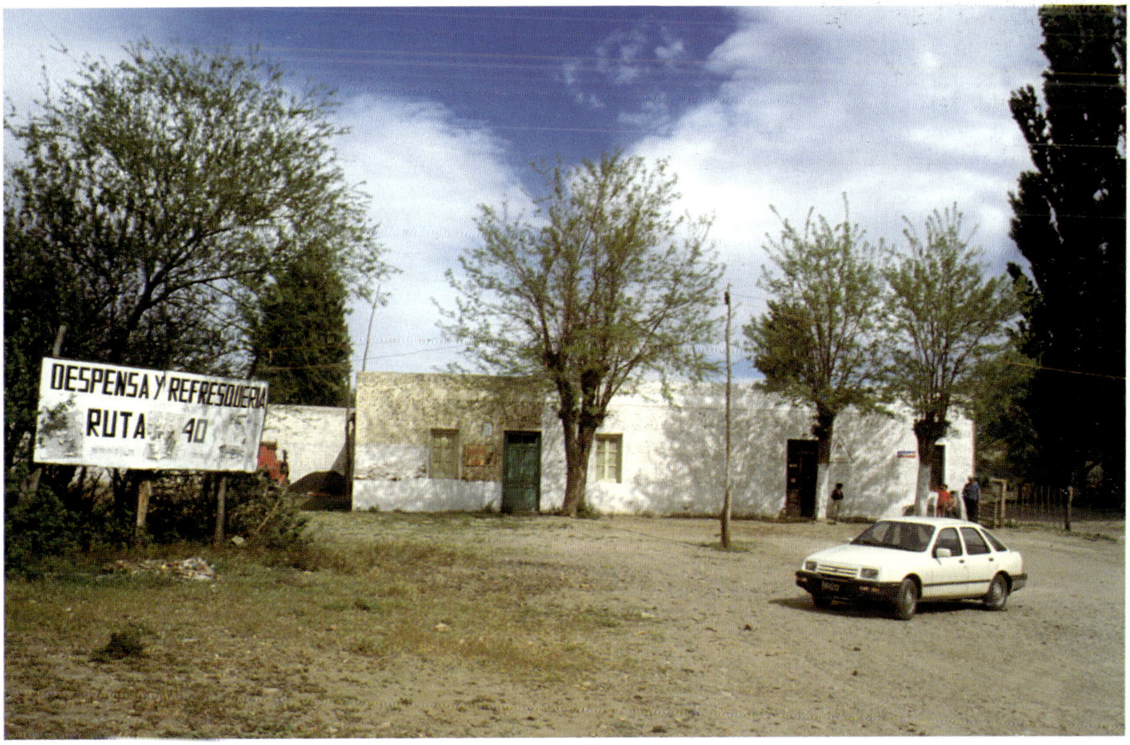

You couldn't miss seeing this store from the road "Ruta 40".

Puentes flotantes de antaño

Floating bridges of the past

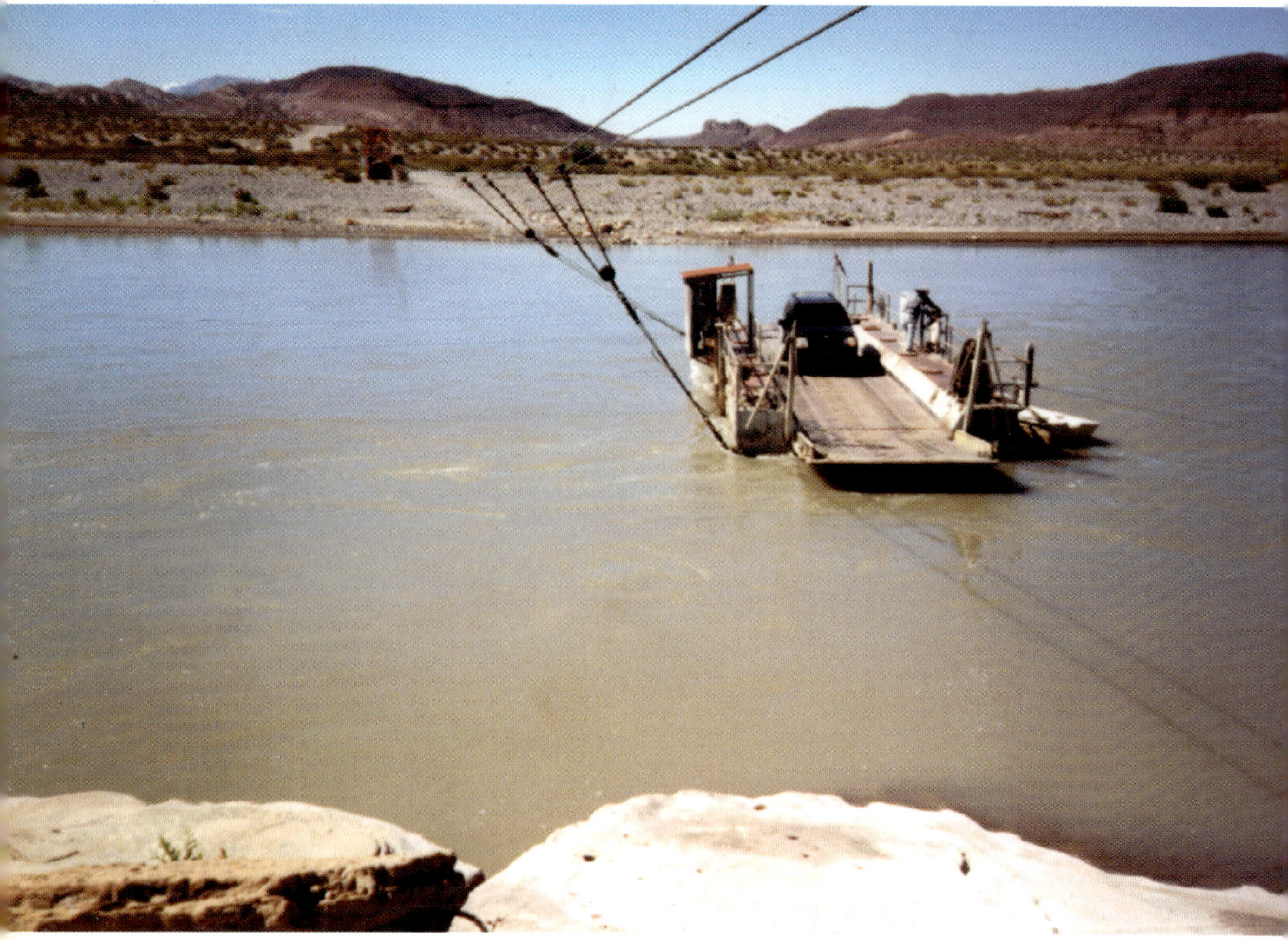

Antes no era fácil alcanzar un destino, no sólo por el precario estado de los caminos sino porque era menester vadear muchos ríos. En los cruces más problemáticos existían balsas de deriva (sin motor), como por caso –los viejos automovilistas lo recordarán– en Paso Flores, Paso Limay o Paso Traful. Dos balsas aún sobreviven y están en actividad: en Paso de los Indios, al norte de Plaza Huincul, y en Paso Huitrín, que al igual que la primera atraviesa el Neuquén. Para poder conocerla hay que dejar la RN 40 en Pampa de Tril, al este de Chos Malal, y tomar por la RP 9, hacia Curaco. Son 65 kilómetros a través de un paisaje prístino, con el camino en estado prímitivo, como antaño. La almadía cruza en forma inclinada respecto del río y es movida por la correntada. Cerca de la orilla, donde la corriente es escasa, el capataz y su peón mueven el pontón con una gran rueda llamada torno, enlazada con un cable que pasa por el lecho del cauce.

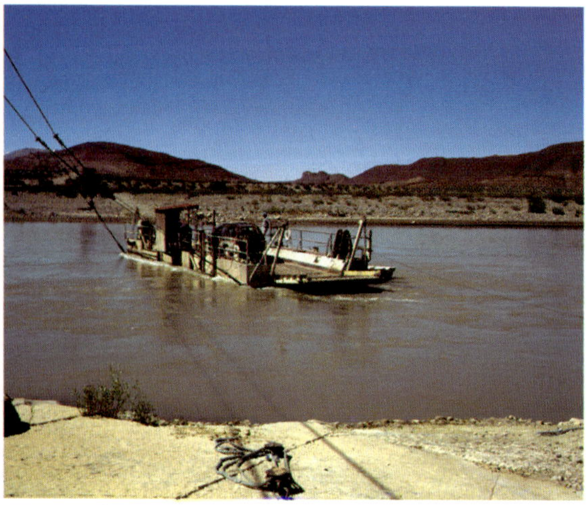

Close to Chos Malal you can take the old route of Ruta 40 and cross the upper Neuquén river by raft, as in the past.

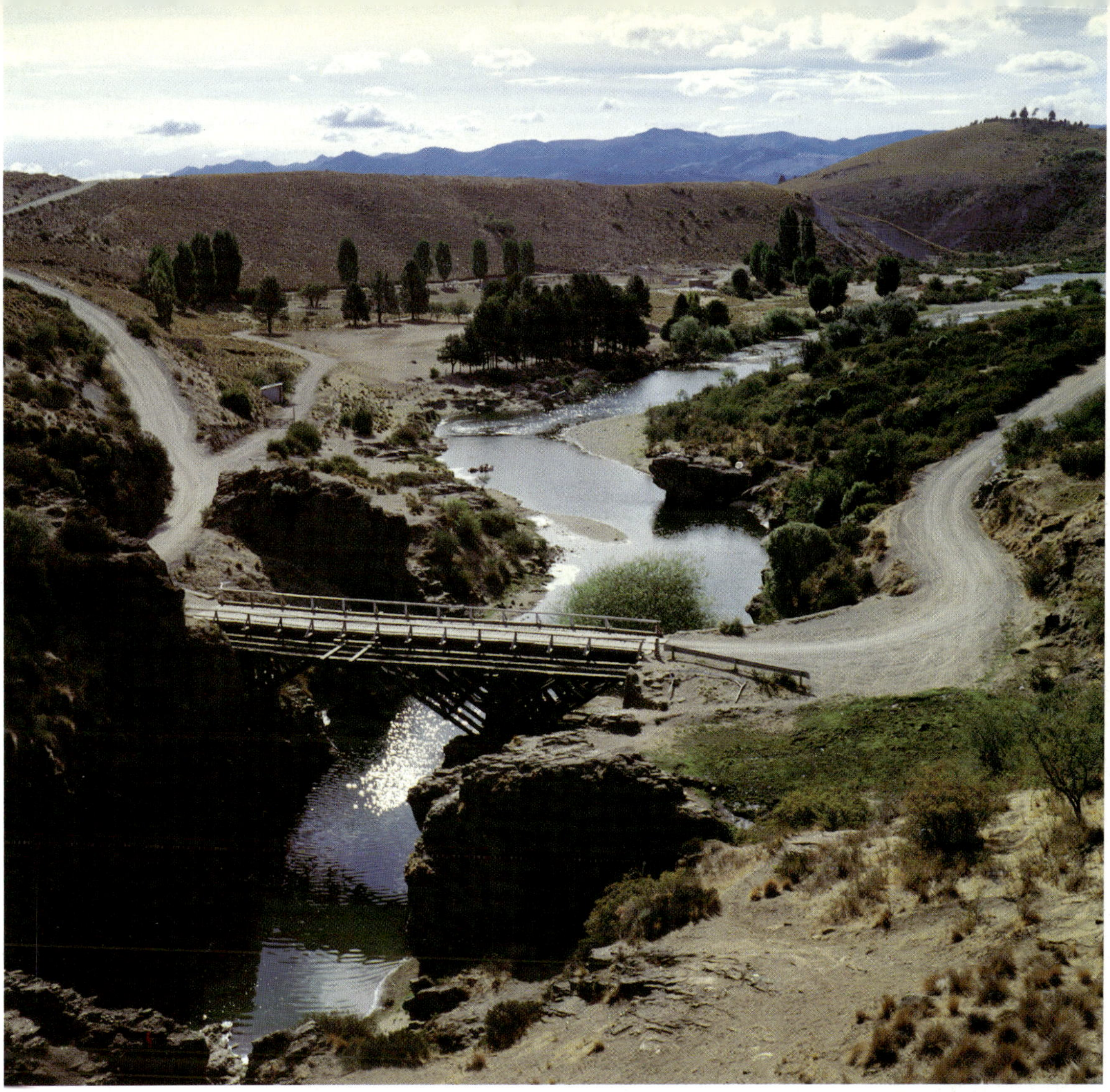

Muy interesante es la variante del camino primitivo que unía Neuquén con San Carlos de Bariloche (RP 74 y 67). Pasa al este de El Chocón, toca Aguada Guzmán, Cerro Policía, Comallo y Pilcaniyeu para alcanzar finalmente el Nahuel Huapi. Cerca del paraje Ñirihuau, la ruta cruza el arroyo epónimo por un vetusto puente de madera, a corta distancia del gran viaducto ferroviario.

Between Neuquén and Bariloche, the old road is converted in part into the present day Ruta 40; later it passes by this precarious bridge on the Ñirihuau stream.

En esta comarca aparecen medios de movilidad primitivos pero eficientes, como los carros tirados por bueyes que aún utilizan los habitantes actuales.

Strange vehicles appear in this district, such as carts pulled by oxen.

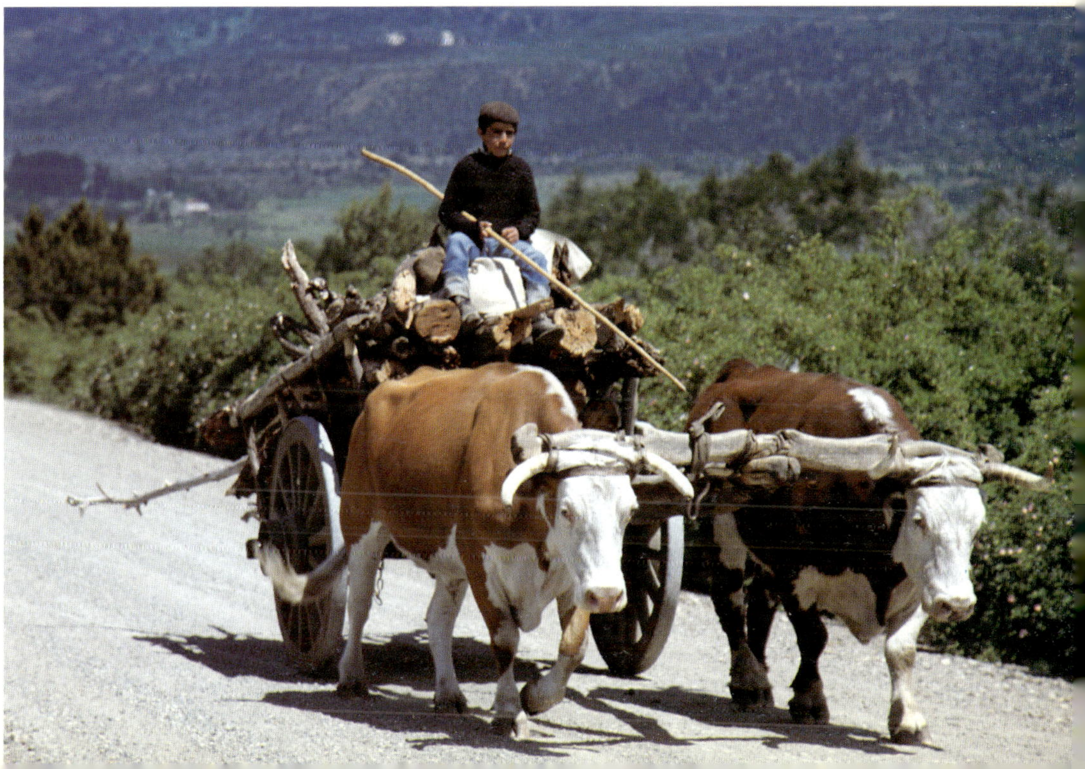

En el país de los pehuenes

In the Pehuene's country

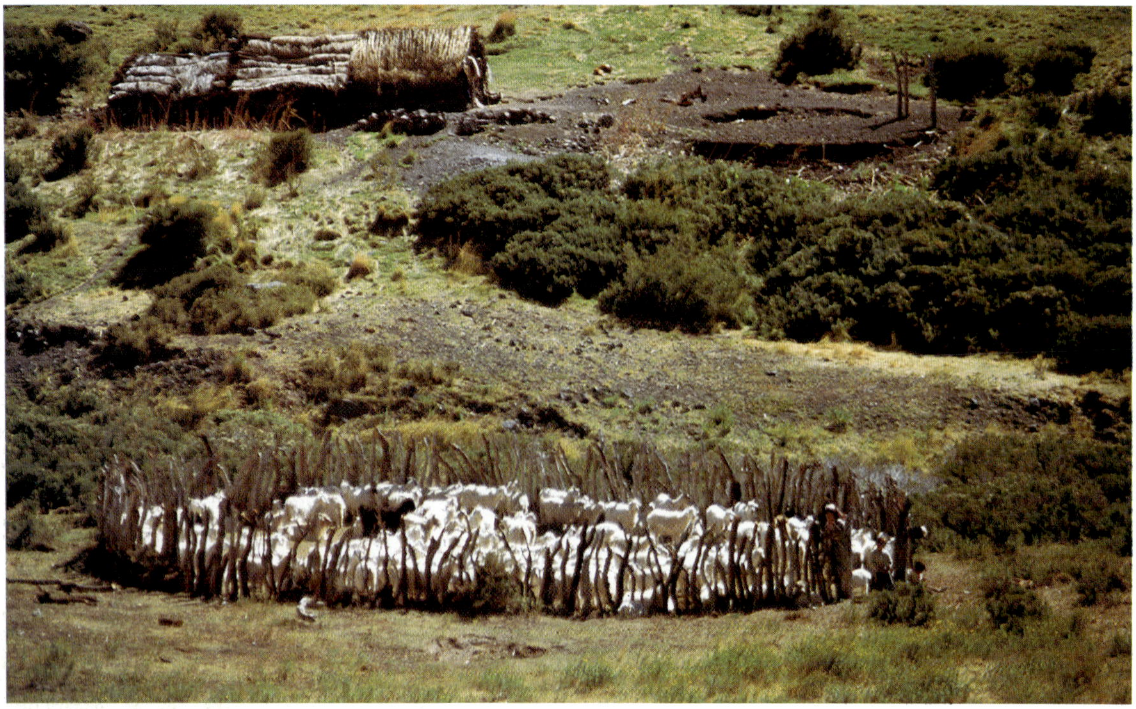

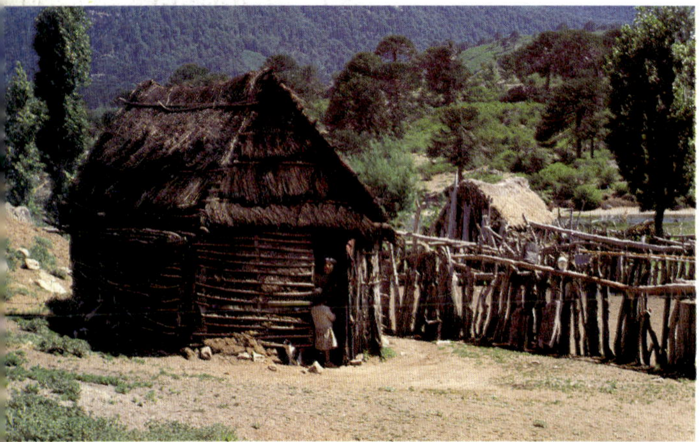

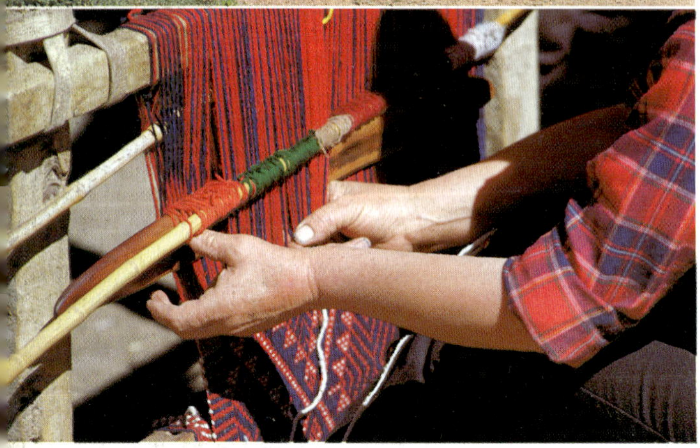

Ya nos acercamos al país de las araucarias, el árbol emblemático de la Pehuenia. Apenas el viajero se aparta de la carretera troncal puede encontrar a los descendientes de los habitantes primitivos de la comarca, los pehuenches, dedicados a la cría de ganado menor o bien a la realización manual de tejidos.

To the south of Zapala, country of the Araucarias and the Araucanians, we meet with the native residents, their ways and their customs.

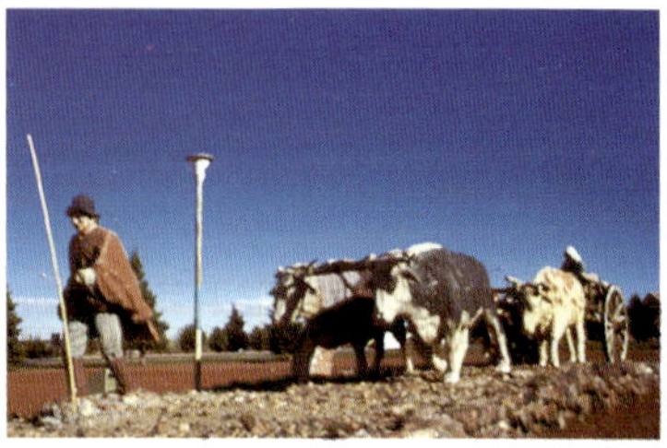

En la rotonda de acceso a Zapala un monumento logrado evoca la llegada de los primeros colonos, el medio de locomoción más eficaz hasta el advenimiento del tren y del automotor.

This monument at the access roundabout to Zapala, evokes the population of Patagonia.

Desde Zapala sale el camino a San Martín de los Andes y al Parque Nacional Lanín. El esbelto volcán, siempre cubierto de nieve, es hito limítrofe natural con Chile y tiene 3.775 metros de altura.

San Martin de los Andes is the capital of the Parque Nacional Lanín. The hymonymous volcano, is 3775 metres high and is perfectly conical, its reflection can be seen in the water of the Huechulaufquen lake.

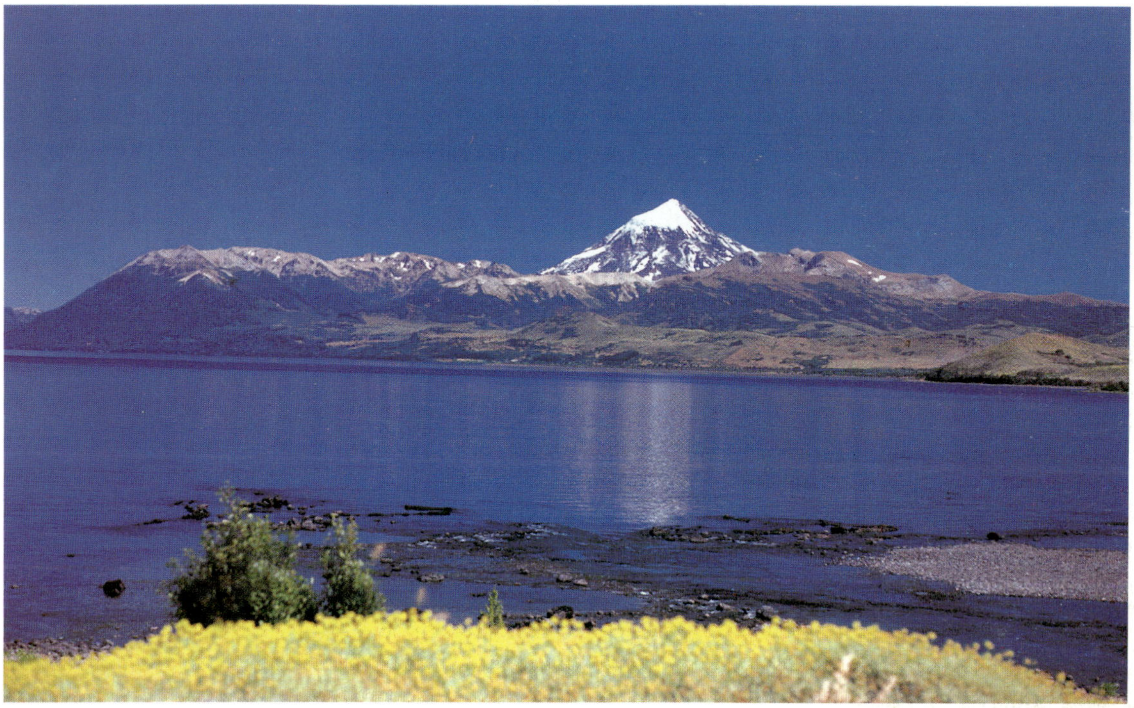

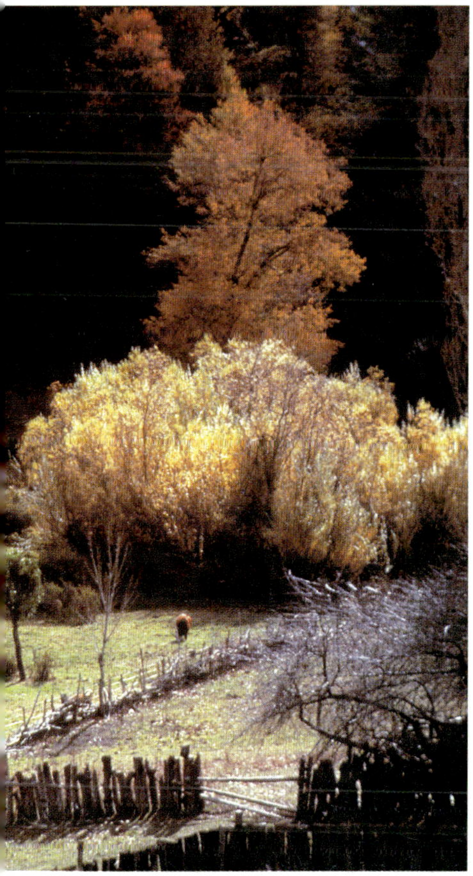

Una característica inconfundible del Lanín y sus alrededores son los tupidos bosques de árboles, cuyas hojas en otoño adquieren todas las tonalidades imaginables.

A characteristic landscape of the region around San Martín de los Andes, where in autumn the trees turn every colour of the palette.

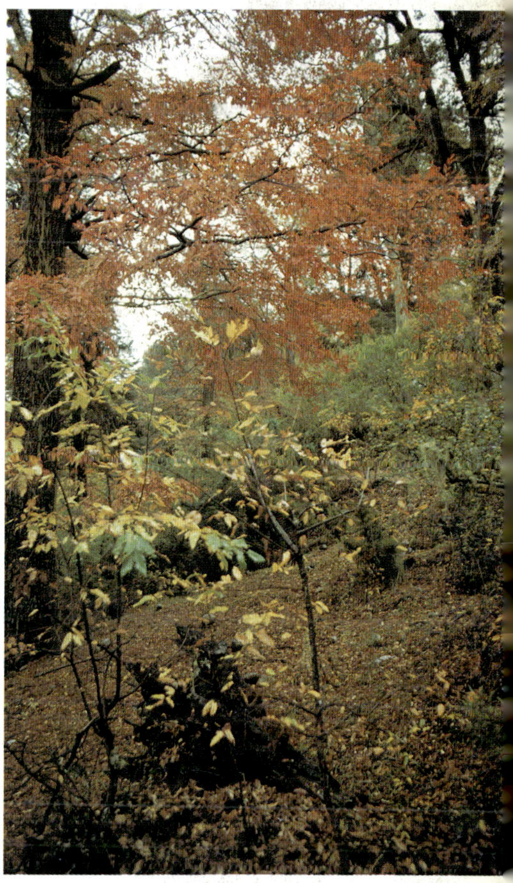

Los grandes embalses

The big resevoirs

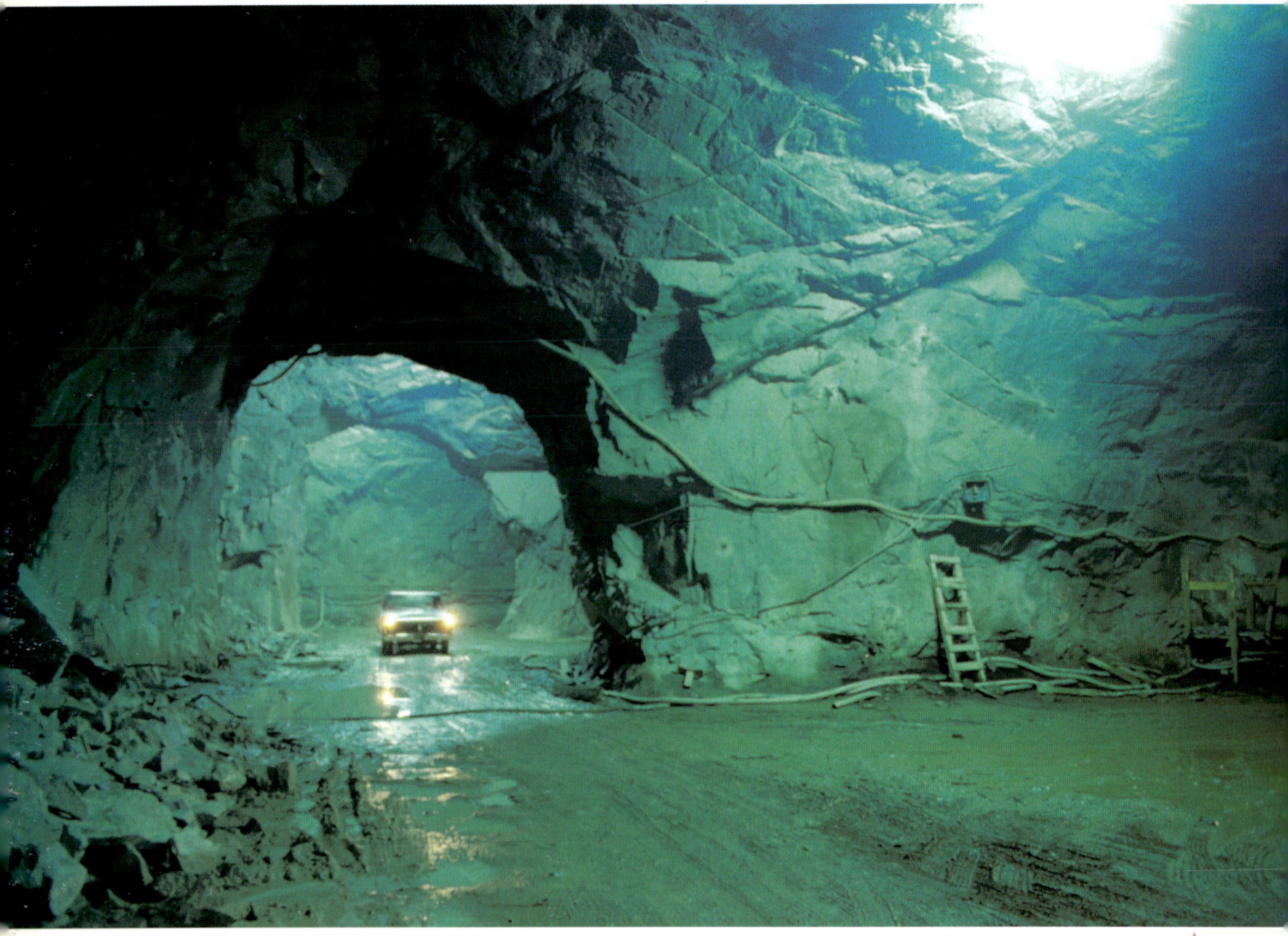

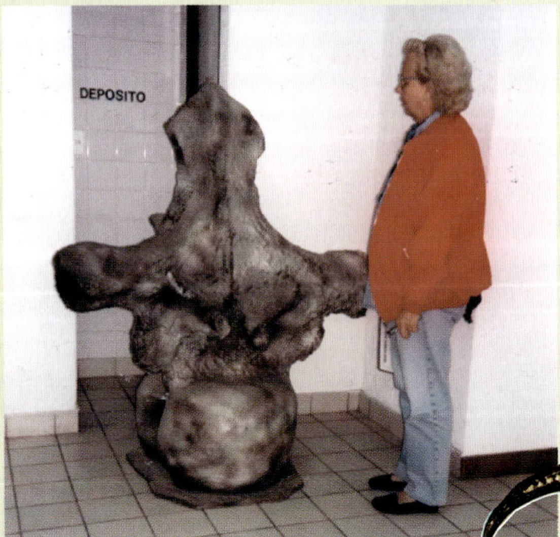

En las grandes cuencas de Neuquén y Río Negro se encuentran numerosos yacimientos de animales prehistóricos. En el museo de sitio de El Chocón se exhiben especímenes del dinosaurio más grande, el Argentinosaurio, una de cuyas vértebras tiene casi el tamaño de una persona adulta.

The vertebra of the Argentinosaurio in the El Chocón museum is as big as an adult person.

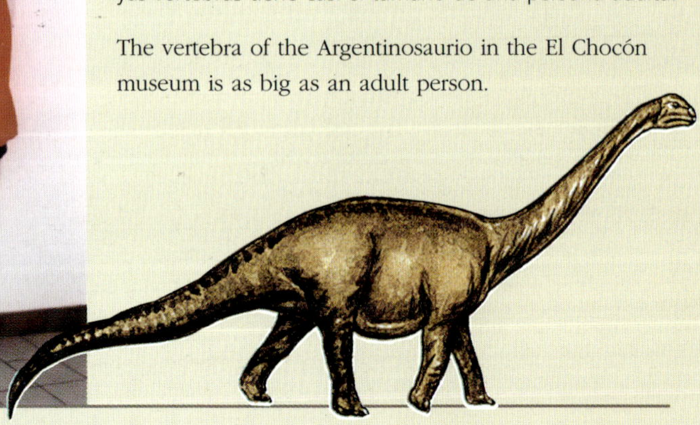

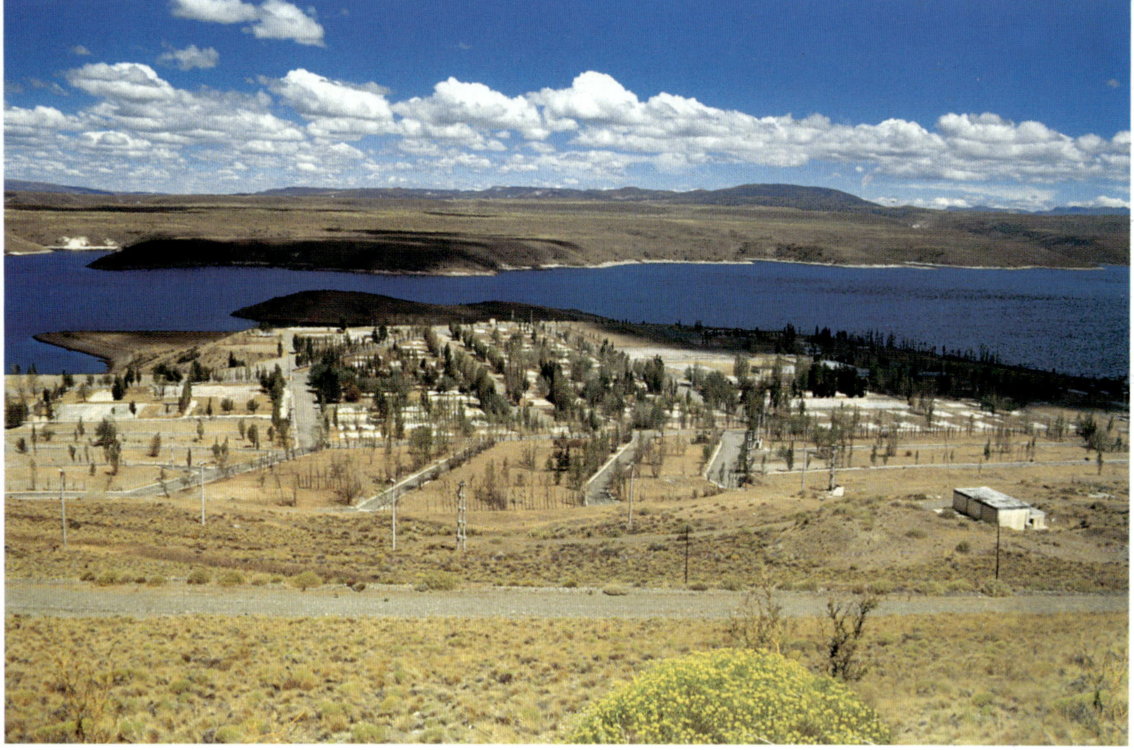

El Limay, con su gran caudal y pronunciada pendiente, ha hecho posible la construcción de algunas de las represas hidroeléctricas más potentes de Sudamérica: Alicurá, Piedra del Águila y El Chocón, para citar las más importantes. Los enormes túneles, hechos para aducir el agua a las turbinas, ya no pueden visitarse hoy (Pág. 84). Pero sí se ven algunos obradores abandonados, como el que perdura sobre el espejo del embalse (Alicurá). Aguas más arriba, en el Limay, se practica la navegación en gomones.

The energy from the mighty Limay river is taken advantage of by several large hydroelectric dams like El Chocón, Alicurá and Piedra del Aguila. Its waters flow through the turbines via enormous tunnels (photo taken during construction). Some settlements for the workers can still be seen, while up water they practice rafting with rubber dinghys.

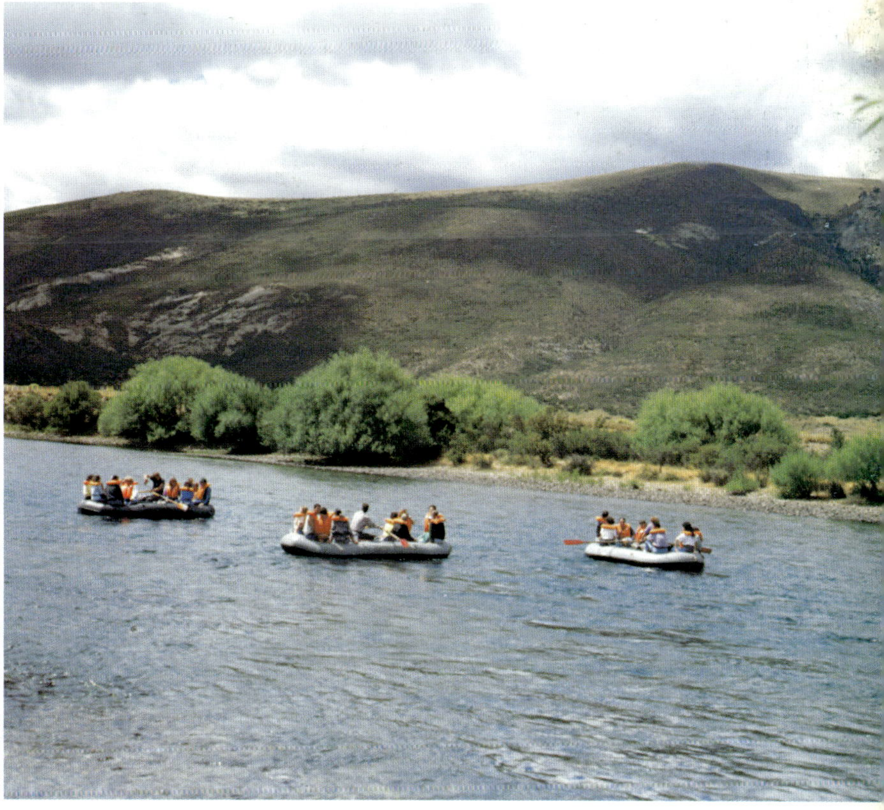

Vapor y nostalgia

Steam and nostalgia

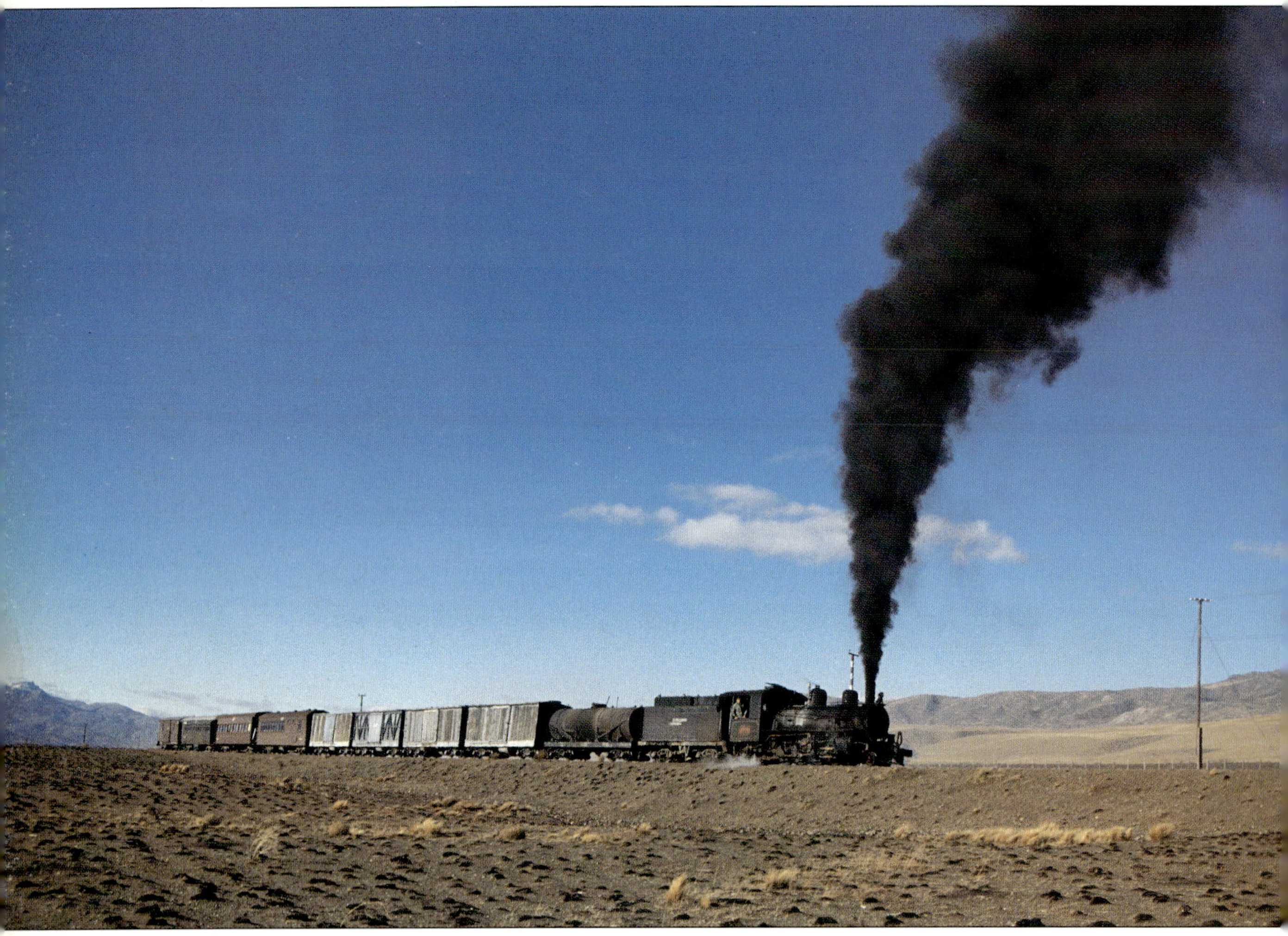

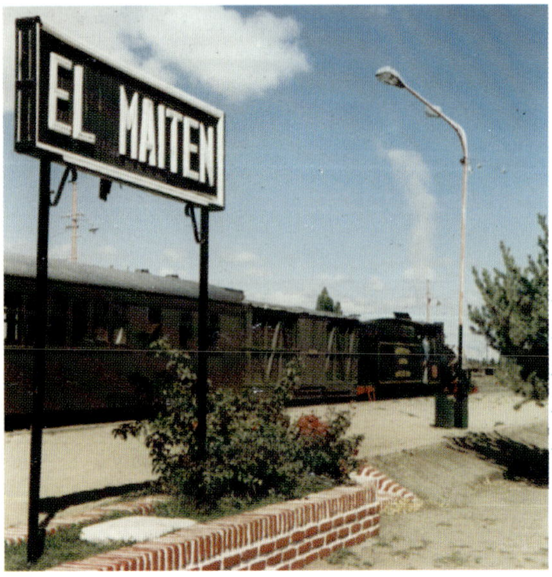

Después de atravesar el coronamiento del dique Alicurá, la Ruta 40 va en procura de Pilcaniyeu y Ñorquinco para luego tocar El Maitén, una estación a la vera de La Trochita. El Maitén se encuentra a corta distancia de El Bolsón y, al igual que esta localidad de la llamada Comarca Andina, está situado sobre el histórico paralelo 42.

The little steam train called "La Trochita" or better "The Old Patagonian Express" runs between Ingeniero Jacobacci, El Maitén and Esquel. At times Ruta 40 crosses its tracks or runs alongside them.

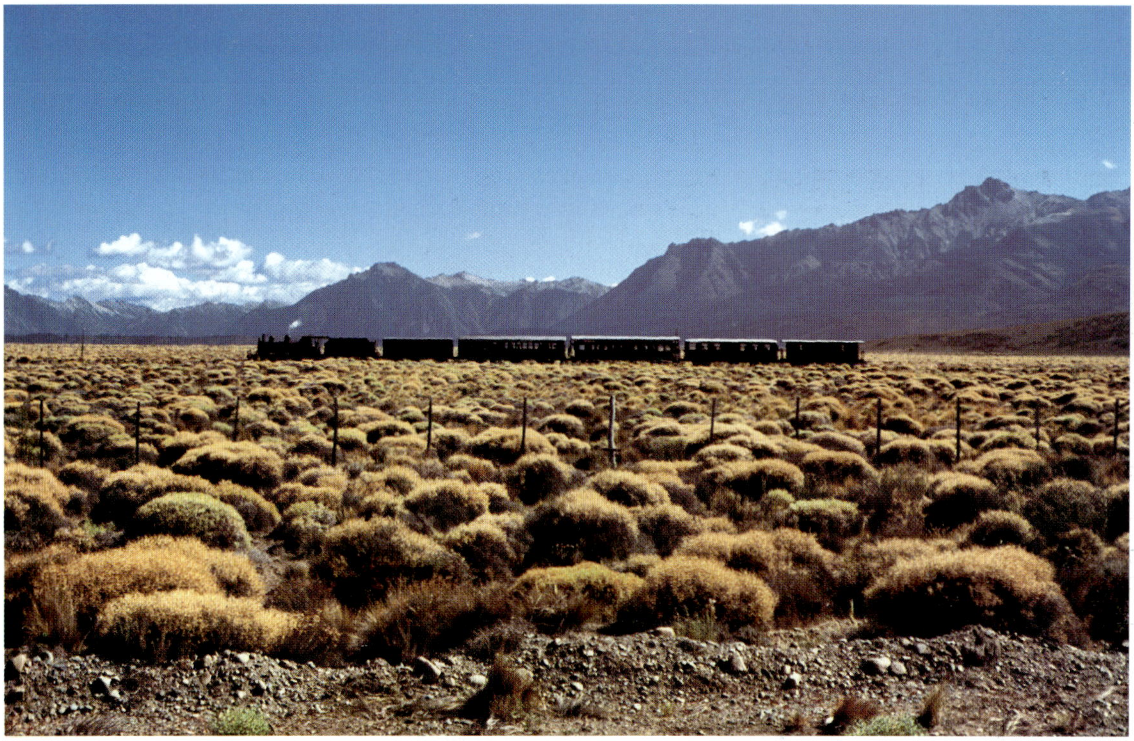

Los trenes de La Trochita recorren tramos del ramal Jacobacci-Esquel con fines turísticos, atravesando bajo vapor las inmensas planicies de la precordillera.

"La Trochita" gives as many tourist runs as cargo services, especially for trainlovers.

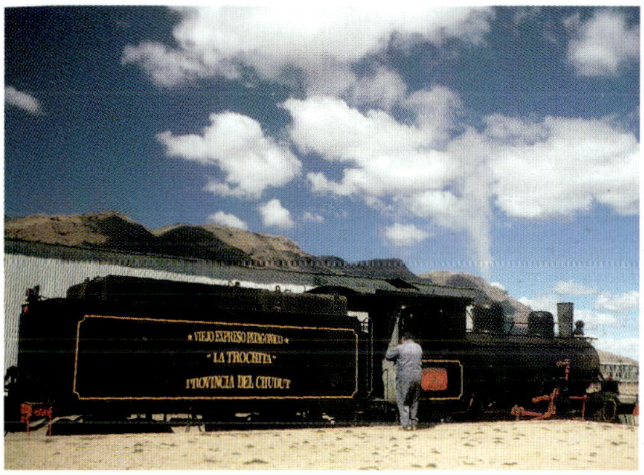

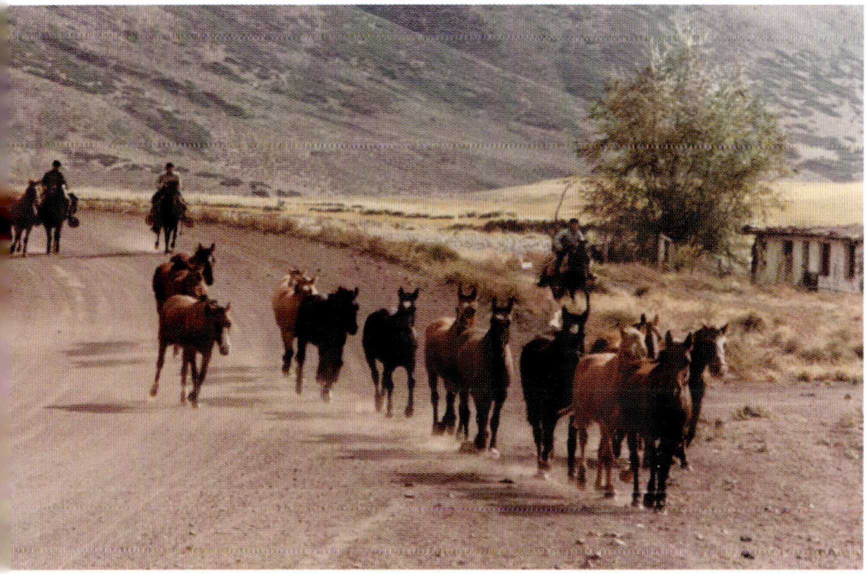

En determinadas épocas del año puede presenciarse cómo los pobladores suben sus haciendas de ganado mayor o menor, de la invernada a la veranada, o viceversa. Junto con las tropas se movilizan las familias, llevando sus enseres y sus párvulos.

In many parts of the region you can still see the animals taken to the highlands in summer and returned to the lowlands in winter.

Nueve milenios nos contemplan

Inhabitated during nine millenia

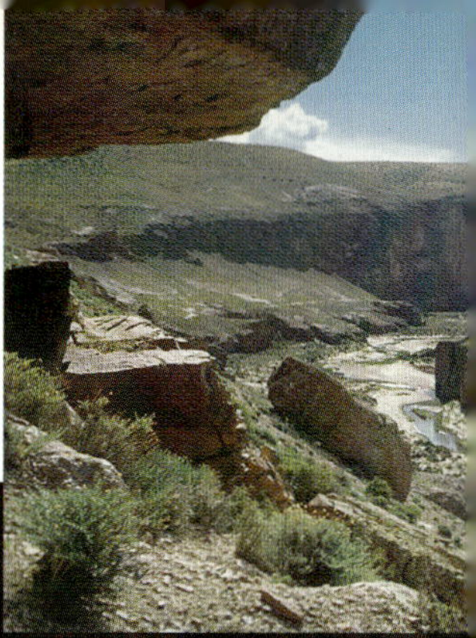

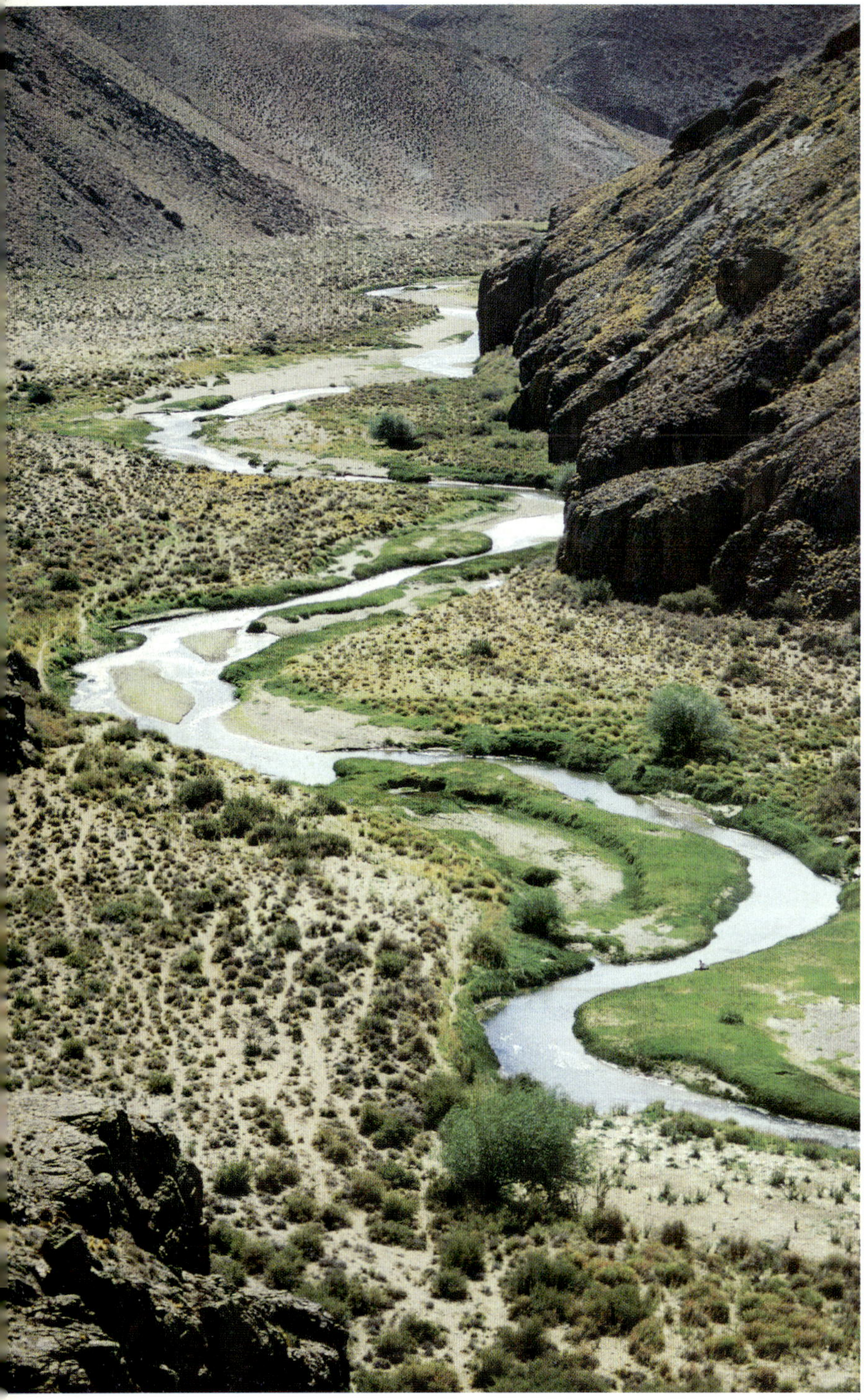

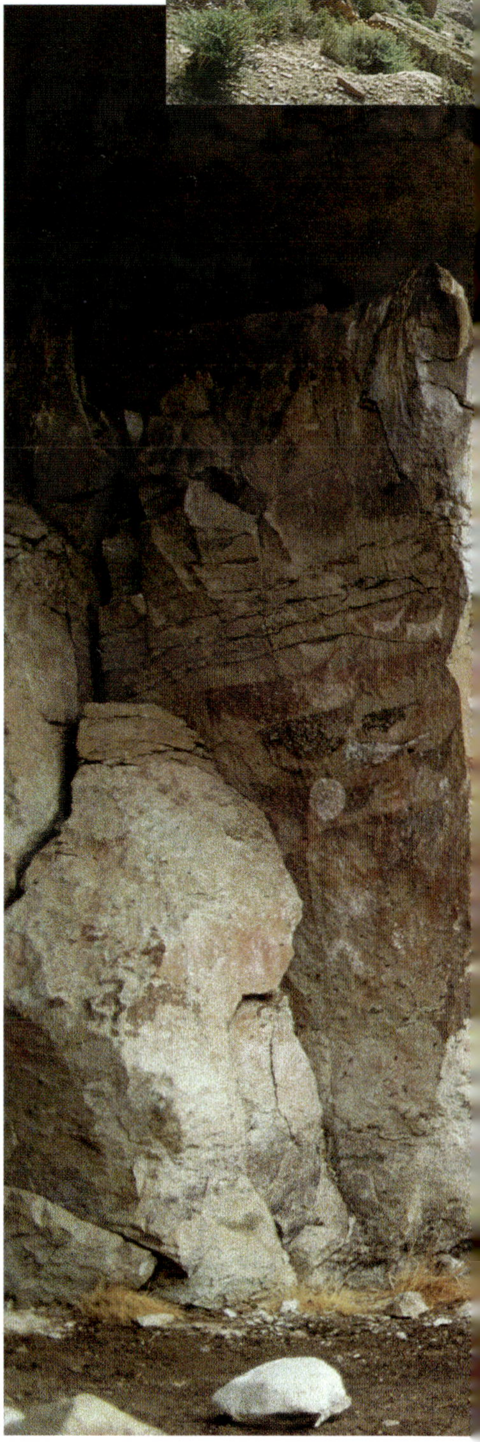

A partir de El Maitén la Ruta 40 se aparta un poco de la Cordillera –que sin embargo siempre queda a la vista– para tocar Nahuel Pan (cerca de Esquel), Tecka y Gobernador Costa. Comienza el territorio de las mesetas patagónicas y se suceden tranqueras de estancias. Después de pasar por Alto Río Senguerr, Río Mayo y Perito Moreno se abre, en Bajo Caracoles, el camino de acceso a la Cueva de las Manos.

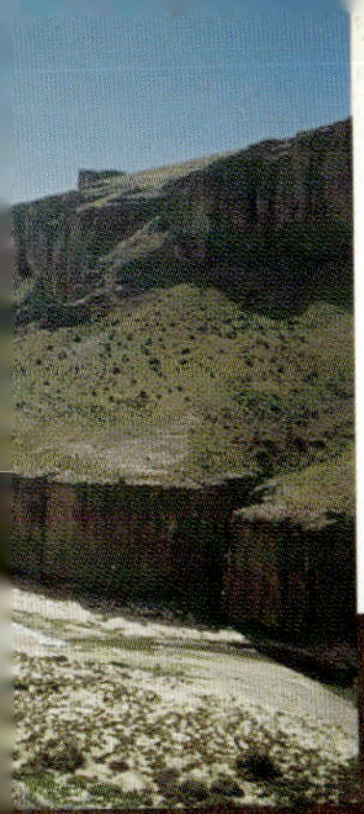

In the north of the Santa Cruz province Ruta 40 veeres away from the mountain range and finally reaches the Pinturas river and the Cueva de las Manos.
The Cueva de las Manos caverns were inhabited for 9000 years.

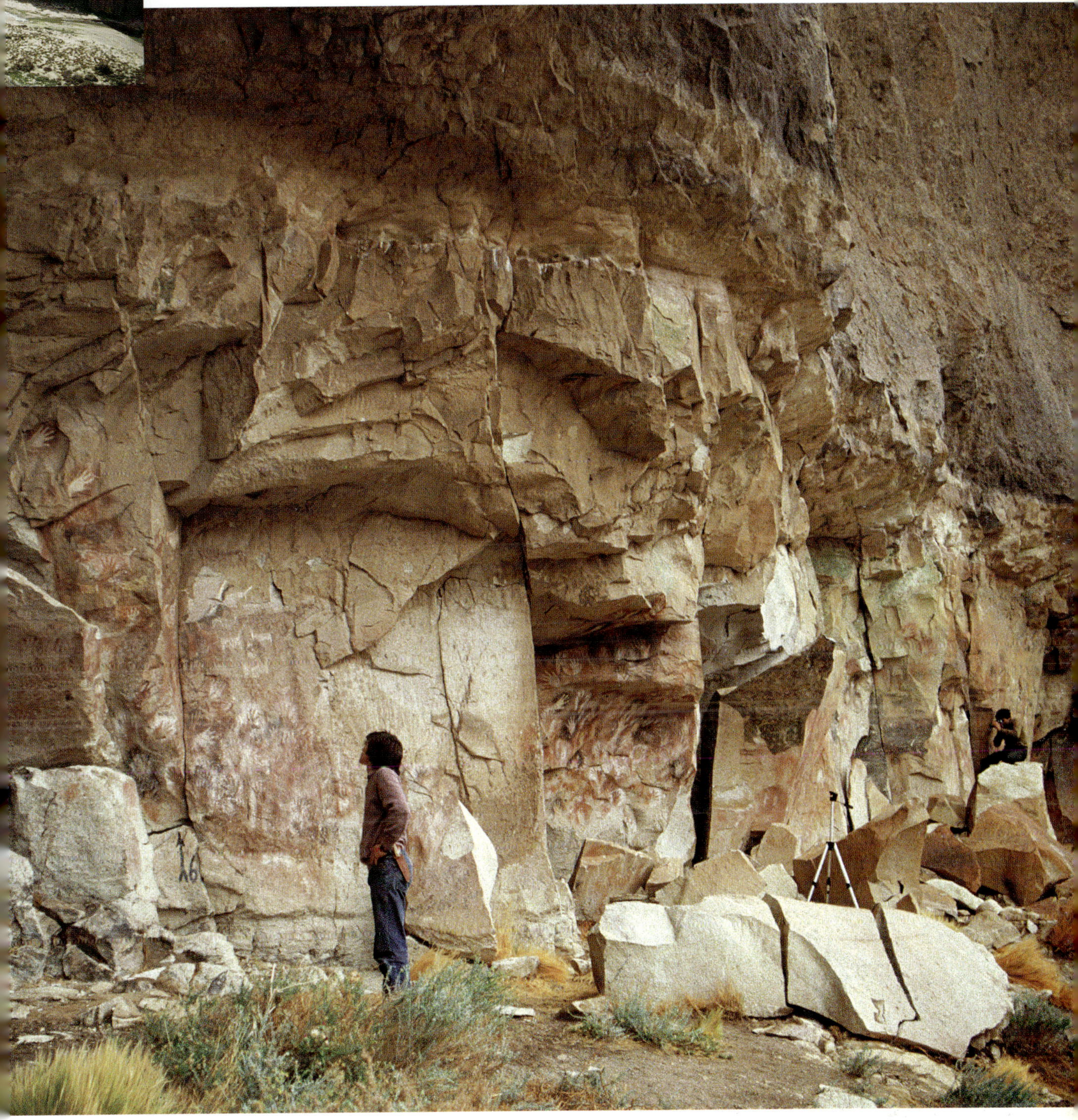

Las cuevas estuvieron habitadas hace 9.000 años, lo que no significa que las pictografías tengan igual antigüedad. Los dibujos fueron plasmados usando diferentes medios de aplicación (por boca, tubo, hisopo o aspersión). Los colores se obtuvieron mediante la selección de minerales: el negro, del bióxido de manganeso; el rojo, del ocre o la hematita; y el blanco, de la cal o del hueso quemado y molido; como mordiente se utilizaba amoníaco animal (v. g. orina).

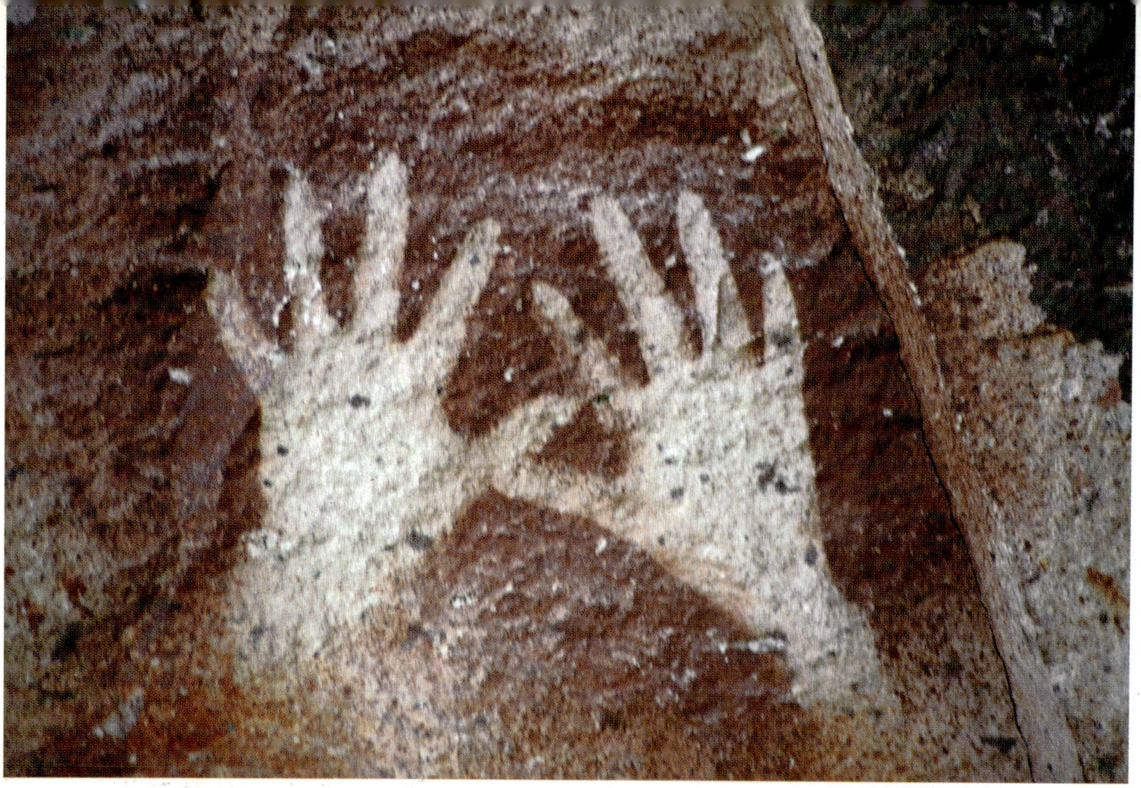

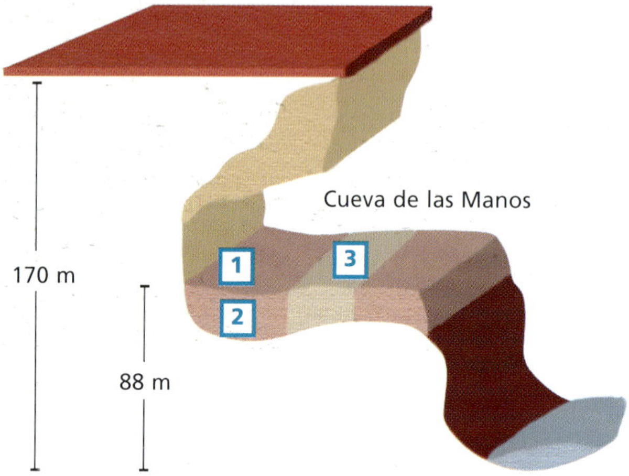

Estratigrafía de la Cueva de las Manos.
Stratigraphy of the Cueva de las Manos.

1 Piso actual / Present floor

2 Relleno natural / Natural fill

3 Testimonios más antiguos (en el fondo natural de la caverna): 7.350 a. J.C.
Oldest evidences of human occupation (deepest layer): 7,350 years B.C.

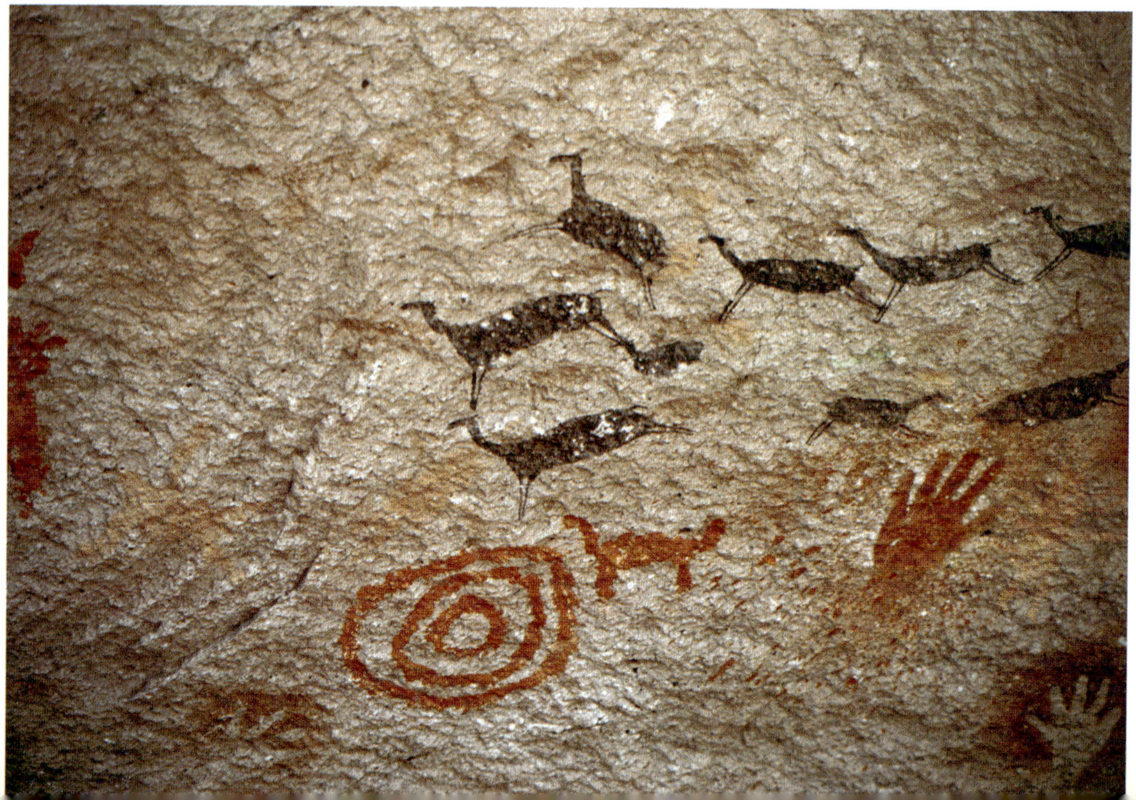

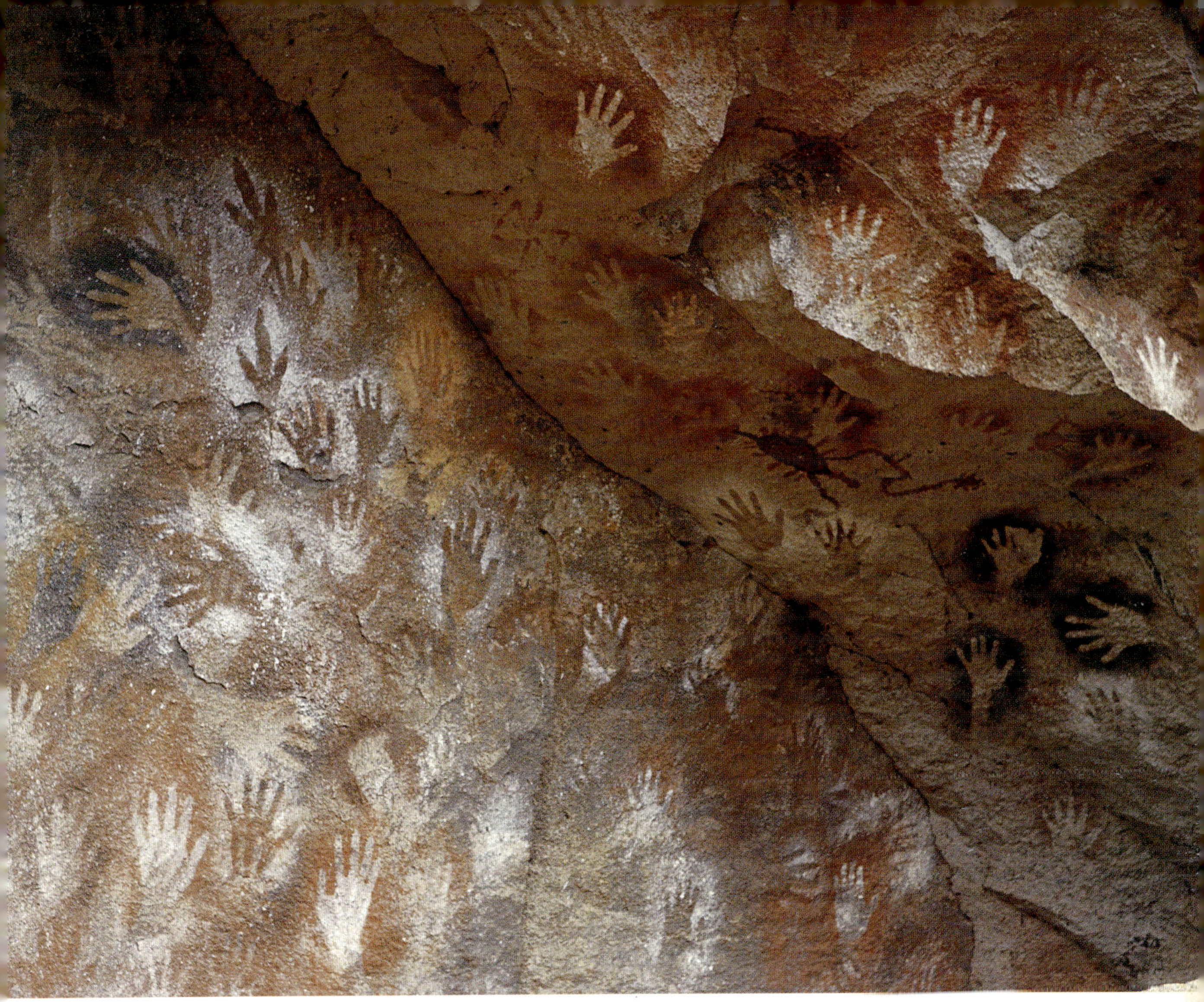

Las cavernas que conforman el conjunto denominado la Cueva de las Manos se hallan en las barrancas del Kolo Niyeu (en araucano Río de los Colores o Pinturas). En cuatro cavidades profundas y contiguas se han contabilizado 829 improntas, casi todas corresponden a la mano izquierda, excepto 31 (un 3,7 %), que fueron hechas con la derecha. Hay también guanacos, más de 215 figuras, algunos vemos en la pagina anterior, y muchos otros motivos naturalistas y abstractos.

In the Cueva de las Manos archaeologists counted 829 hand impressions, from those, more than 96 percent were left-handed; there are also other natural and abstract motifs.

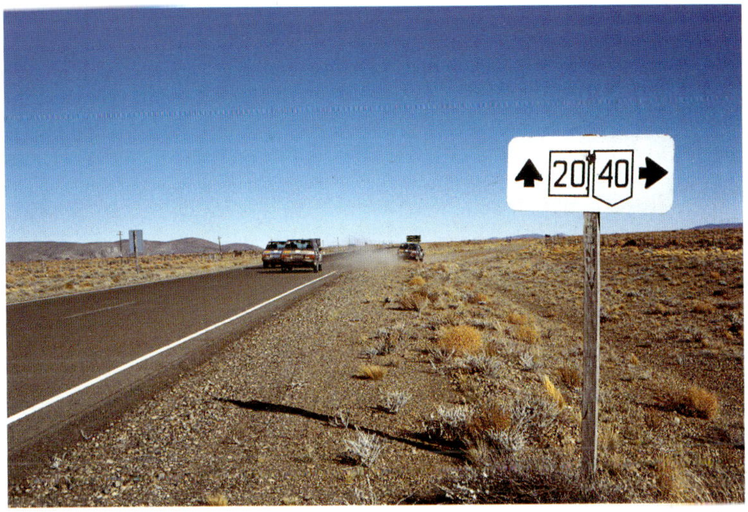

Al sur de Gobernador Costa ocurre algo curioso: la RN 40 continúa por ripio, y la RP 20, que es de pavimento sigue por Nueva Lubecka hasta Río Mayo donde, después de unos 200 kilómetros, se reencuentra con aquélla. Pero, ¿vos, no tomarás por el asfalto?, ¿verdad que no?

In Santa Cruz, Ruta 40 and its variants alternate from rubble to pavement.

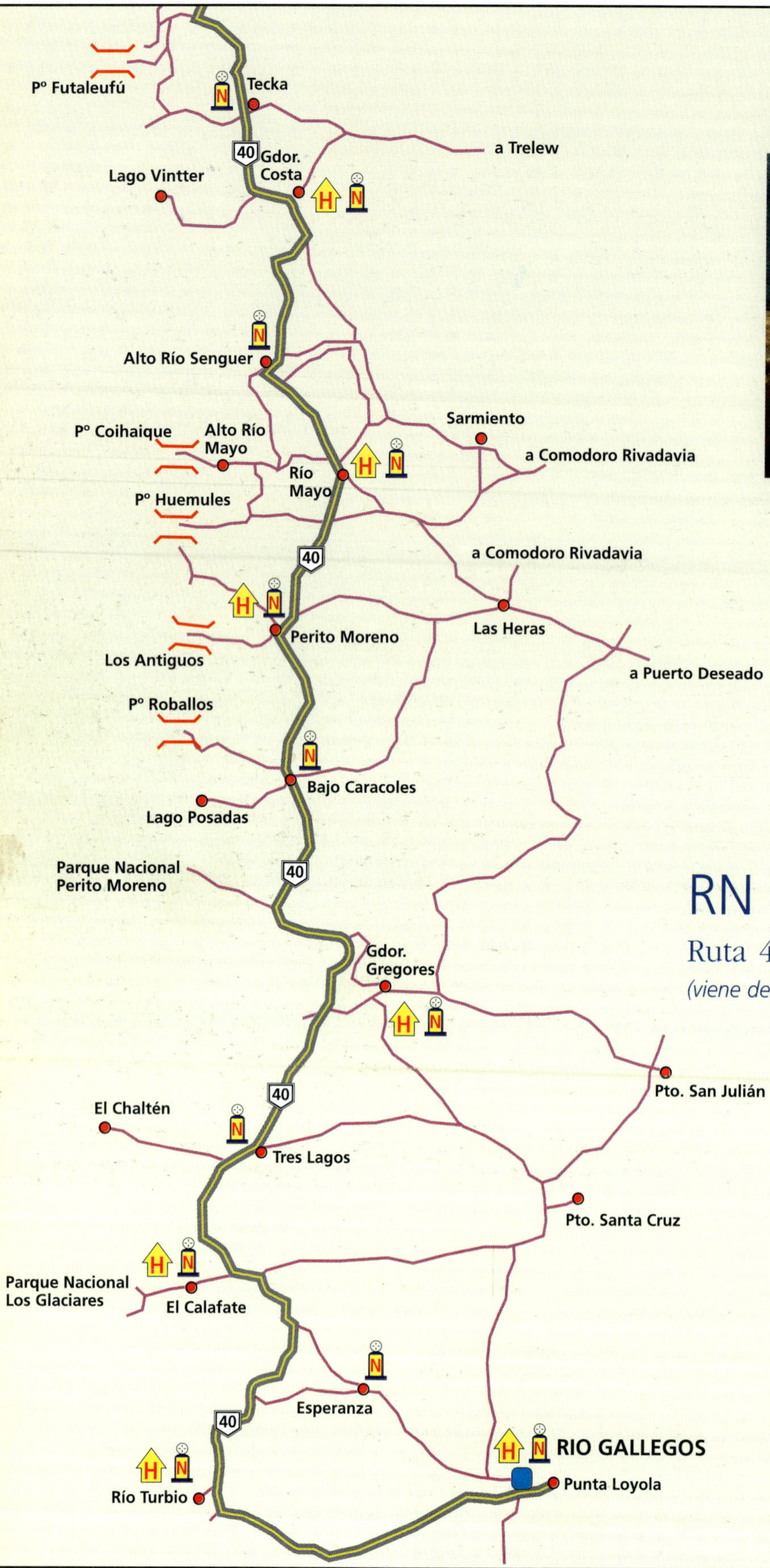

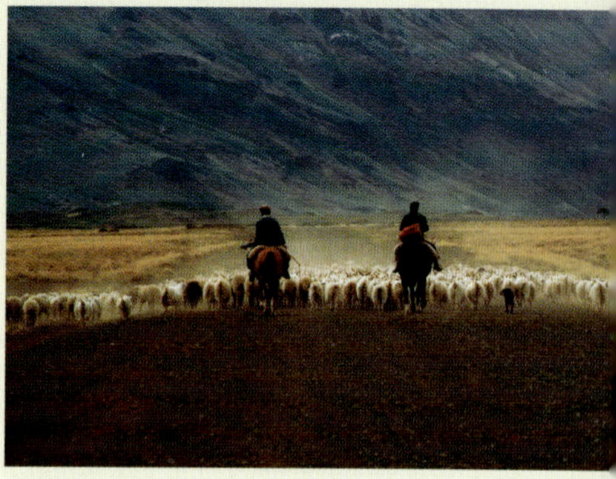

Una escena repetida en la vastedad patagónica: hombres arriando ovejas a campo traviesa.

A repetitive scene in Santa Cruz: flocks of sheep.

RN 40, Sector Sur

Ruta 40, South Sector

(viene de pág. 66)

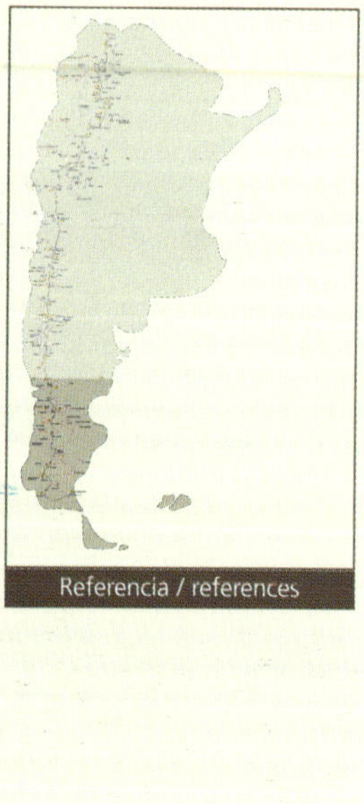

Referencia / references

Dientes de granito

Granite teeth

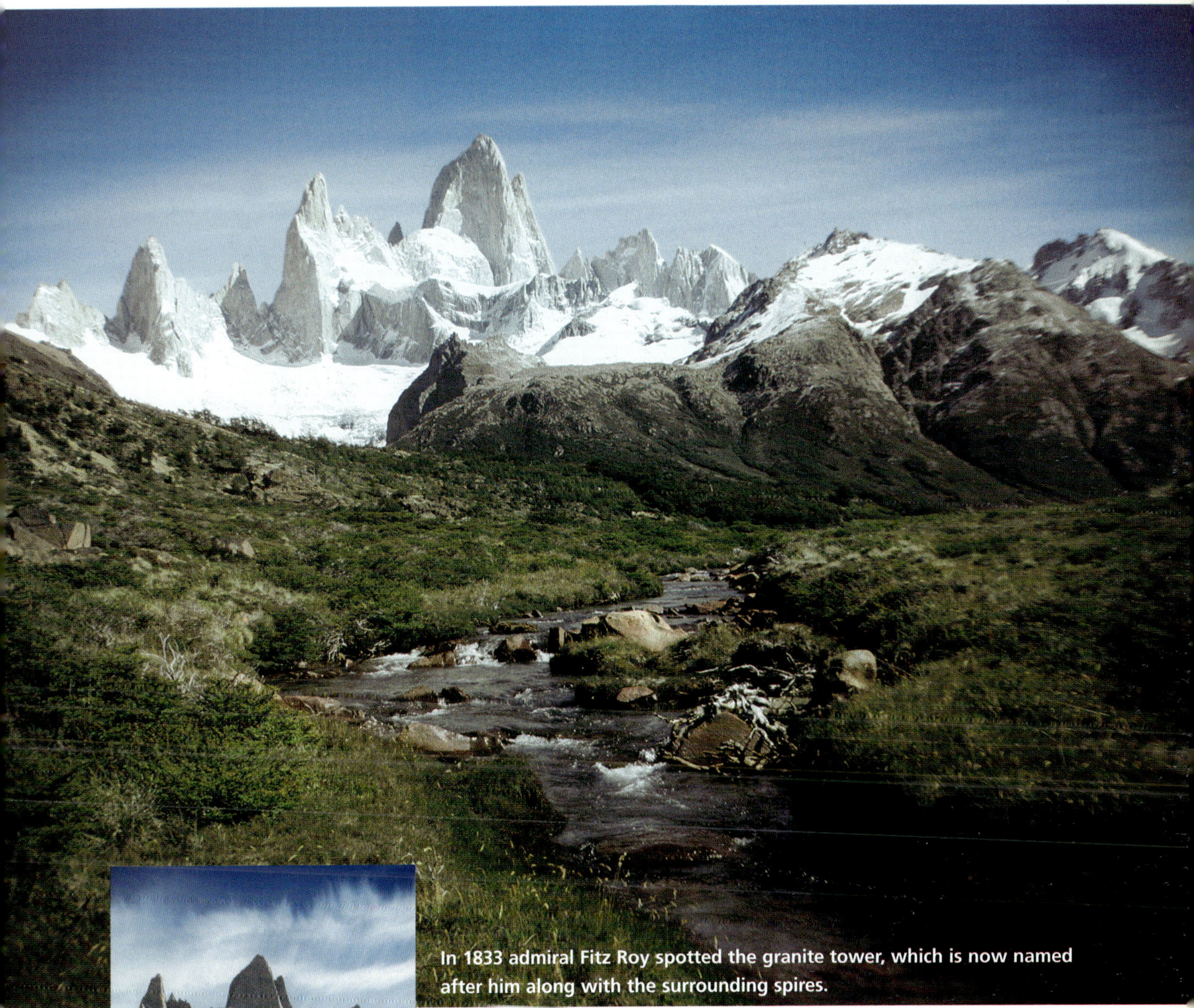

In 1833 admiral Fitz Roy spotted the granite tower, which is now named after him along with the surrounding spires.

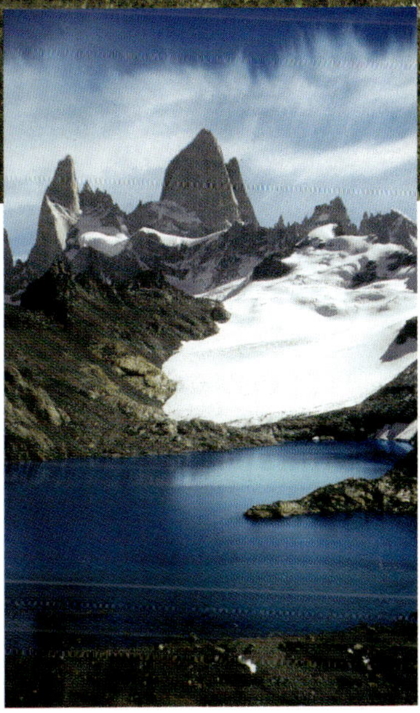

Tanto los Cuernos del Paine (vocablo éste que en araucano quiere decir "azul") como las agujas del macizo Fitz Roy están formados por gruesos estratos del cretáceo y capas de granodiorita. Los naturales de la región pensaron que el Fitz Roy era un volcán por la nube de vapor subliminado casi permanente de su casco de hielo; precisamente por ello lo llamaron chaltén (volcán). Francisco P. Moreno le dio el nombre Fitz Roy en homenaje al marino inglés que en 1833 había divisado desde lejos la pilastra casi cilíndrica de 3.405 metros de altura. En 1952 lo "vencieron" los franceses Guido Magnone y Lioney Terray. Los vecinos graníticos del Fitz Roy son dignos compañeros de la torre principal.

El imán de piedra

Por Germán Sopeña (*)

UNA IMAGEN INCONFUNDIBLE DOMINA MILES DE KILÓMETROS CUADRADOS A LA REDONDA EN LA PATAGONIA AUSTRAL. ES EL MÁGICO CERRO FITZ ROY, ACASO LA VISTA MÁS CAUTIVANTE DE TODA LA CORDILLERA ARGENTINA PESE A QUE SU ALTURA (3.405 M) NO COMPITE CON LA DE LOS GIGANTES DE MENDOZA O CATAMARCA, CUYAS CUMBRES LO DUPLICAN

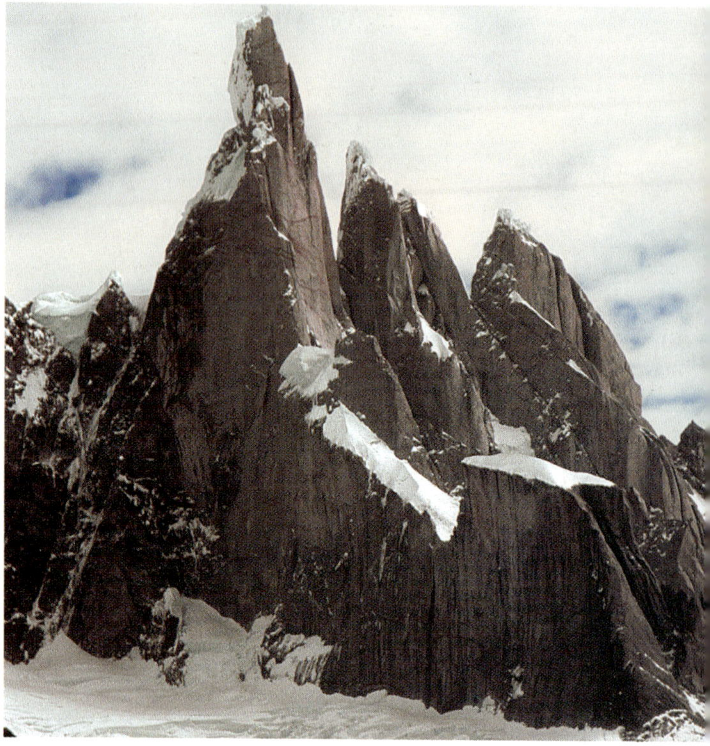

Pero el Fitz Roy es algo único, y al verlo uno entiende por qué los antiguos habitantes tehuelches lo reverenciaban como un lugar sagrado. Era la morada del dios del fuego, Agschen, y lo bautizaron Chaltén (volcán). Su conformación maciza y vertical en medio de una serie de agujas igualmente impresionantes –los picos Torre, Egger, Poincenot, Cuatro Dedos, Bifida, o Saint-Exupéry– recuerda inevitablemente una gigantesca catedral de piedra y hielos en medio de la soledad y las distancias infinitas.

Se lo ve desde muy lejos. En un día claro se lo puede apreciar ya desde la Ruta 40, a 100 kilómetros de la Cordillera propiamente dicha, antes de torcer hacia el oeste por la Ruta 23, que bordea la ribera norte del lago Viedma. Y si uno quiere tener la mejor de las vistas, vale la pena organizar la llegada al lugar con las primeras luces del alba. El recorrido desde la Ruta 40 hasta la base del Fitz Roy –la pequeña población de El Chaltén– nos regala, entre las cinco y las ocho de la mañana, según la estación, un espectáculo de colores sin igual. Tonos rojizos, nubes siempre cambiantes por los grandes vientos, el color verde esmeralda del lago Viedma y la montaña que crece ante nuestros ojos.

Todos los rincones maravillosos de la región tienen al Fitz Roy como referencia, tal como más al norte, en Neuquén, sucede con el Lanín, señor incuestionable y majestuoso de su territorio. Al Fitz Roy se lo ve desde el paradisíaco Lago del Desierto, enclavado entre los bosques de dos cordones montañosos; desde el tortuoso valle del río de las Vueltas; desde los senderos que conducen a los montañistas a los hielos continentales; desde los pequeños lagos donde descansan los ríos que bajan del deshielo; desde las lejanas estancias que se extienden hacia la meseta patagónica, y aun desde el otro lado del enorme lago Viedma, en una visión desde el sur, donde el conjunto de torres marca el horizonte imponente de la Cordillera.

No cualquiera puede llegar hasta su cumbre. Reputado y temido como una de las montañas más difíciles del planeta –al igual que su vecino el cerro Torre (3.128 m)– el Fitz Roy recién fue vencido en 1952 por el dúo franco-italiano Lione Terray-Guido Magnone y por muy pocos andinistas después, entre los que se cuentan sólo los mejores escaladores del mundo.

En cambio, sí es factible –y recomendable– caminar por los alrededores y las bases de ascenso

(*) Germán Sopeña, fallecido en 2001, fue colega, compañero de viajes y amigo de Federico B. Kirbus. A pedido de éste aportó para la primera edición de RUTA CUARENTA el breve artículo que se reproduce en estas páginas.

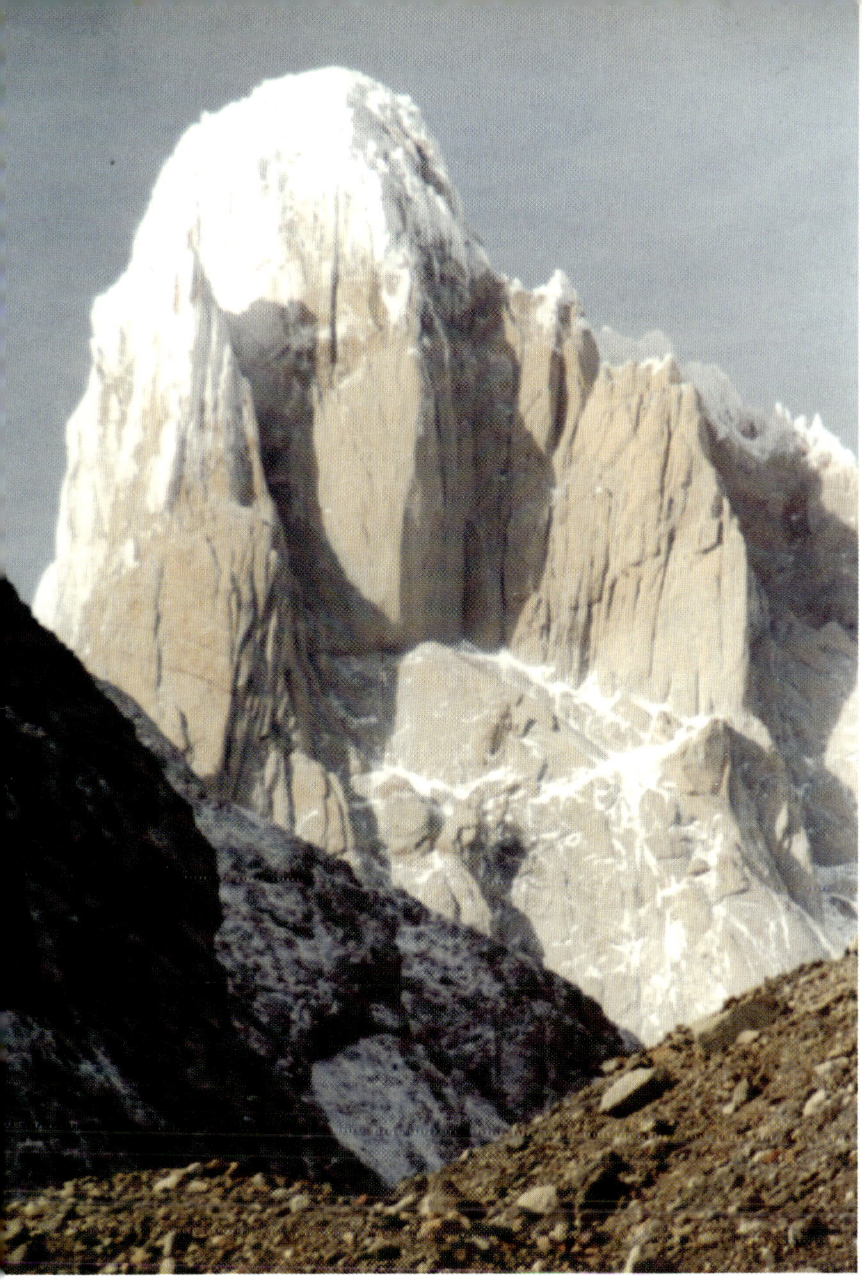

The magnet of stone

The South Sector of the Ruta 40 –more than twice as long as the North Tract– passes through many marvelous places. But maybe none captivates the traveller as that of the formidable granite tower which is in fact Fitz Roy hill (Chaltén in the indigenous language) and the spires that surround it. When one leaves this panorama and then turns one's head to have just one last look, the sheer beauty imprinted upon the retina is difficult to erase.

De lejos o de cerca, y visto desde cualquier ángulo, el Chaltén (o Fitz Roy) ofrece un aspecto sobrecogedor; también se lo puede divisar desde la Ruta 40.

From near or far, and seen from any angle, Fitz Roy (3405 metres) is a stunning sight.

Desde la Ruta 40 Sur se puede llegar a Torres del Paine, Chile (abajo).

From Ruta 40 South one may also reach Torres del Paine, Chile (below).

a los grandes picos del lugar. Los accesos se encuentran a pocas horas de caminata desde la población de El Chalten y proporcionan vistas inolvidables. Lo mismo vale si uno llega por la Ruta 21 –por la ribera sur del lago Viedma– hasta la estancia Helsingfors, exactamente al pie de la montaña, y se interna a pie por los glaciares y cerros circundantes, siempre con el Fitz Roy como centinela lejano.
Cuando uno se aleja del lugar, rumbo al este, es inevitable darse vuelta varias veces para guardar en la retina la última mirada al Fitz Roy.
Y así como la leyenda del sur patagónico dice que si uno come el fruto del calafate siempre volverá a la región, también puede afirmarse que quien ve una vez el majestuoso Fitz Roy entre las nubes volverá siempre para admirarlo, como atraído por un imán inexplicable.

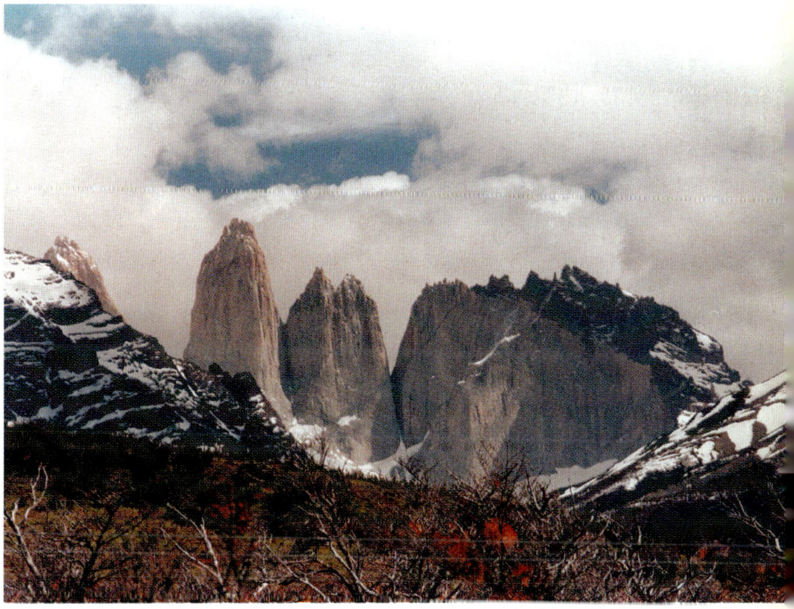

Ríos de hielo que bajan del casquete continental

Ice rivers flowing from the continental ice cap

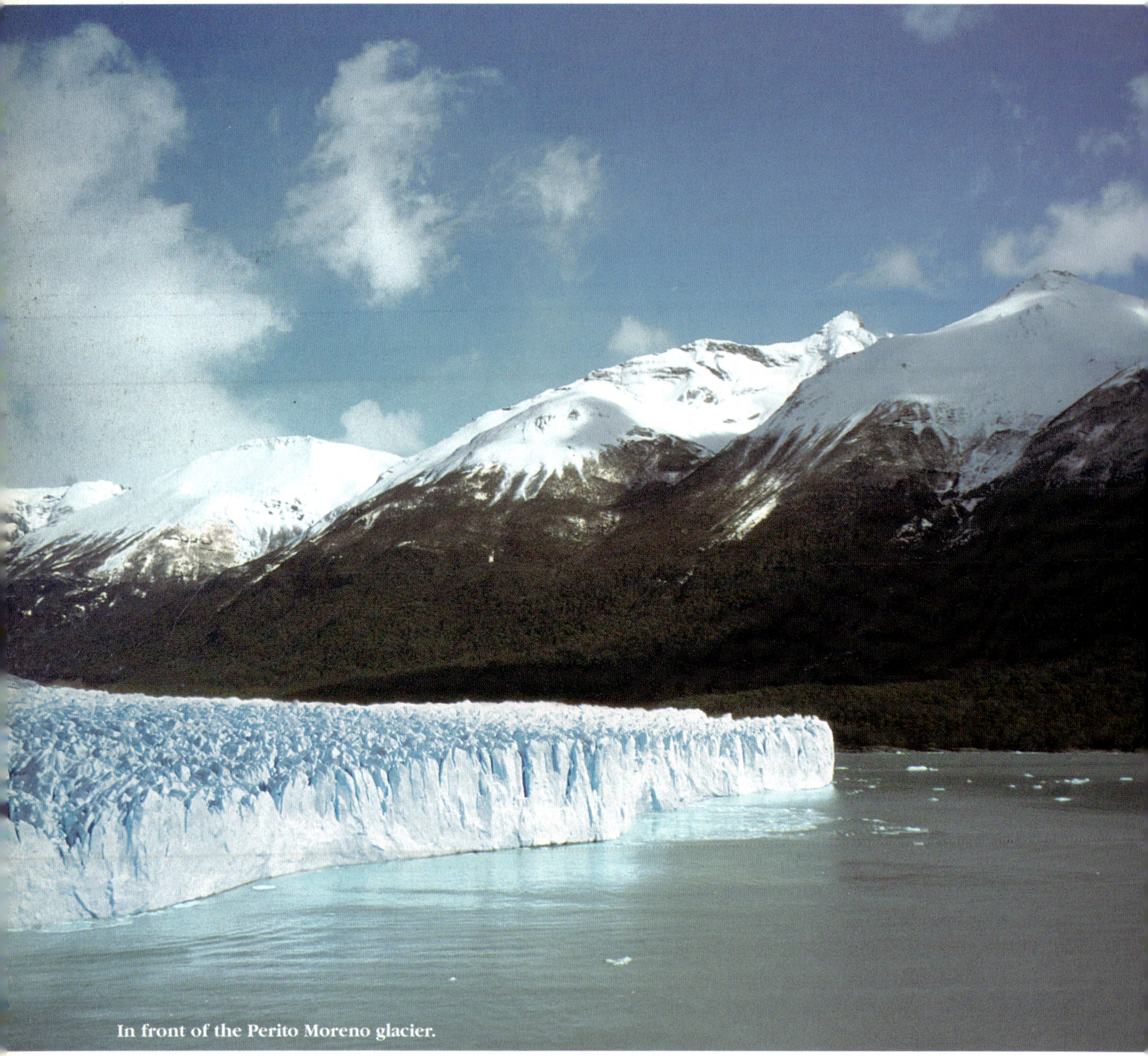

In front of the Perito Moreno glacier.

El Perito Moreno es una lengua de hielo que desciende del casquete continental. Tiene una superficie de unos 250 km^2 y un largo de 30 kilómetros. Su primer relator científico a fines del siglo XIX fue el alemán Rudolf Hauthal, que lo llamó Bismarck-Gletscher, pero fue rebautizado en 1899 con su nombre actual por el Tte. de Fragata Alfredo Iglesias. Nace a unos 2.500 metros de altura y desemboca a 50 metros sobre el nivel del mar en el Brazo Rico del lago Argentino. En 1917 su avance formó por primera vez (en tiempos históricos) un dique que embalsó las aguas del Brazo Rico. Estos avances se repitieron en forma periódica, hasta que en febrero de 1988 ocurrió por última vez la espectacular rotura; desde entonces su frente se ha ido retirando progresivamente. Lo mismo sucede con el Upsala, más al norte. Pero aún sin las cataclísmicas roturas y el continuo desprendimiento de los enormes témpanos, estas formaciones de hielo son un espectáculo que sobrecoge a los visitantes.

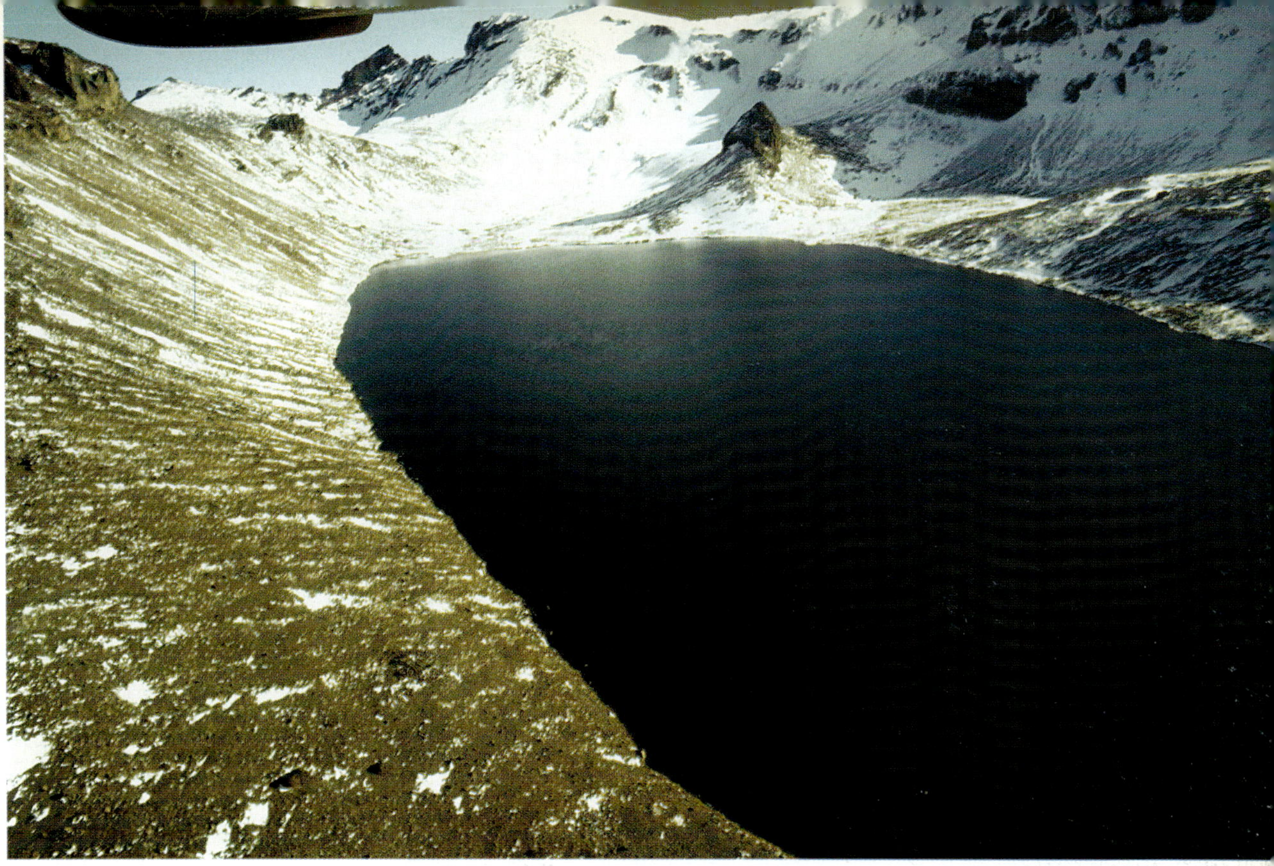

Virtualmente todos los lagos andino-patagónicos fueron excavados por las lenguas que descendieron a la llanura desde los grandes casquetes de hielo, hace 10.000 años. Los glaciares cavaron hoyas tan perfectas como una bañera (arriba) y cepillaron las rocas formando profundas estrías.

Virtually, all of the Andean-Patagonian lakes have been formed by ice descending to the plain from the huge icecaps, up to 10,000 years ago. Glaciers eroded basins as perfect and smooth as bathtubs (top photo), and swept up rocks forming deep grooves.

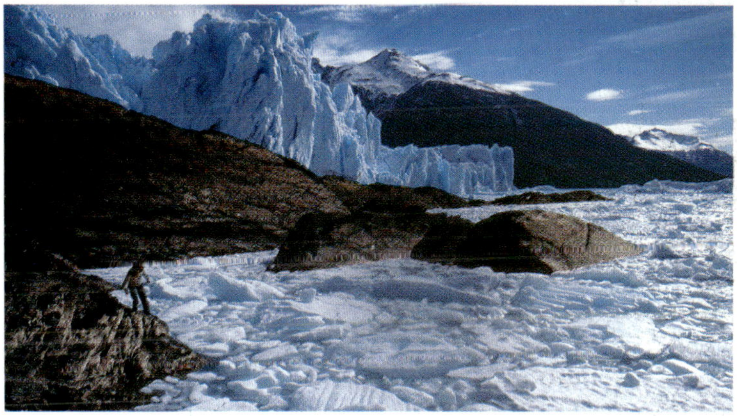

Casquete de hielo durante la glaciación
Icecap during glaciation

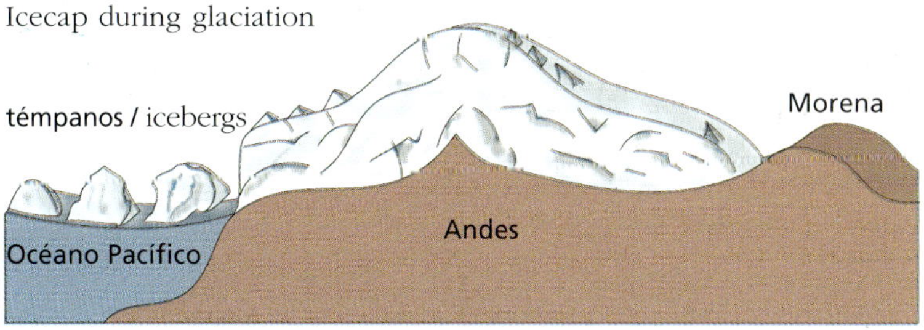

Hielo Continental / Continental icecap

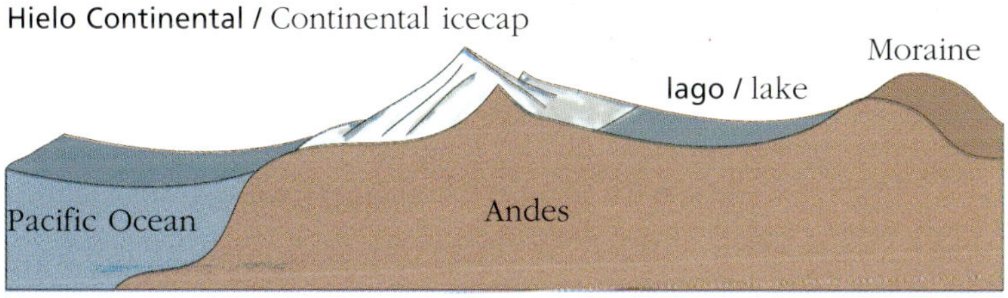

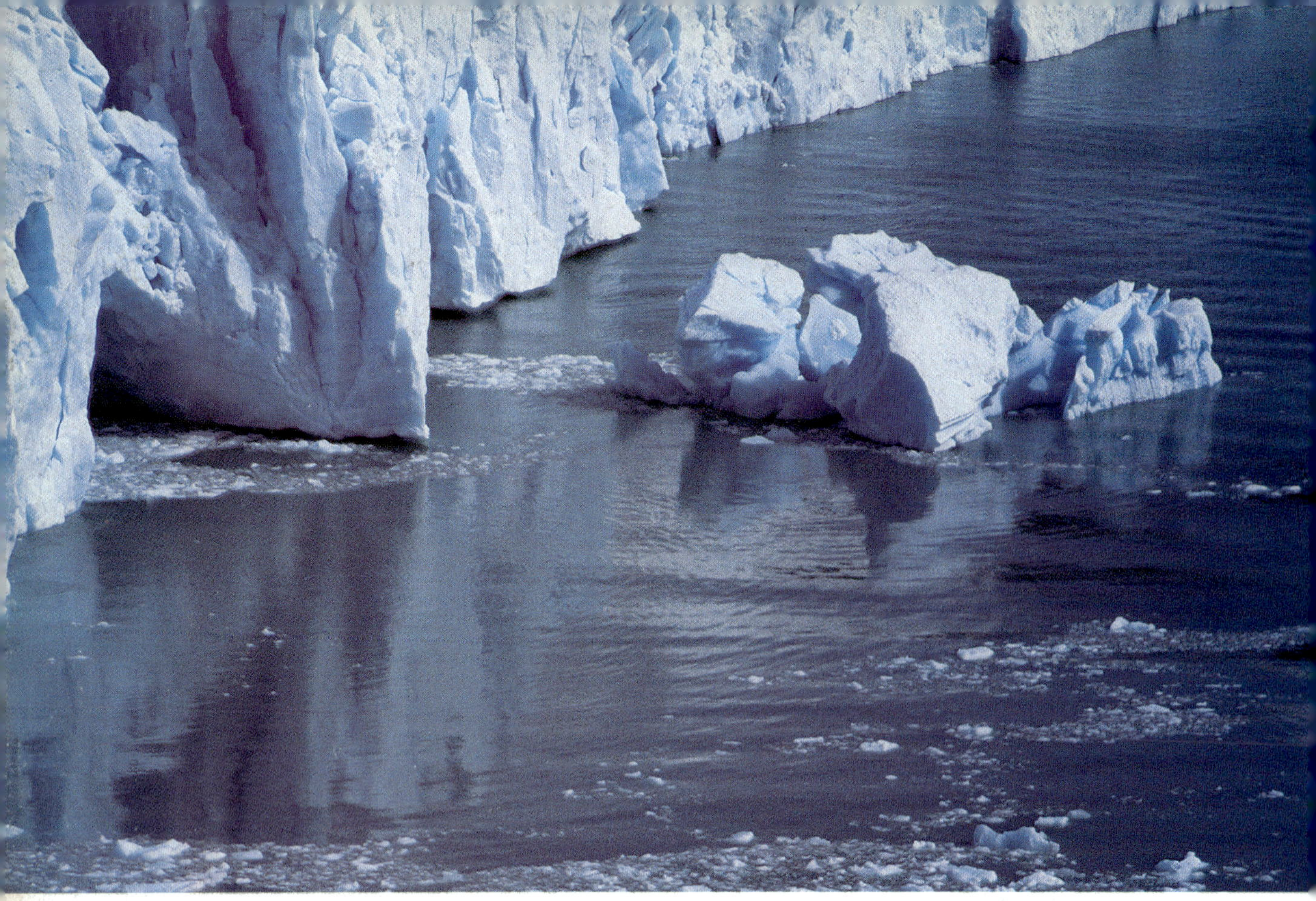

Un témpano "en miniatura" desprendido del frente del ventisquero Perito Moreno. Los icebergs se hunden más que en mar abierto, porque el agua del lago Argentino es dulce y, en consecuencia, ofrece menos sustentación (por su menor densidad) que el líquido salado marino.

A "miniature" iceberg from the Perito Moreno glacier in the Canal de los Témpanos. These blocks of ice are dipping more profoundly in the waters of lake Argentino than in the open sea since it is not as salty –and hence not as dense– as the latter one.

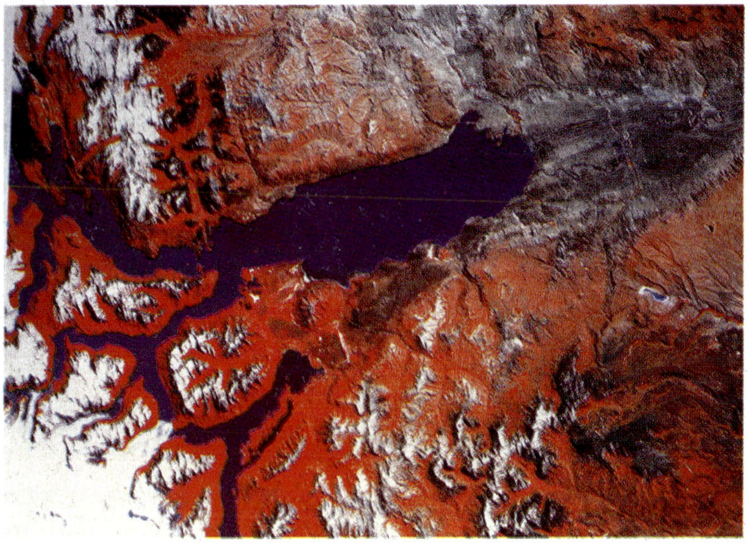

Imagen tomada por el satélite Landsat desde 900 km de altura. Se observa el lago Argentino y los diversos ventisqueros que descienden del Hielo Continental para desembocar en las aguas de las cuencas excavadas, durante glaciaciones pasadas, por glaciares de mucho mayor desplazamiento que los actuales.

A photo taken by the Landsat satellite, at a height of 900-kilometres, lake Argentino can be observed as well as the different glaciers flowing down from the so-called Continental Ice Cap to the basins that much larger, stronger and faster glaciers have eroded during past ice ages.

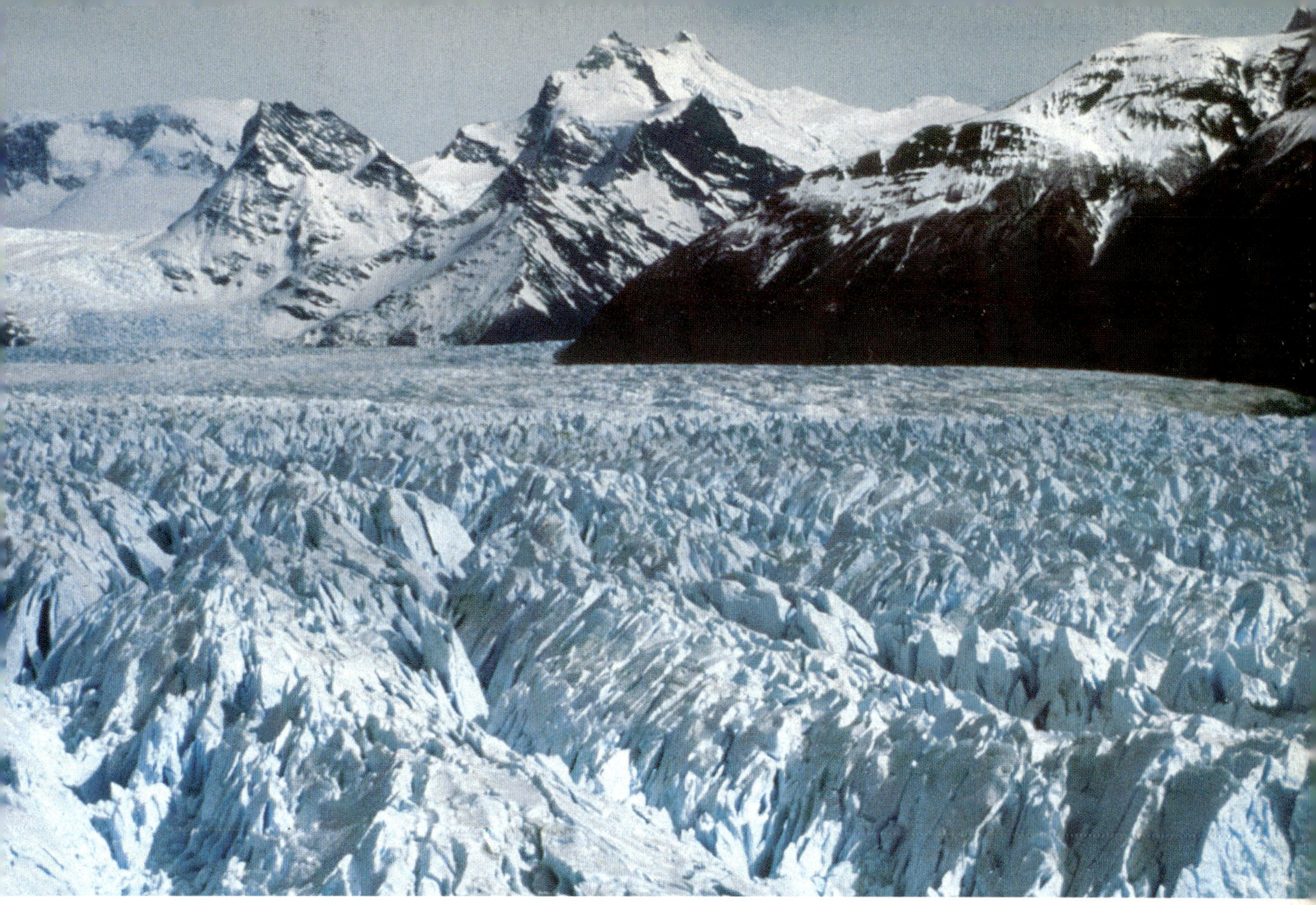

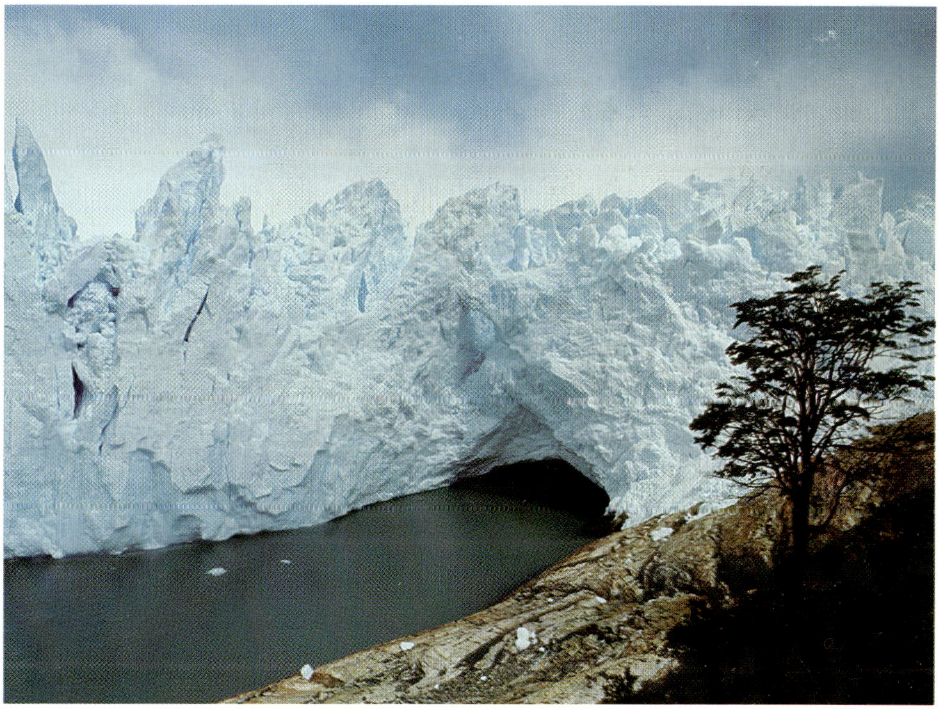

El Perito Moreno da nacimiento, en forma permanente, a respetables témpanos que luego flotan en el lago Argentino, donde el hielo finalmente se derrite. Por esto mismo es considerado el depósito más grande del mundo de "agua destilada" (libre de minerales).

The Perito Moreno glacier continually produces impressive icebergs that float on lake Argentino where, eventually, the ice melts down: This is why lake Argentino is considered the largest body of fresh water in the world.

Fin de un largo y hermoso viaje

The end of a long and beautiful trip

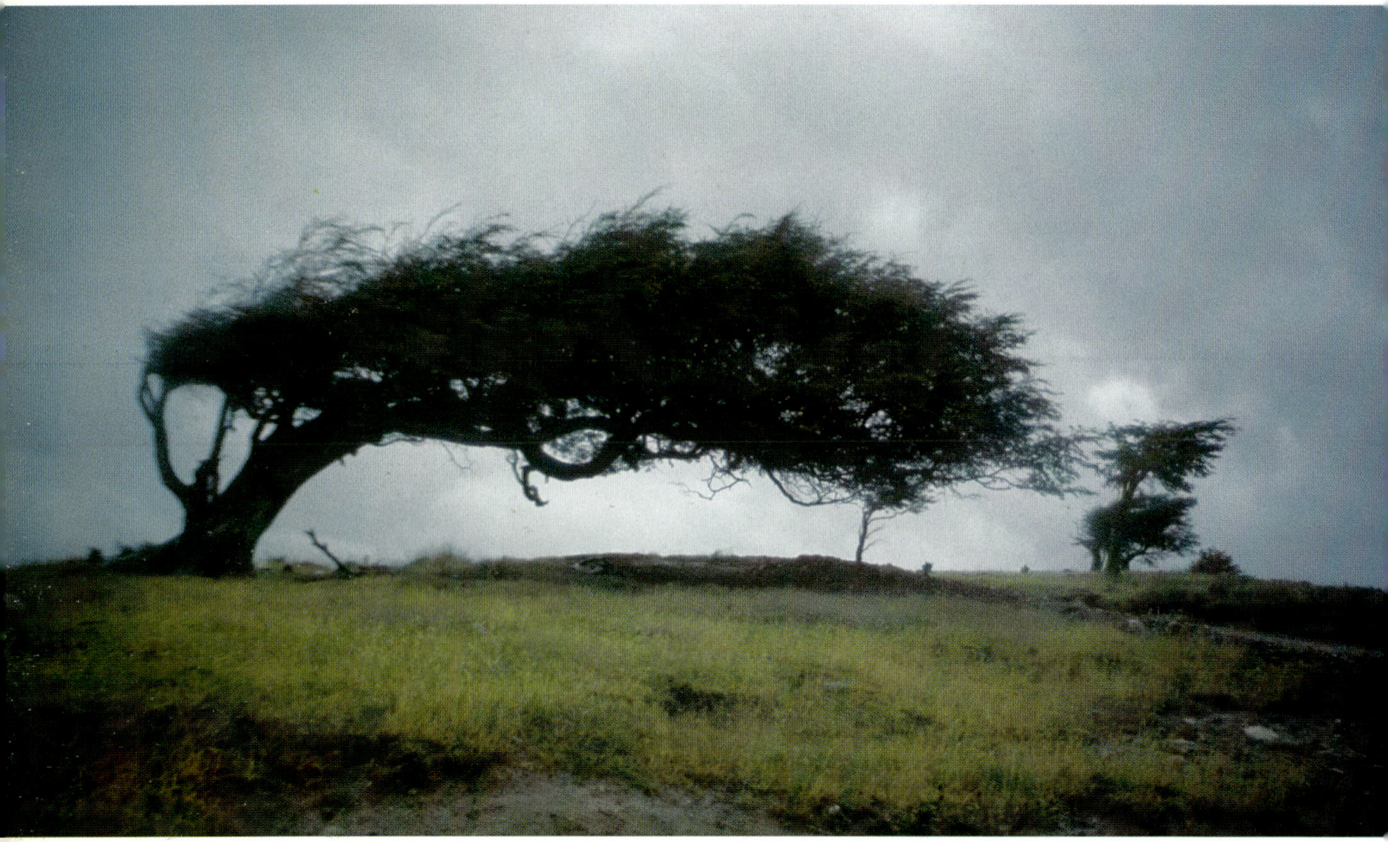

Infaltable en el ventoso sur, el árbol bandera.

Unmissable in the constantly windy south: the (so called) Flag tree.

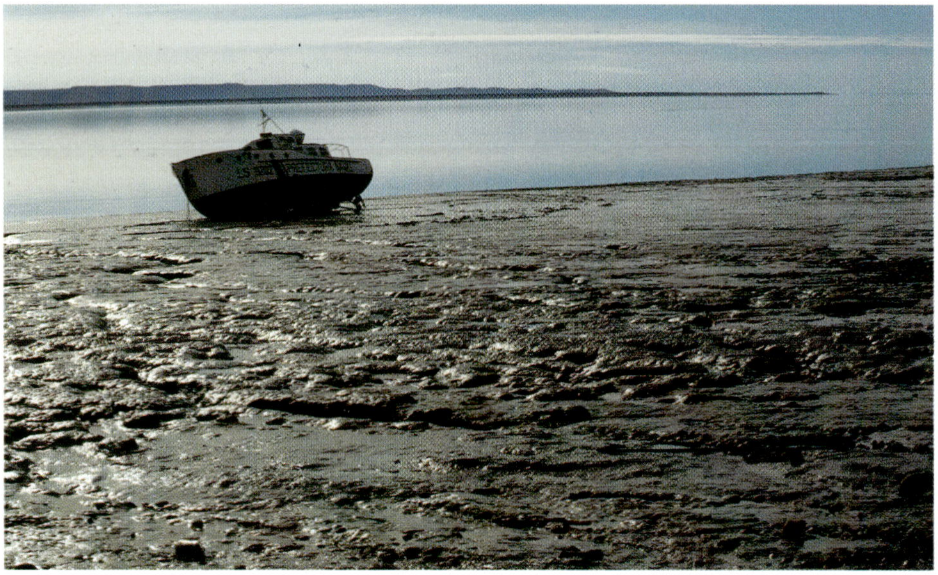

En la desembocadura del río Gallegos, donde a raíz de la gran diferencia entre sicigias y cuadraturas las mareas llegan hasta 9,1 metros, las embarcaciones se quedan en la ría durante la bajamar.

High and low tide occur in the gulf of Río Gallegos, a difference of 9.1 metres.

Más allá del extremo de la Ruta 40 (mojón 3.115,6), en Punta Loyola, yace en la costa el casco oxidado del velero Kantly que, trasportando carbón, se incendió en 1910 y naufragó. El pecio se encuentra a 2,1 millas de Punta Loyola, hacia el sudeste. Es un interesante broche de oro para un viaje en automóvil tan prolongado.

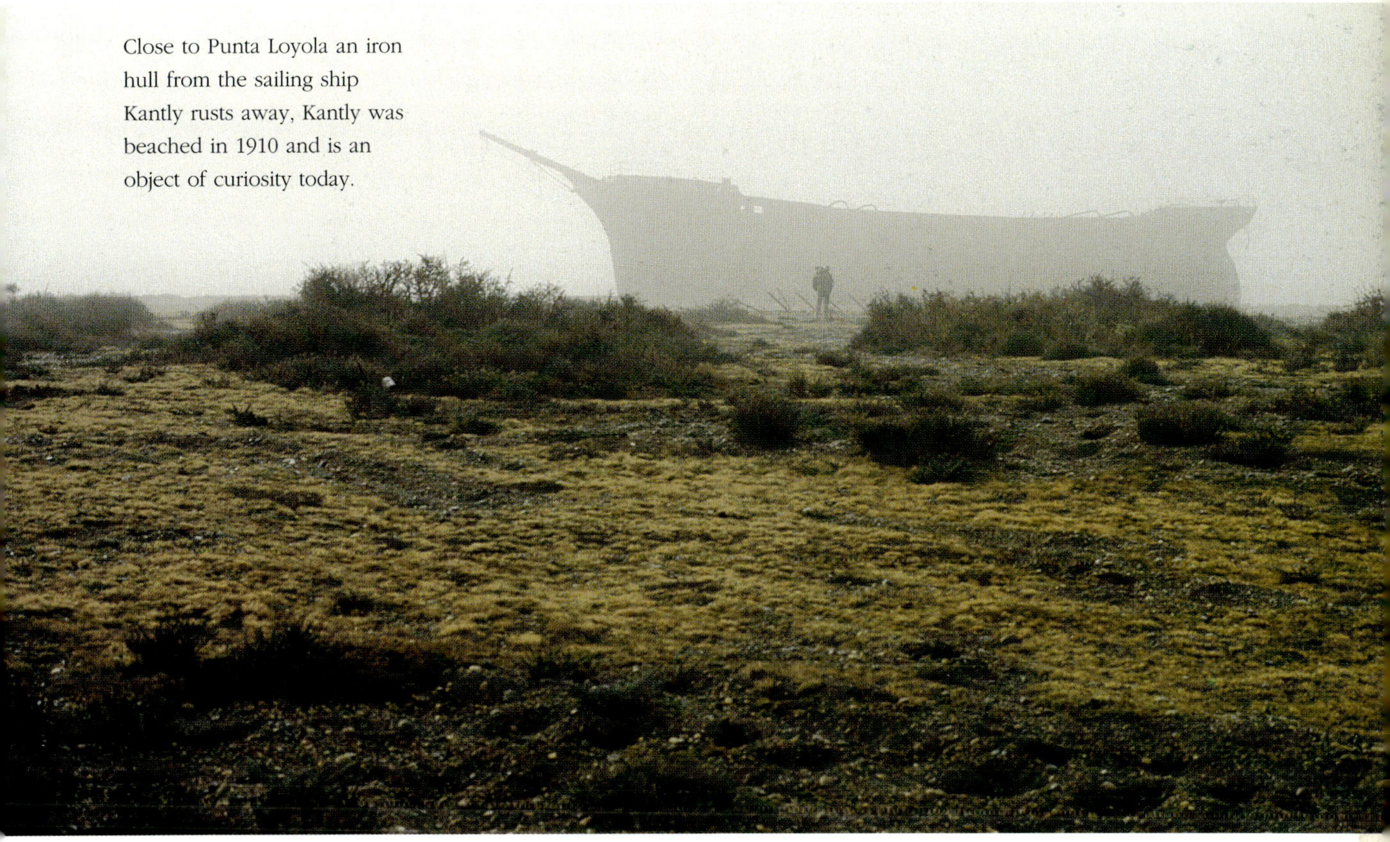

Close to Punta Loyola an iron hull from the sailing ship Kantly rusts away, Kantly was beached in 1910 and is an object of curiosity today.

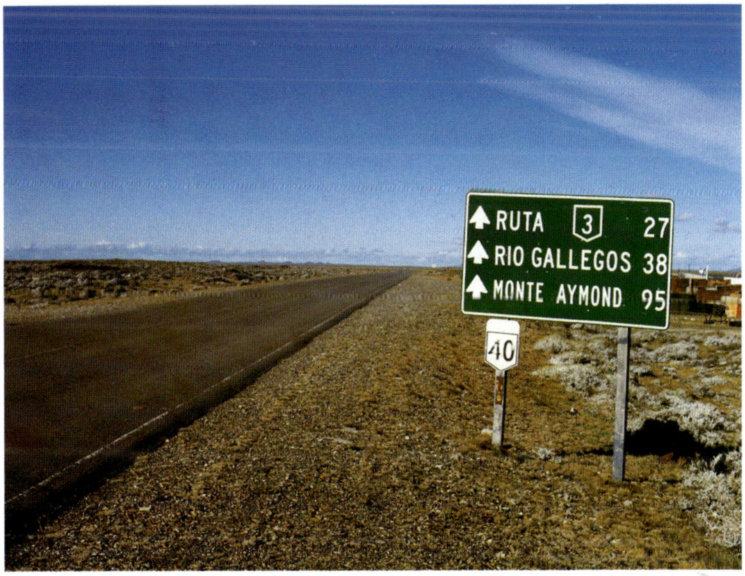

En otros tiempos la Ruta 40 corría desde la punta oriental del lago Argentino en diagonal hasta Río Gallegos, pasando por Esperanza. Describiendo un gran arco hoy día dobla en el paraje El Cerrito, hacia el sur, para ir en procura de Cancha Carrera y Río Turbio, bordeando la frontera con Chile. Desde Río Turbio, el camino sigue en partes el trazado del ferrocarril construido para llevar el carbón de las minas al puerto de Río Gallegos.

El extremo austral de la Ruta 40 se encuentra a 38 kilómetros de Río Gallegos. Desde el extremo norte, cerca de Abra Pampa, hasta este punto, la distancia en línea recta es de 3.210 kilómetros; por carretera, con todos sus rodeos, se alcanzan 4.667 kilómetros (una distancia 45% mayor).

The South Sector of La Ruta Nacional 40, ends at 3115 kilometres from Mendoza and 38 kilometres from Río Gallegos, in Punta Loyola.

La ventana climática

The climatic window

LAS LLUVIAS CON SU SECUELA DE BARRO –LO MISMO QUE EN OTRO ORDEN LAS NEVADAS– PUEDEN HACER FRACASAR AUN LA EXCURSIÓN MEJOR ARMADA.

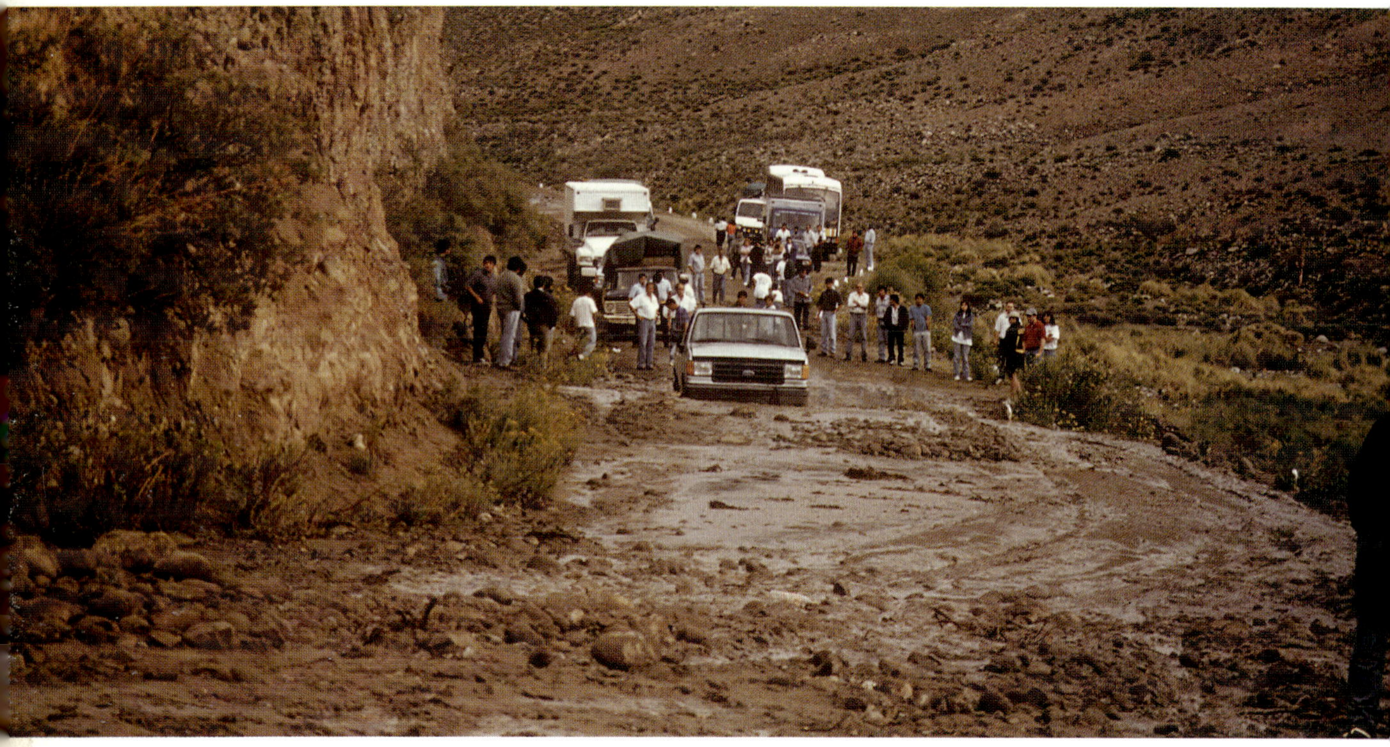

De ahí que no sirvan las salidas durante los famosos "fines de semana largos": hay que programarlas para el período más apto, y éste está inextricablemente ligado al régimen de precipitaciones. Hay que hacer una salvedad: si bien en la región del Noroeste argentino y la Precordillera, por donde discurre la "Cuarenta", de abril a noviembre suele llover poco y nada, en la alta montaña y en ciertas comarcas de la Puna la presencia de nieve es en esa época un riesgo latente.

De ahí que, mejor todavía, los momentos más favorables sean el otoño y la primavera: después de las lluvias y antes del frío, o viceversa.

Las situaciones críticas que hemos vivido y presenciado debido a las inclemencias del tiempo fueron muchas: granizadas violentas, aluviones convertidos en una fiera voraz, nevadas repentinas y copiosas, tormentas eléctricas feroces en la Puna; de todo.

El fenómeno tal vez más interesante es el aluvión. La mañana puede ser hermosa, radiante, sin una nube. Nadie imagina que la noche anterior ha llovido arriba, en los cerros. El agua precipitada horas antes busca su cauce y arrastra consigo enormes volúmenes de barro, cuya consistencia es más bien parecida a la mezcla para hormigón, con muchas piedras medianas, chicas y arena.

Si no se lo ve bajar, el aluvión se olfatea u oye: un olor intenso a tierra recién arada y un ruido como si cinco camiones para hormigonado descargaran la mezcla al mismo tiempo.

Pero si bien el aluvión baja con fuerza, no lo hace de una sola vez: avanza un trecho, para luego detenerse. Así permanece, inmóvil, por cinco o diez minutos. Durante este tiempo más agua desciende de los cerros por gravedad y licua la mezcla hasta que su viscosidad disminuye al punto de poder deslizarse nuevamente. Y así se repite esta acción en sucesivas etapas, hasta que el líquido se agota dentro de ese amasijo marrón. Una vez detenido por falta de lubricación interna, se seca en corto tiempo; en un par de horas cualquier automotor puede pasar por encima de la lengua de detritos y barro.

La tabla que aparece en la página siguiente refleja el régimen de lluvias, en milímetros por cada mes, según las estadísticas compiladas por el Servicio Meteorológico Nacional. Los números hablan por sí solos. En todos los casos excepto uno (Malargüe, que goza de un clima diferente), resulta abismal el contraste entre la estación seca y la de lluvias.

To enjoy a trip along the Ruta 40 it is advisable to do it in peak season. That is to say, when there is no rain or snow. Generally the ideal time to travel and to enjoy the landscape without difficulties is in spring or autumn. However the Ruta 40 runs a distance of almost 5000 kilometres shifting about 30 degrees in latitude, so each tract of the highway offers differing climatic conditions which can be checked by consulting a rain chart which shows the rainfall in millimetres per month.

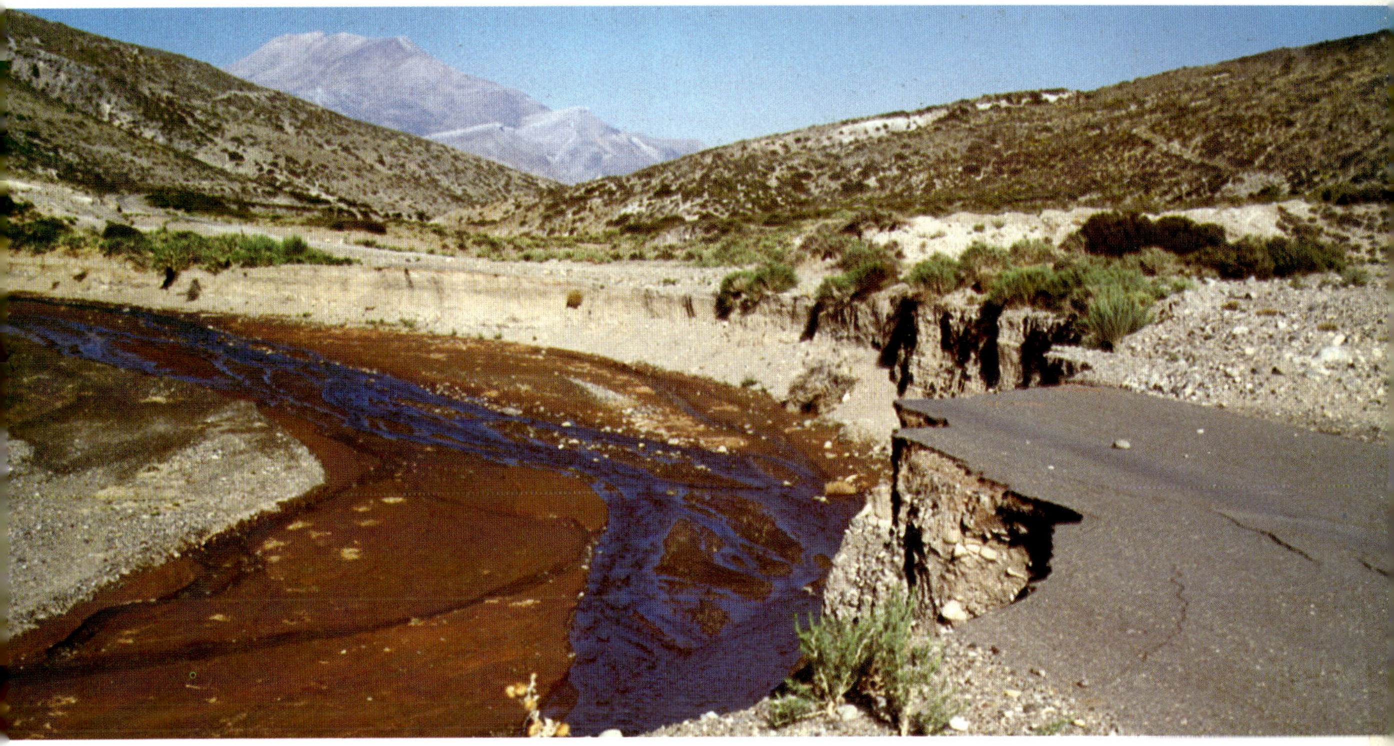

Precipitaciones (en mm) a lo largo de la Ruta 40 en distintas localidades

	ene	feb	mar	abr	may	jun	jul	ago	sep	oct	nov	dic
Abra Pampa / La Quiaca	85	70	43	8	1	0	0	1	3	19	25	75
Salta (ciudad)	183	140	143	31	7	2	2	2	4	25	61	128
Cafayate	81	65	8	0	0	0	0	0	0	3	4	63
Catamarca (ciudad)	137	112	91	32	13	6	2	9	17	27	34	82
Tinogasta	63	46	21	13	1	1	2	2	1	4	5	24
La Rioja (ciudad)	69	81	69	24	9	2	1	8	11	12	28	68
Patquía	106	77	62	19	3	4	2	5	14	31	48	97
Valle Fértil	77	82	56	4	3	2	2	2	7	8	41	52
San Juan (ciudad)	27	19	13	2	1	2	1	2	2	2	7	7
Mendoza (ciudad)	41	39	29	9	4	5	6	4	6	10	17	27
San Rafael	42	55	46	27	6	20	9	17	28	16	52	51
Malargüe	26	35	20	18	34	36	44	15	17	14	23	28

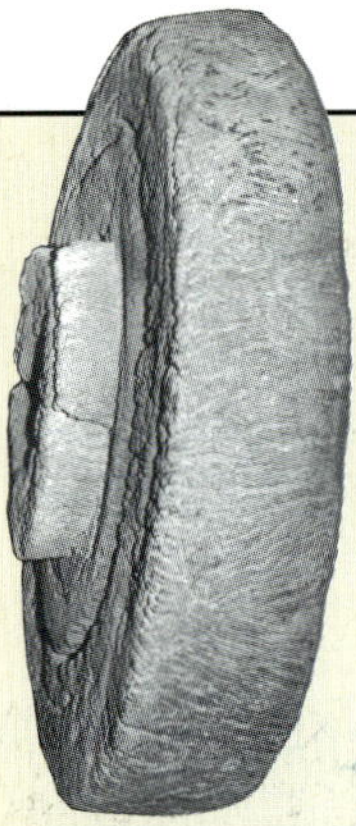

Evolución de los caminos en la Argentina y Sudamérica

Development of roads in Argentina and South America

Rueda de rollizo de madera dura, siglo XVIII, originaria de Tucumán, donde se construyeron las primeras carretas argentinas.

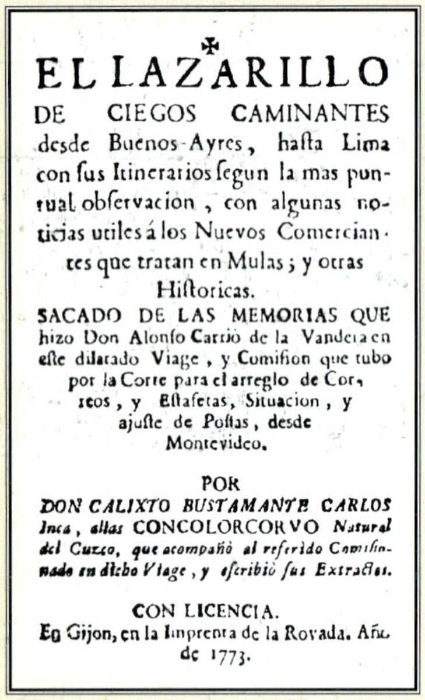

✠
EL LAZARILLO
DE CIEGOS CAMINANTES
desde Buenos-Ayres, haſta Lima con ſus Itinerarios ſegun la mas puntual obſervacion, con algunas noticias utiles á los Nuevos Comerciantes que tratan en Mulas; y otras Hiſtoricas.
SACADO DE LAS MEMORIAS QUE hizo Don Alonſo Carriò de la Vandera en eſte dilatado Viage, y Comiſion que tubo por la Corte para el arreglo de Correos, y Eſtafetas, Situacion, y ajuſte de Poſtas, desde Montevideo.
POR
DON CALIXTO BUSTAMANTE CARLOS Inca, alias CONCOLORCORVO *Natural del Cuzco, que acompañó al referido Comiſionado en dicho Viage, y eſcribió ſus Extractos.*
CON LICENCIA.
En Gijon, en la Imprenta de la Rovada. Año de 1773.

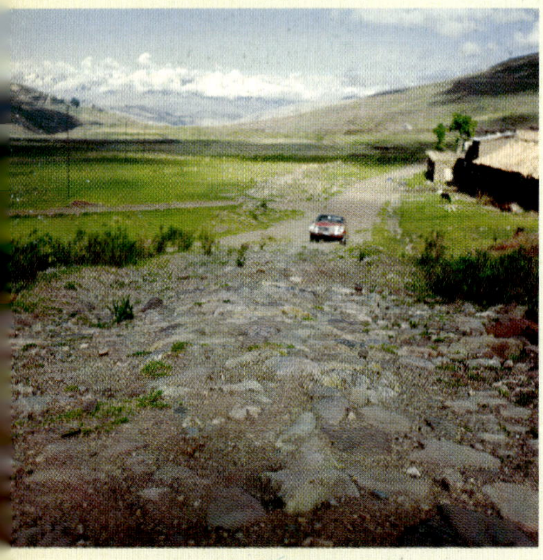

Camino del Inca adoquinado, en Cuzco.

The Inca road near Cuzco, made of cobble stones.

1532

A la llegada de los primeros españoles al Perú, la red caminera imperial de los Incas, llamada Capac Ñan, se extendía desde Ecuador hasta Chile a lo largo de dos vías longitudinales —una ruta de la costa (4.056 km) y otra de la montaña (5.231 km)—, además de contar con numerosas conexiones transversales.

1771-1773

El visitador Alonso Carrió de la Vandera, comisionado del rey de España, recorría el itinerario de Buenos Aires a Lima para organizar un servicio de correos. Dentro del actual territorio argentino, entre el Río de la Plata y Yavi, fueron establecidas 71 postas intermedias, pasando por Córdoba, Santiago del Estero, San Miguel de Tucumán, Yatasto, Salta y San Salvador de Jujuy. Sin embargo, sólo se podía llegar en carreta —luego diligencia— hasta San Salvador de Jujuy: a partir de allí era necesario seguir a lomo de mula. El mecionado visitador, conocido a través del libro *Lazarillo de Ciegos Caminantes* que publicó bajo el seudónimo de Concolorcorvo, estimaba que las 946 leguas entre Lima y Buenos Aires podían ser recorridas en 36 días.

1780

Ambrosio O'Higgins, director de correos y postas de Chile, mandaba construir ocho refugios para los viajeros —viandantes y jinetes— que cruzaban la Cordillera, entre Uspallata y San Felipe. Tres de estas casuchas sobreviven todavía del lado argentino, en Punta de Vacas, el Paramillo de las Cuevas y en las Cuevas.

1784

El viajero J. Sourriére de Souillac cubría a caballo el camino de Buenos Aires a Córdoba en 17 días.

1800

Thomas O'Gorman presentaba al Cabildo de Buenos Aires la primera diligencia (luego llamada galera) para diez pasajeros, tirada por diez caballos.

1820

El viajero Peter Shcmidtmeyer partía de Buenos Aires en un carro de dos ruedas tirado por caballos; habiendo salido el 8 de mayo, llegaba al portezuelo de San Luis, el 13 y a Mendoza, el 26.

1852

Luis Sauze ponía en servicio las galeras. Servía el tramo entre Rosario y Santa Fe en 36 horas, con ocho horas de descanso intercaladas; se recorrían así unos 96 km por día, a razón de 6 km/h promedio.

1855

Rusiñol, con centro de operaciones en Rosario, iniciaba servicios con galeras para 15 pasajeros. Se demoraba el siguiente tiempo para unir dos puntos: de Rosario a Mendoza, 10 días; de Rosario a Córdoba, 3 días; de Córdoba a Santiago del Estero, 6 días; de Santiago a S. M. de Tucumán, 2 días; de S. M. de Tucumán a Salta, 6 días; de Mendoza a San Juan, 2 días.

1856

Fillol y Rusiñol firmaban un contrato con el gobierno central para establecer un servicio de galeras entre Rosario y Córdoba, dos veces por semana.

1857

Germán Burmeister recorría en un carretón tirado por caballos el trayecto de Rosario a Mendoza en 13 días y en San Antonio de Areco, sobre el río Areco, se inauguraba un puente de ladrillos en arco, con cobro de peaje en la ruta a Santa Fe y Córdoba. Timoteo Gordillo traía al puerto de Ro-

When the Spanish arrived in South America a vast network of roads already existed, some even paved. It was the Capac Ñan of the Incas that ran the length or even crossed the Andes. Across the rest of the vast continent the conquerors used the rivers and streams at first, these were their "highways", which they used to reach their destinations. In 1771/73 when many hispanic cities already existed now known as Argentina, Bolivia and Peru, the king of Spain sent the visitor Alonso Carrió de la Vandera to set up resting stations and places to exchange horses from the Río de la Plata to Lima. Bit by bit they improved the roads, they built bridges and then established –from 1852– the first regular cart and stagecoach passenger services. With the coming of the car the highways grew quickly and by the middle of the thirties the first highways were being paved and asphalted. By the middle of the 20th century the last stage in the history of roads began with the construction of highways and access roads into the cities.

sario tres vapores de 500 toneladas de porte cada uno, con una carga de 100 diligencias y 150 carros de cuatro ruedas con elásticos, procedentes de Estados Unidos.

1858
Gordillo firmaba un contrato con el gobierno central para cubrir, mediante una frecuencia de cuatro viajes por mes, el trayecto de Rosario a Córdoba.

1859
Tarifa de fletes y pasajeros de la compañía Diligencias Argentinas: asientos de cupé, dos reales por legua, de rotonda, un real y tres cuartos; pescante, un real. Se concedía dos arrobas gratis de equipaje a cada pasajero.

1862
Gordillo ofrecía dos viajes semanales entre Rosario y Córdoba, con asientos numerados y horario fijo de salida.

1864
Timoteo Gordillo importaba de Estados Unidos 150 galeras. La compañía *La Iniciadora* ofrecía viajes a Chile desde Rosario en 14 días.

1868
En octubre se decretaba la construcción de un camino de Salta a Chile.

1869
En febrero se decretaba la ejecución de un camino carretero de Jujuy a Bolivia y, en mayo, la de un camino desde Tinogasta por la Cuesta de Zapata. Ésta es la primera referencia documental sobre la construcción de un tramo de lo que luego sería la RN 40.

1870
En febrero se decretaba la realización de un camino que iría desde Salta hasta la Puna, por la quebrada del Toro.

1871
Se decretaba la construcción del camino de Catamarca a la quebrada del Totoral, para proseguir de aquí a Tucumán.

1872
En Buenos Aires, una ordenanza municipal disponía que "los carruajes deberán siempre marchar por la derecha de la calle".

1875
Santiago Alcorta presentaba un proyecto de ley por el cual son considerados "caminos nacionales", en forma general, aquellos que comunican las provincias entre sí, éstas con la capital de la Nación y con ciudades extranjeras, y los establecidos con fines militares o en territorios nacionales.

1877
Una comisión del (Ministerio del) Interior aprobaba una modificación del término camino carretero por el de camino carril, dado que "el que va de Salta a Jujuy salvando los veinte ríos que separan ambas (capitales de) provincias no sólo va a conducir carretas o carros de carga sino toda clase de vehículos"; se resolvió construir y conservar el existente, en vez de construir un camino nuevo.

1878
Por la Ley 937 se creaba el Servicio de Entretenimiento y Conservación de los caminos nacionales, como consecuencia del proyecto del diputado catamarqueño Ocampo para la reparación del camino por el Totoral, entre La Merced y el río San Francisco, una de las obras viales más grandes realizadas hasta entonces y principal vínculo entre las provincias de Cuyo y el Noroeste; parte de estas carreteras fueron incorporadas a la RN 40.

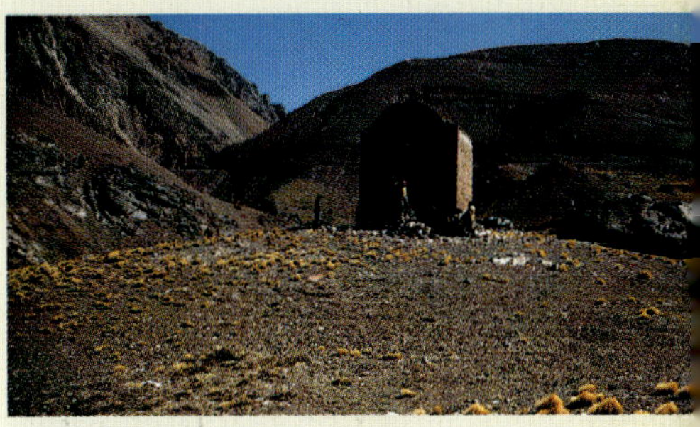

Refugio del Paramillo de las Cuevas.

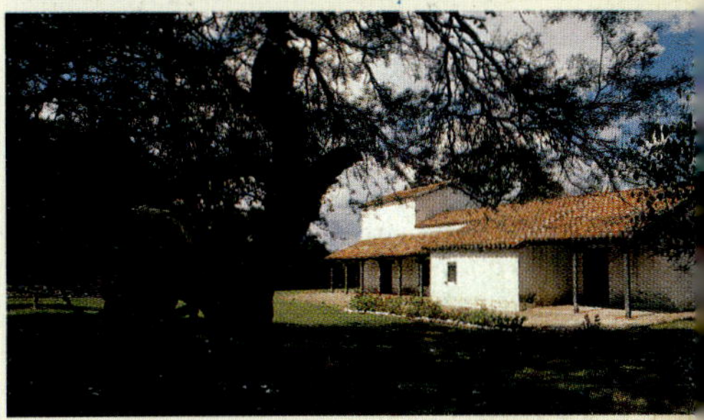

Posta de Yatasto (Salta).

1881
Macadamización del Paseo de Julio en toda su extensión hasta Palermo; la Marina traía de las canteras de Martín García el pedregullo necesario para la obra; se propuso además macadamizar el camino hasta Tigre.
En la provincia de Buenos Aires había 262 galeras en servicio, pertenecientes a 51 compañías de mensajerías, que daban trabajo a 935 personas y mantenían 10.988 caballos (aproximadamente 42 animales por rodado). Sobre ríos y lagunas se elevan 1.054 puentes mayores y menores, 53 de ellos de propiedad privada. Los caminos generales y principales del país sumaban entre 7.000 y 8.000 mil kilómetros.

1882
Se autorizaba por ley el gasto de 12.000 pesos para la construcción de un camino carretero que, partiendo de Salta y pasando por la quebrada del Toro, llegase hasta La Quiaca, sobre la

frontera con Bolivia; segmentos de este itinerario hoy forman parte de la RN 40.

1889

El intendente de Buenos Aires, Francisco Seeber, disponía que el tránsito se efectuase por la izquierda de la calle.

1891

Conservación de los siguientes caminos: Salta-Bolivia, 312 km; Salta-Cafayate, 219 km; Salta-S. S. de Jujuy por la quebrada de los Sauces, 95 km; Jujuy a Bolivia, por Humahuaca, 385 km; S. M. de Tucumán-Río Tala, 85 km; Trancas-Cafayate, 100 km; y de Mendoza a Chile, por Uspallata, 220 km. Costo total: 12.000 pesos.

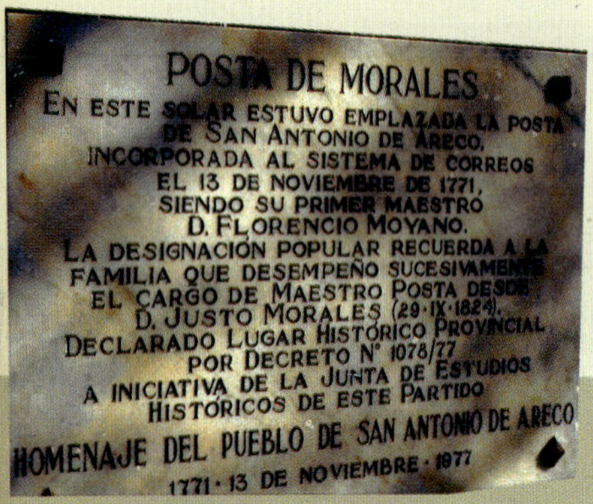

Una placa conmemorativa recuerda el emplazamiento de la posta de San Antonio de Areco.

1895

La Argentina contaba con 179 mensajerías, 391 carruajes, 1.119 postas establecidas, 710 puentes y 19.265 kilómetros de caminos. El primer asfalto bituminoso era puesto a prueba en la cuadra de Bartolomé Mitre, entre Florida y San Martín, en la ciudad de Buenos Aires.

1900

Se registra la existencia de las siguientes carreras de postas: de Potosí y Lima, al Paraguay y a Chile; y entre S. M. de Tucumán y Mendoza.

1907

Sanción de la Ley 5.315 ("Ley Mitre") para construir caminos de acceso a las estaciones de ferrocarril. Los ferrocarriles debían destinar el 3% de sus ganancias líquidas a la construcción y el mantenimiento de caminos y puentes, en las áreas cruzadas por las líneas y las estaciones.

1908

Luis Cassoulet, Julián García y Huberto Pess emprendían con un automóvil De Dion Bouton de cuatro cilindros, 15 HP y 1.700 kilogramos en orden de marcha, un raid de Buenos Aires a Córdoba; empleaban en la ida 45 horas "contando las de almuerzo también". El Touring Club Argentino construía el primer camino exclusivo para automóviles con alambrado lateral, entre las estaciones de Núñez y Olivos (actual avenida del Libertador). Con 4.755 m de longitud estaba provisto de 21 alcantarillas.

1914

El de Florida a San Martín fue el primer camino pavimentado en el país. El ingeniero Johnson Martín, con un Buick, unía San Isidro con Valparaíso en 96 horas de viaje, debiendo en algunos tramos colocar el coche, desprovisto de los neumáticos, sobre las vías del ferrocarril para poder continuar su avance.

1916

En el primer Congreso Nacional de Ingeniería, el ingeniero Esteban Tello propuso oficializar el hormigón para pavimento y en otro orden de cosas, celebrar anualmente el Día del Camino.

1922

Primer Congreso Nacional de Vialidad, organizado por el Touring Club Argentino y presidido por el ingeniero Isidoro Ruiz Moreno.

1923

Durante la 5ª Conferencia Panamericana de Carreteras que se celebraba en Santiago de Chile, figura una ponencia acerca de un Ferrocarril Panamericano y Transporte por Automóvil. Este proyecto se remontaba a 1880, cuando en Estados Unidos se propuso la construcción de un camino de hierro que uniera con vínculos socioeconómicos todos los países del continente. Pero sólo en 1927 se descartó por completo la idea de una red ferroviaria y se esbozaron los primeros trazados para un sistema vial interamericano, el cual, a partir de 1938, adquirió la fisonomía definitiva del Sistema de Carretera Panamericana que conecta Buenos Aires con Washington, tocando de paso todas las demás capitales americanas.

1925

El Ministerio de Obras Públicas destinaba 26.000 pesos al estudio sobre el terreno del trazado de un camino de macadán que unía la Capital Federal con Córdoba. La República Argentina era habitada por 10.500.000 personas y circulaban por ella 180.000 automotores. El Congreso Panamericano de Carreteras instituía el 5 de octubre como Día del Camino.

1927

Una empresa particular ofrecía al presidente Alvear construir un camino firme de Buenos Aires a Rosario, con cobro de peaje; Alvear no creyó viable el proyecto.

1928

Se iniciaban las obras para el Camino Calchaquí, que quedaría inaugurado el 9 de julio de 1931; una década más tarde este trayecto sería incorporado a la RN 40. Granito (adoquinado), hormigón armado, tosca, macadán, riego bituminoso, conchilla petrolada y tierra mejorada con ripio o grava eran los materiales utilizados para pavimentar las carreteras y caminos del país.

1930

Se llamaba a licitación para construir las rutas Buenos Aires-Rosario-Córdoba y Buenos Aires-Bahía Blanca, ambas concebidas como "el nervio de un futuro plan carretero general", previéndose que quien ganase la licitación para construirlas cobrara peaje para su utilización.

1931

El Presidente Uriburu creaba por decreto un impuesto de dos centavos por litro de nafta (que aumentó así a 21 centavos) para construir caminos. Se iniciaban los trabajos de pavimentación del camino San Nicolás-Pergamino, tramo vertebral de la ruta a Córdoba, antes de habilitarse en 1958 la variante por Campana y San Nicolás (actual Autopista Tte. Gral. Aramburu, inaugurada en 1978).

1932

En febrero se inauguraba el camino pavimentado de Buenos Aires a Pilar; en marzo, el hormigón de 18 m de ancho y 3.140 m de extensión, entre las estaciones Rivadavia y Olivos del FCCA; el de Buenos Aires por Temperley a Cañuelas (27 km); el de Bahía Blanca a Puerto Belgrano (26 km); el de Rosario a Casilda y el de San Nicolás a Pergamino (habilitado el 8 de agosto), todos ya construidos con el sobreprecio de la nafta. Donde se optó por el hormigón, se emplearon placas de 11,8 m de largo por 6 m de ancho; con frecuencia se usaba una sola mano y había doble mano en los pueblos o en los esporádicos desvíos-cruce.

Con motivo del Día del Camino era sancionada la Ley Nacional de Vialidad (llamada antes "de puentes y caminos") y se creaba la Dirección Nacional de Vialidad (DNV).

1933

Habilitación del camino San Fernando-Campo de Mayo, con ramal al aeródromo de Aeroposta, en General Pacheco.

1934

En febrero se iniciaba la primera línea regular de colectivos entre el puente Pueyrredón y Mar del Plata, todavía por caminos de tierra. En mayo, se aprobaba el trazado definitivo del futuro camino Buenos Aires-Mar del Plata, cuya pavimentación se iniciaría en las afueras de La Plata el 15 de septiembre.

1935

El 5 de octubre se inauguraba el señalador Kilómetro Cero en la plaza Lorea, frente al Congreso Nacional. Se resolvía numerar las rutas nacionales conforme al ejemplo de las carreteras norteamericanas, reservando los números del 1 al 50 a los caminos troncales.

1936

En enero se inauguraba el Camino de la Costa (503 km) de la provincia de Buenos Aires, donde el Automóvil Club Argentino (ACA) instalaría casillas de asistencia al automovilista cada 50 km. El 27 de diciembre quedaba oficialmente inaugurado el camino Buenos Aires-Rosario (382 km) por Pergamino y San Nicolás, mediante un recorrido del trayecto realizado por el presidente J. B. Justo y miembros de su gabinete; el costo superó los 24 millones de pesos.

1937

El 16 de mayo, el ingeniero Justiniano Allende Posse llegaba a la ciudad de Córdoba, tras 11 horas de viaje desde Buenos Aires, por el nuevo camino al que sólo le faltaban 16 km de pavimento y que en junio cubriría el recorrido hasta Jesús María. Se iniciaban las obras de la avenida de circunvalación General Paz.

1938

El 23 de enero se habilitaba el primer tramo del camino a Mar del Plata. Corría de Quilmes a Dolores sobre 188 km, tenía 2.133 m de puentes y costó 11.500.000 de pesos. El segundo tramo de 208 km se inauguraba el 5 de octubre, entre Dolores y Mar del Plata, con 1.493 m de puentes y un costo idéntico a la otra mitad. La RN 5 era pavimentada hasta Chivilcoy.

1939

Se terminaba el pavimento entre Santa Fe y Córdoba, por San Francisco. El país gozaba de 2.150 km de caminos nacionales pavimentados.

1940

La DNV resolvía ampliar el ancho total de los caminos nacionales a 100 metros. Se determinaba el trazado básico de la Carretera Panamericana para la República Argentina: de Buenos Aires a Sanitago de Chile, de Buenos Aires a La Paz, de Buenos Aires a Asunción y de Buenos Aires, por Paraná y Paso de los Libres, a Río de Janeiro, pues uno de los objetivos primordiales del proyecto era el de unir las capitales del continente americano por rutas. Se habilitaba el túnel del Ferrocarril Trasandino, entre Las Cuevas y Caracoles, para el tránsito de automóviles que en invierno no pueden cruzar por el paso de la Cumbre (Cristo Redentor) a causa de la nieve.

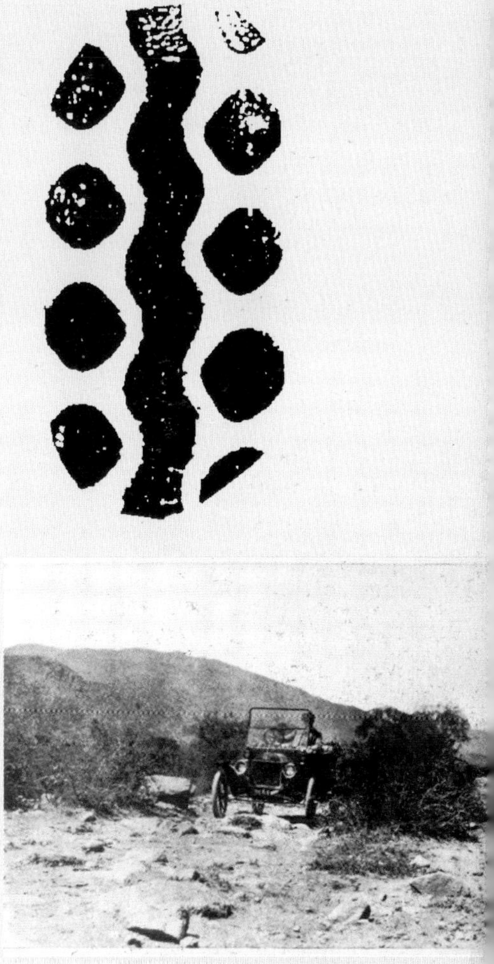

Un Ford T recorriendo viejos caminos y la huella que dejaba.

1941

Terminación de la ruta Buenos Aires-Mendoza sobre 1.126 km aprovechando caminos ya existentes, como Buenos Aires-Pergamino y Río Cuarto-Cuyo, pavimentando solamente el tramo de enlace Pergamino-Río Cuarto, por Venado Tuerto.

Concluían también las obras iniciadas en 1937 para la avenida General Paz, proyectada y creada por el ingeniero Pascual Palazzo. La avenida parque tiene desde Blandengues, sobre el Río de la Plata, hasta el puente de la Noria, sobre el Riachuelo, un desarrollo de 24 km. El costo de las obras fue de 15 millones de pesos, más nueve millones que demandaron las expropiaciones, lo que arroja un millón de pesos por kilómetro. La inauguración tuvo lugar el 5 de julio, con la presencia del vicepresidente Ramón S. Castillo. Del mismo año data un proyecto del mismo autor para la autopista a La Plata.

1942
A una década de su creación, en 1933, la DNV había construido 64.000 km de caminos. El Poder Ejecutivo Nacional prohibía la publicidad en los caminos nacionales.

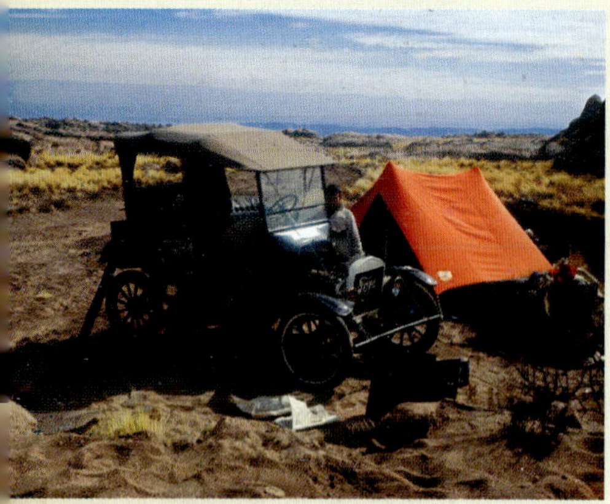

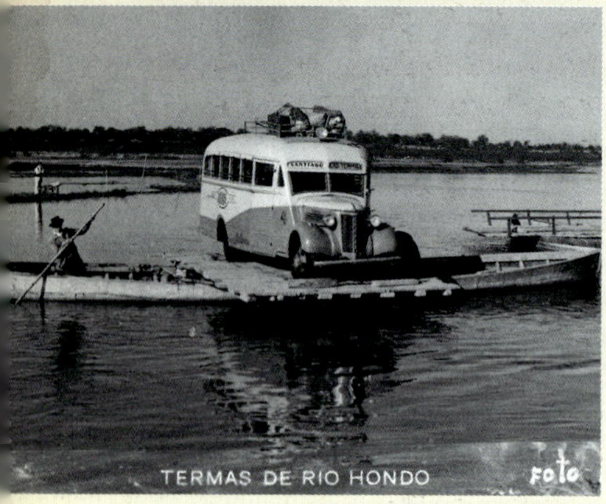

1943
El ordenamiento primitivo para la numeración de los caminos nacionales, que databa del 3 de septiembre de 1935, era modificado en forma parcial alterándose la numeración y el trazado de determinados sectores de las RN 8, 9, 12, 34 y 61, entre otras.

1945
Cambiaba el sentido de circulación en los caminos de la República Argentina, que junto con Uruguay era uno de los dos últimos países americanos en adoptar la obligatoriedad de transitar por la derecha. Uno de los motivos por los cuales finalmente se adoptó esta norma, después de varias postergaciones, fue la finalización de la red que constituye la Carretera Panamericana, donde casi en la totalidad de su extensión se avanzaba por la derecha. El cambio fue ejecutado a partir de las seis de la mañana del 10 de junio.

1952-1975
Construcción del Acceso Norte de Buenos Aires, que forma parte de la red de la Carretera Panamericana, con tramos en trinchera, a nivel o sobreelevados, libre de cruces, inicialmente con cuatro andariveles en cada dirección. Se extiende sucesivamente en ramales a General Pacheco, Tigre y Pilar.

1963-1967
Realización de la autopista Rosario-Santa Fe, con una extensión de 160 km. En principio se pensó cobrar peaje, sin embargo esta medida nunca se implementó.

1977-1978
Construcción y terminación de la autopista Campana-Rosario, de tres carriles en cada sentido de marcha, bautizada Tte. Gral. Pedro Eugenio Aramburu.

1982
Habilitación del Camino del Buen Ayre, tendido en extensos sectores sobre terrenos rellenados contiguos al río de la Reconquista, para comunicar el Acceso Norte con el Acceso Oeste. Tiene una extensión inicial de 23 km, con cobro de peaje, y una longitud total final prevista de 180 km hasta La Plata, como anillo de circunvalación del Gran Buenos Aires.

1988-1989
Comienza una secuencia de traspasos de muchas rutas troncales a concesionarios privados para su mantenimiento, con cobro de peaje.

1990
Puesta en marcha del cobro de peaje (de pedaje, paso a pie) en las carreteras principales, con la natural resistencia inicial por parte de los automovilistas.

1991
El Gobierno Nacional rebajaba diversos impuestos, de lo que resultó (prácticamente de un día para el otro), una reducción del precio de los automotores nuevos en alrededor de un 30%. Junto con la ley de convertibilidad, que equipara el peso al dólar, la compra de los autos cero kilómetro, nacionales e importados, se hacía tan accesible para muchos, que en un sólo lustro el parque automotor aumentó en 1 millón de unidades (un 25%).

1993
Inauguración del Camino de Altas Cumbres (Córdoba), obra iniciada 30 años antes. Con una extensión de 106 kilómetros y un ancho promedio de 20 metros, a pesar de lo abrupto del terreno, no tiene un solo puente, ya que todas las quebradas eran rellenadas con los escombros obtenidos de los cortes en las rocas.

1995
Se habilitaba el primer tramo de la autopista Buenos Aires-La Plata, ya propuesta hacia 1910 y parcialmente realizada con el Camino del Centenario. Se ensanchó un tramo de la avenida de circunvalación General Paz y se amplió el Acceso Norte, con división de carriles con peaje electrónico y laterales gratuitos.

1999
Se concluyó la construcción de la ahora llamada Autovía Buenos Aires-Mar del Plata (antes RN 2), obra iniciada en 1992. Tiene doble calzada de 7,30 m de ancho, banquinas pavimentadas y cantero central. Cuenta con un total de 25 puentes peatonales y un largo de 360 kilómetros.

1999-2000
Se concluyó la pavimentación del camino al paso de San Francisco (Catamarca) y avanzaba el tendido del pavimento por el paso de Jama (Jujuy). Se realizó la pavimentación integral en ambos lados de los Andes, paso entre Argentina y Chile por el túnel vial Cristo Redentor (Mendoza), que había sido abierto al tránsito en 1978.

2002
Se habilitaban los últimos 25 kilómetros de la Autopista Buenos Aires-La Plata.

Viajando por la Ruta 40 ¡en 1872!

Travelling along Ruta 40 in 1872!

Cuando el 5 de octubre de 1935 la Dirección Nacional de Vialidad inauguraba el señalador Kilómetro Cero frente al Congreso decidió el nomenclador de las carreteras nacionales, reservando los números 1 al 50 a los caminos troncales. Tocóles entonces a una serie de rutas longitudinales en partes inconexas entre sí, y aún inexistentes (porque se trazarían después), llevar el número 40, vía convertida hoy en el sueño de muchos automovilistas.

Lo que puede considerarse el primer relato de viaje por un tramo de la actual Ruta 40 fue escrito por el ingeniero irlandés Robert Crawford. Su libro, reeditado en Argentina por Eudeba, se titula "A través de la Pampa y de los Andes", impreso en 1884.

Habiendo salido desde Buenos Aires para evaluar las posibilidades de una traza ferroviaria a lo largo de lo que hoy es la Ruta Nacional 7, todavía peleando aquí y allá con tribus indígenas, Crawford recorrió entre 1871 y 1872 la Pampa extensa para recalar en Mendoza y emprender allí la recorrida en dirección sur explorando la posibilidad de un cruce para el entonces futuro ferrocarril Transandino por el paso El Planchón.

La partida inició su marcha en la ciudad de Mendoza por un itinerario –entonces desde luego virtualmente despoblado– que coincide en su traza con la actual RN 40, Tramo Sur. Algunos episodios vividos por Crawford y su gente darán al lector una idea de lo que significaba transitar este periplo hace más de 130 años.

..."Salimos de Mendoza el 17 de febrero, después de despedirnos del gobernador de la provincia. (...) Apenas nuestro destacamento de avanzada se alejó un par de kilómetros de los suburbios, los mulateros se negaron a proseguir, descargaron las mulas y se prepararon tranquilamente a acampar durante la noche pues era manifiesto su deseo de no continuar sin percibir su paga por adelantado.

—Nos detuvimos a pernoctar en un sitio llamado Luján, a orillas de un río rápido en cuyas riberas se alzaban álamos y otros árboles.

—Al día siguiente, después de recorrer unos cinco kilómetros, avistamos hacia el este unas serranías arenosas y bajas (...) y un breve trecho más adelante desaparecieron todos los signos de irrigación y cultivo y dimos con una zona yerma y arenosa con matorrales.

—Unos 45 kilómetros al sur de Mendoza llegamos a un paraje en el cual había agua y podían pastorear nuestros animales (...) donde hicimos alto para pasar la noche y dormimos al raso, o más bien procuramos dormir sin mucho éxito pues abundaban allí indescriptibles cantidades de mosquitos que se dieron a la faena con tal energía como si tuvieran bien presente que era ésta una de las pocas oportunidades en que un festín de esta especie cruzaba por su camino. Uno se pregunta de qué viven normalmente estos torturadores insectos en tan desoladas regiones donde la vida animal raras veces hace aparición. ¿Se dedican a una dieta vegetariana para vengarse después con una picadura tanto más voraz?

—Por las razones que acabo de exponer nos costó muy poco levantarnos temprano y, apenas había despuntado la madrugada, ante nuestros fatigados ojos se brindaba un espectáculo de tal magnificencia y grandeza que todo cansancio desapareció para ceder al asombro: se alzaban allí los Andes y sus contornos escarpados se perfilaban contra el cielo, destacándose el poderoso "Tupungato" como un gigante por encima de los demás picos con su cumbre vestida de nieve.

—Pero era necesario partir. Ese día hicimos 54 kilómetros a través de un suelo arenoso y estéril. Hacía un calor intenso y en el transcurso de la jornada desaparecieron los perros que durante muchos meses compartieron la suerte de la expedición; ¿adónde habrían ido?

—Durante la marcha vimos una cantidad de cóndores, los grandes buitres de los Andes; derribé cuatro tirando con mi rifle. Medían todos 2.50 metros de envergadura. Pasamos un caserío y fuimos recibidos hospitalariamente por sus moradores. Mientras bebíamos, sentados, la leche que nos ofrecieron una mujer descolgó la guitarra y se puso a cantar versos en nuestro honor.

—Nos bañamos en un arroyo de aguas transparentes aunque no permanecimos largo rato a causa de la presencia de sanguijuelas; una de ellas se prendió del pie del médico atraída, sin duda, por cierta simpatía hacia un colega en la profesión.

—El dueño de casa nos contó que no lejos de allí se hallaba un hombre postrado, casi a punto de morir como consecuencia de las heridas de arma blanca recibidas corto tiempo atrás en una pelea con otro gaucho; tenía puñaladas en todo el torso.

—Una de las calamidades más grandes del país es el uso terrible y frecuente del cuchillo (mucho más grande que uno de los de trinchar), que todo gaucho lleva cruzado en el cinto.

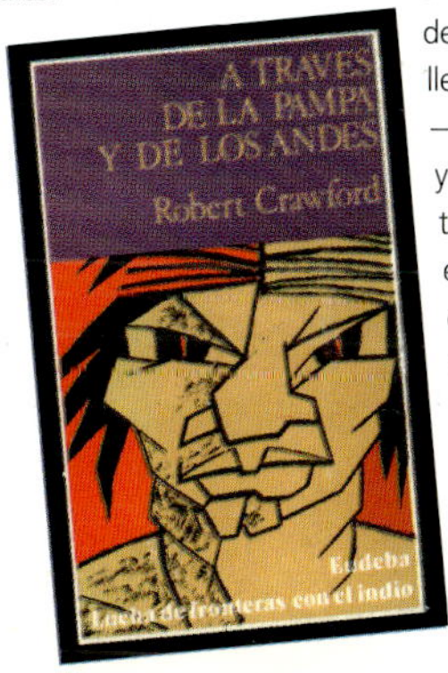

—El 23 reanudamos la marcha y después de viajar 50 kilómetros nos encontramos con un establecimiento de campo, cuyo dueño no quiso permitir que bebiésemos agua de la que allí había ni tampoco quiso vendernos leche o huevos; en realidad esta fue la última morada que encontramos hasta el cruce de la frontera camino a Chile.

—Aquí tuve la gran sorpresa y el disgusto de ver que seguía formando parte de la expedición el peor de los mulateros amotinados, lo cual me obligaba a estar siempre en guardia porque el hombre en cuestión había declarado abiertamente que se vengaría de mí y parecía muy capaz de mantener su palabra.

—En el curso de la noche posterior hubo una espantada general de mulas ocasionada, sin duda, por el merodear de algún puma atraído por el olor de nuestra cena, que consistió en carne asada; al amanecer comprobamos que habían desaparecido 20 mulas.

—Después de unos 30 kilómetros llegamos al vado del río Diamante y nos hallamos frente al cerrito Diamante, volcán extinguido que emerge bruscamente de la llanura.

—No encontramos agua durante un largo trecho hasta que descubrimos algo acumulada junto a unas rocas, donde nos detuvimos a desayunar. A corta distancia hallamos un puma muerto no hacía mucho, y algo más lejos nos topamos con guanacos (o llamas salvajes); les disparamos unos tiros y mi compañero mató uno. Hallamos que la carne es un poco dura y con un sabor bastante fuerte y poco agradable cuando asada, pero en cambio proporcionó una sopa excelente."...

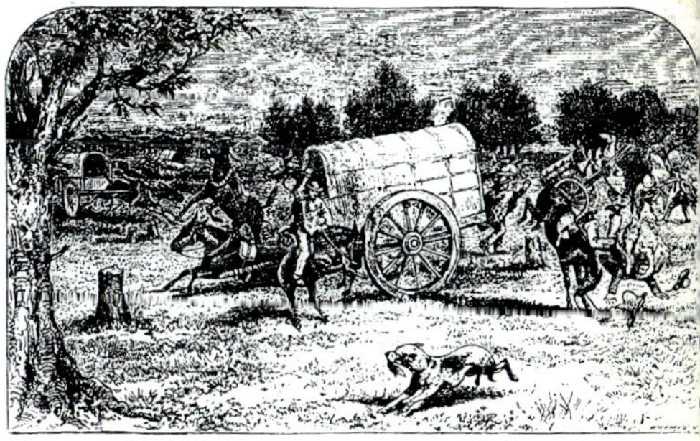

In 1872 the English engineer Robert Crawford explored the route that the railway should follow from Buenos Aires to the Pacific. He too travelled along what is today Ruta 40 to the south of Mendoza, although not a trace existed. Crawford lived through all kinds of adventures and incidents that he relates to in his book, "Across the Pampas and the Andes".

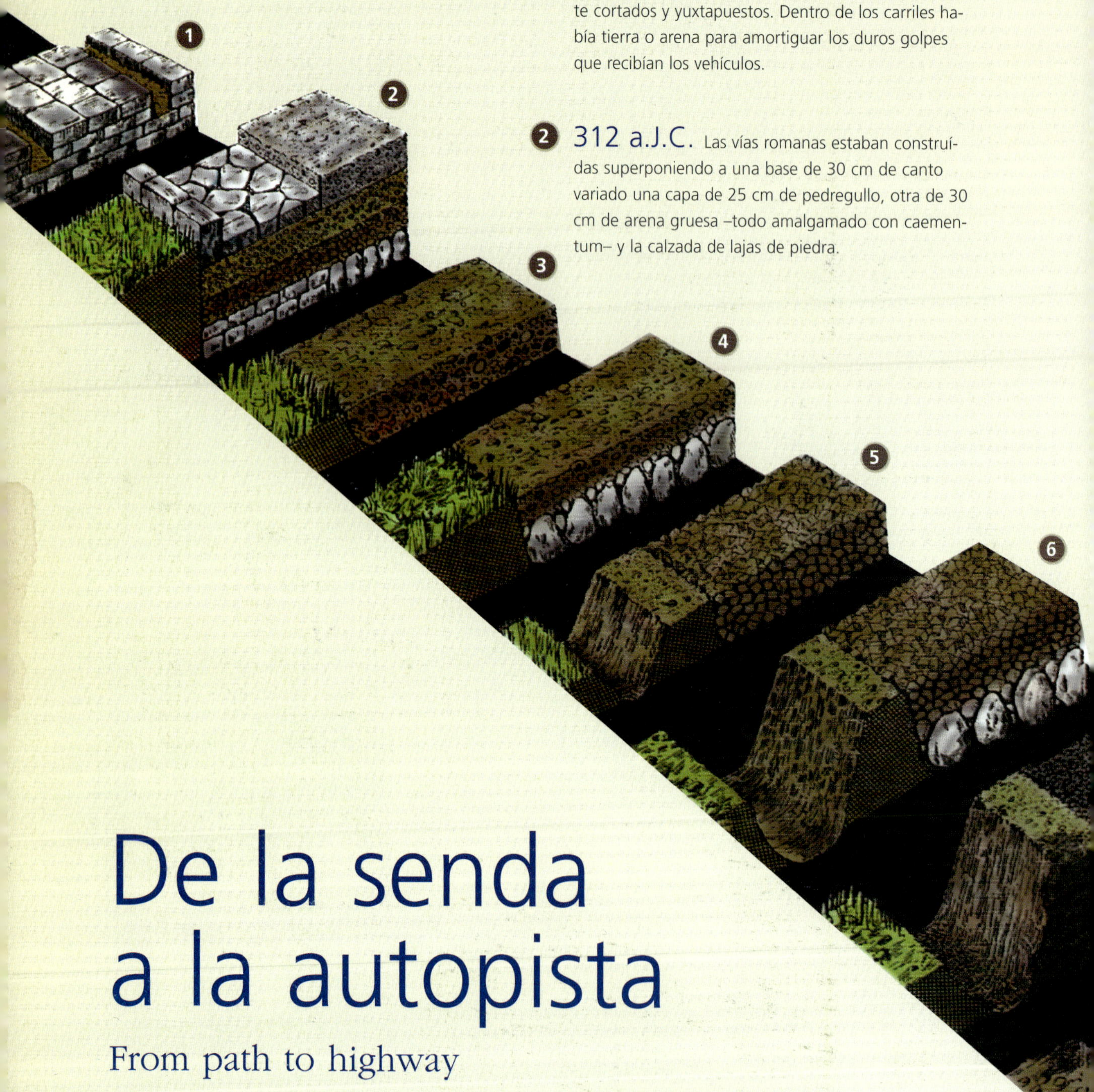

1 3000 a.J.C. En la antigüedad los caminos constaban de carriles directamente labrados en la roca o formados por bloques de piedra adecuadamente cortados y yuxtapuestos. Dentro de los carriles había tierra o arena para amortiguar los duros golpes que recibían los vehículos.

2 312 a.J.C. Las vías romanas estaban construídas superponiendo a una base de 30 cm de canto variado una capa de 25 cm de pedregullo, otra de 30 cm de arena gruesa –todo amalgamado con caementum– y la calzada de lajas de piedra.

De la senda a la autopista

From path to highway

The Romans perfected and extended a road network that reached from the Iberian peninsula to the Near East and even penetrated into Africa. With time these roads were improved using the base, making embankments and providing drainage for the roadways, and in this way transforming the roads and rendering them capable of supporting the many tons imposed upon them by laden trucks and the speeding cars passing along them.

3 500 a 1700 A.D.

Con la desaparición del Imperio Romano cayó en el olvido el arte de la construcción de caminos. Durante más de un milenio las carreteras no tuvieron más que una capa de grava cubierta por otra de arena, por lo que sólo se podía utilizar durante las estaciones secas.

4 1720

Pese a la proliferación del transporte mediante rodados de tracción animal de todo tipo, los caminos seguían siendo más primitivos que en época de los romanos, pues carecían de un drenaje adecuado. Primero se cavaba una trinchera longitudinal tan ancha como el camino a construir (en lugar del terraplenado actual). Luego, sobre una capa de canto rodado se echaba otra compuesta por una mezcla de pedregullo, arena y tierra que era apisonada por el mero tránsito de los vehículos.

5 1805

El escocés John London MacAdam (1756-1836) inventó los caminos que se pueden considerar antecesores de las rutas modernas. La calzada consistía en una gruesa capa de ripio cuya consistencia (fricción interna) ofrecía condiciones óptimas para un paso mullido de las ruedas. Su otro chispazo de genio fue asegurar un desagüe óptimo de la calzada mediante dos canaletas laterales.

6 1825

La invensión de MacaAdam fue perfeccionada dos décadas después usando como base adoquines piramidales sobre los cuales se extendía la grava. Pronto el 90 por ciento de las rutas europeas estaban construidas de acuerdo con este principio. El problema aún por resolver era que resultaban muy polvorientas.

7 1920

Aunque inmejorable para el tránsito de carruajes con llantas de hierro, que avanzaban a velocidad moderada, la idea de MacAdam no preveía el advenimiento de los automóviles, cuyas ruedas neumáticas, en su veloz rodar, despedían las piedras y formaban huellas. Por ello vino de perillas el invento del médico suizo Ernest Guglielmetti, que cubría el ripio con una capa de bitumen o asfalto. Así nació el macadán tal como nosotros lo conocemos. Al circular por ellas, ya no se levanta polvoreda.

8 1950

Una ruta moderna es de diseño abovedado para facilitar el desagüe. Consta de varias capas. La base tiene 50 cm de espesor y sobre ésta se coloca la cubierta, llamada carpeta, de bitumen mezclado con cierta cantidad de ripio triturado fino.

9 En la actualidad

Las autopistas son aun más elaboradas que las carreteras, pues además de la base se coloca una capa de hormigón y otra de bitumen que, adecuadamente mezclado con grava fina, ofrece a las ruedas la adherencia necesaria. Los peores enemigos de un camino moderno son las heladas y las lluvias; últimamente se comenzó a colocar debajo de la carpeta una lámina de polietileno continua, a todo lo ancho de la calzada, para impermeabilizar la base.

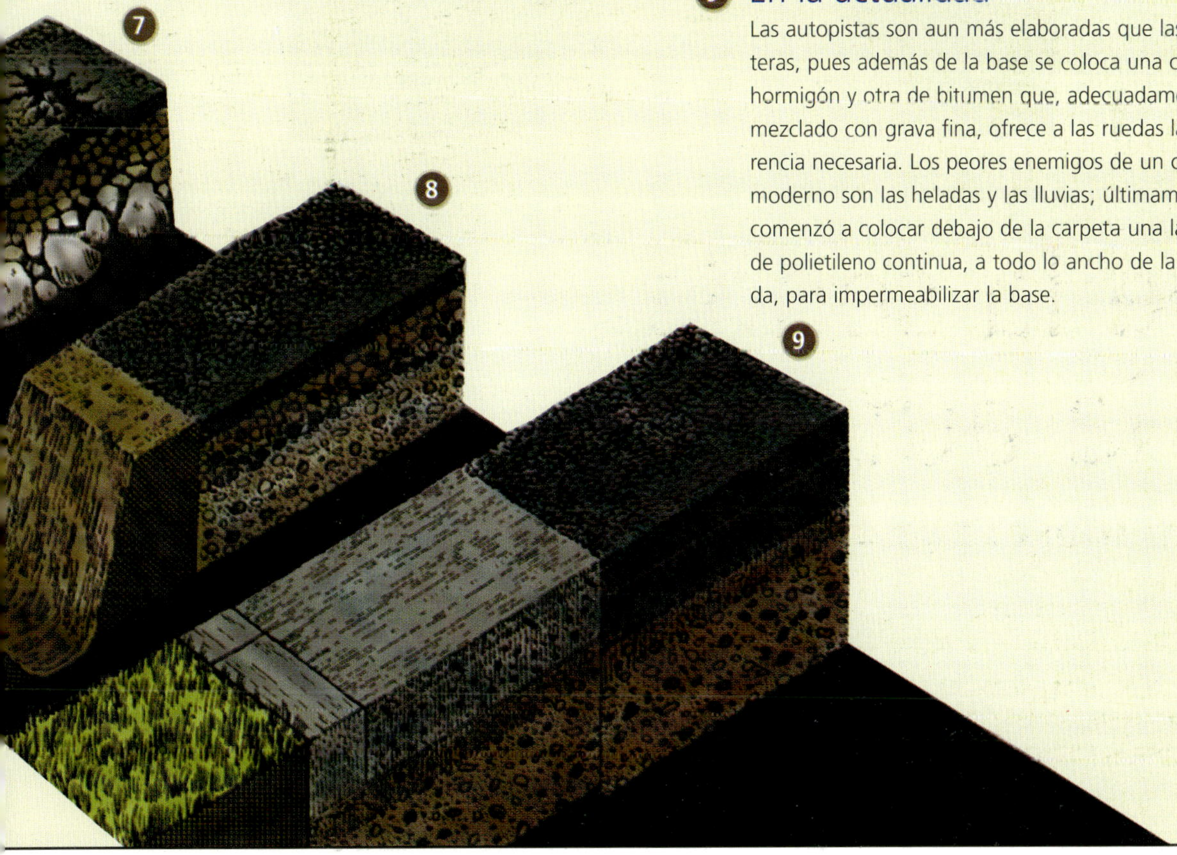

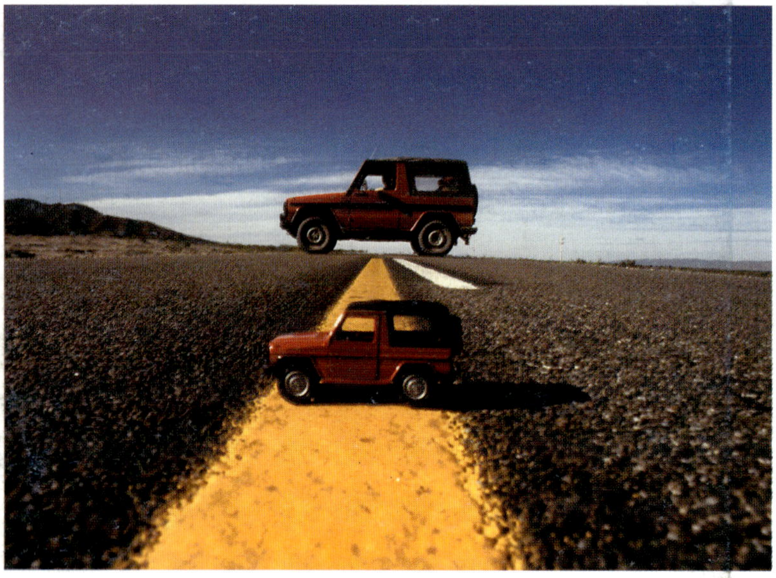

El sueño realizado...

mágica
Ruta 40

Se terminó de imprimir en
Cooperativa Gráfica Mercatali, Pavón 4265.
Buenos Aires, Argentina. Marzo de 2004.